丛书主编▸李 铁

# 城市的转型发展

## URBAN TRANSFORMATION AND DEVELOPMENT

李 铁◎著

**图书在版编目（CIP）数据**

城市的转型发展/李铁著．—北京：中国发展出版社，2015.12
（城镇化与社会变革丛书/李铁主编）
ISBN 978-7-5177-0425-6

Ⅰ.①城… Ⅱ.①李… Ⅲ.①城市经济－转型经济－经济发展－研究－中国 Ⅳ.①F299.2

中国版本图书馆 CIP 数据核字（2015）第 261236 号

书　　名：城市的转型发展
主　　编：李　铁
出版发行：中国发展出版社
（北京市西城区百万庄大街 16 号 8 层　100037）
标准书号：ISBN 978-7-5177-0425-6
经 销 者：各地新华书店
印 刷 者：北京市密东印刷有限公司
开　　本：700mm×1000mm　1/16
印　　张：22.5
字　　数：335 千字
版　　次：2015 年 12 月第 1 版
印　　次：2015 年 12 月第 1 次印刷
定　　价：55.00 元

联系电话：（010）88919581　68990692
购书热线：（010）68990682　68990686
网络订购：http：//zgfzcbs.tmall.com//
网购电话：（010）88333349　68990639
本社网址：http：//www.develpress.com.cn
电子邮件：370118561@qq.com

---

# “城镇化与社会变革”丛书

## 编委会名单

# 总　序

中央政府又一次把城镇化作为拉动内需和带动经济增长的引擎，使得城镇化问题再次成为社会关注的热点。巧合的是，两次提出城镇化问题都和国际金融危机有关，上一次是亚洲金融危机，而这一次是全球金融危机。作为长期从事城镇化政策研究的团队，我们的研究积累对于中国的城镇化问题应该有着清醒的认识，但是对于社会，对于各级政府、企业家、学者和媒体人来说，如何去理解城镇化问题，就涉及将来可能出台什么样的政策，以及相关政策如何落实。因此，我们决定把多年的研究成果公诸于世，以“城镇化与社会变革”系列丛书的形式出版。丛书之所以以改革为主题，就是要清楚地表明，未来推进城镇化最大的难点在于制度障碍，只有通过改革，才能破除传统体制对城乡和城镇间要素流动的约束和限制，城镇化带动内需增长的潜力才能得到真正释放。

丛书出版之际，出版社邀请我作序，一方面希望从宏观的角度来评价十八大以来的城镇化政策要点，另一方面希望对国家发改委城市和小城镇改革发展中心（以下简称“中心”）从事城镇化政策研究的历程做一个简要的回顾。毕竟我全程参与了中心的组建和发展，也基本上经历了从城镇化政策研究到一系列政策文件出台的过程。其实，我内心的想法，无论目前把城镇化政策提到怎样的高度，毕竟与可操作的政策出台以及贯彻落实都还有很长的距离。我能更多地体会到，这项研究，凝聚着许多长期从事农村政策研究和城镇化研究的领导和专家的心血，也汇集了一些地方基层政府的长期实践。我们只是作为一个团队集中了所有的智慧，利用我们的平台优势把这些成果和资料积累下来。

1992 年，我在国家体改委农村司工作，有一次参加国土经济学会在新华社举办的关于小城镇问题的研讨会，原中央农研室的老领导杜润生先生发言，提到小城镇对于农村乡镇企业发展和农村资源整合的重要意义，回来后感受颇深。在年底农村司提出 1993 年度研究课题重点时，把小城镇和城镇化问题作为六个重点研究课题的选题之一，报告给了时任国家体改委副主任马凯同志。我记得其他选题还有农村税费改革、城乡商品流通和土地问题等等。马凯副主任只是在小城镇这个课题上画了一个圈，要求我们重点进行研究。这一个圈就决定了我后半生的命运，至今已经20年了。当时马凯同志分管农村司工作，他之所以要求我们从事小城镇和城镇化问题的研究，他的基本论断是“减少农民，才能富裕农民”。

在后来的城镇化研究中，很多人不理解，为什么当时中央提出“小城镇，大战略”？特别是一些经济和规划工作者，他们认为城镇化政策重点不应该是积极发展小城镇，而应该是发展大城市，可是谁也不去追问。当时城镇化的提法还是禁忌，户籍问题更是没人敢提。几千年来确保农产品供给问题似乎成为一种现实的担忧；已经形成的城乡福利上的二元差距，更是各级城市政府不愿意推进户籍管理制度改革的借口。只有在小城镇，因为福利差距没有那么大，基础设施和公共服务条件没有那么好，与农村有着天然的接壤和联系，而且许多乡镇企业又直接办在小城镇，在这里实现有关城镇化的一系列体制上的突破，应该引起的社会波动比较小。1993~1995年，在马凯同志的直接领导下，我们开始了小城镇和城镇化的研究。马凯同志亲自带队到各部委征求意见，1995年4月，协调国务院十一个有关部、委、局制定并印发了《全国小城镇综合改革试点指导意见》，这是第一个从全方位改革政策入手，以小城镇作为突破口，全面实行综合改革试点的指导性意见。其中涉及的内容包括户籍管理制度、土地流转制度、小城镇的行政管理体制、地方财税管理体制、机构改革和乡镇行政区划调整、基础设施的投融资改革、统计制度等多方面。

1998年国务院机构改革，国家体改委和国务院特区办合并为国务院经济体制改革办公室，原来的16个司局缩编成6个司局，涉及大量的司局级干部重组和自寻出路。为了坚持小城镇和城镇化的政策研究，把试点工作持续下去，在各方面的支持下，我放弃了留在机关内工作的机会。1998年6月，经中编委批准，以原国家体改委农村司为主体成立了小城镇改革发展中心。从此我开始了漫长而又寂寞的城镇化政策研究之路。

1997年的亚洲金融危机，我国的外向型经济受挫，很多专家提出扩大内需的思路，城镇化和小城镇终于第一次走上了政府宏观政策的台面。

1998年十五届三中全会开始提出“小城镇，大战略”。1999年，时任国务院副秘书长的马凯同志和中农办主任段应碧同志，把起草向中央政治局常委汇报的“小城镇发展和城镇化问题”的任务交给了国务院体改办。之后，我们又在国务院体改办副主任邵秉仁同志的领导下，直接参与起草了2000年6月中共中央、国务院颁布的《关于促进小城镇健康发展的若干指导意见》。这个文件下达之后，户籍管理制度原则上在全国县级市以下的城镇基本放开，农村进城务工人员只要在城里有了住所和稳定的就业条件，就可以办理落户手续，而其在农村的承包地和宅基地仍可保留。根据中央有关文件精神，2000年第五次全国人口普查后，我国把进城务工的农民第一次统计为城镇人口，我国的城镇化率一下子从原来的29%提高到36%。

2002年，党的十六大报告第一次写进了有关城镇化的内容，其中把“繁荣农村经济，加快城镇化进程”写到一起，这充分说明了城镇化对于“三农”问题的重要性。值得特别提出的是，我们的城镇化研究也从小城镇开始深入到进城的农民工，中心全体研究人员就农民工问题进行了大量的调查研究。2002年，根据马凯副秘书长和段应碧主任的安排，由中心组织人员起草了2003年国务院办公厅1号文件《关于做好农民进城务工就业管理和服务工作的通知》。

2003年，中心被并入了国家发改委，城镇化的研究工作转向了深入积累阶段。原来曾经全方位开展的改革试点工作虽然还在进行，但是实质性内容越来越少。在这一阶段反思城镇化，站在农村的角度去推进城市的各项相关改革，看来是越来越难了。中国的体制，城市实际上是行政管理等级的一个层面，而不是西方国家那种独立自治的城市。中国城市管理农村的体制，使得从农村的角度提出任何问题都是带有补贴和扶助的性质。而实际上，由于利益格局的确立，城市仍然没有摆脱依赖于从农村剥夺资源，来维持城市公共福利的积累和企业成本降低的局面。原来简单明了的城乡二元结构，已经被行政区的公共福利利益格局多元化了，因此要改革的内容已经远远超出了20世纪90年代凸显的城乡二元结构的范畴。原来长期研究农村改革、试图解决农村问题，现在成为城镇化出发点的思路，肯定也要相应地转型，使我们的研究团队站在城市的决策角度考虑问题。2009年，我们开始把中心研究的重点彻底地转向城市，单位的名称也同时作出了调整，改为“城市和小城镇改革发展中心”。这种转型的最大效果就是可以更多地偏重于决策者的思维，了解决策阶层所更关注的城市角度，有利于提出更好的政策咨询建议。

中心成立15年来，我和同事们到20多个省（直辖市、自治区）的数千个不同类型、不同规模的城镇调研，积累了大量的材料，并为一批城镇特别制定了发展规划。

我们所理解的城镇化政策是改革，这也是我们长期和社会上的一些学者，甚至包括政府决策系统的部分研究人员在观点上的一些重要分歧。因为城镇化要解决的是几亿进城农民的公共服务均等化问题，关系到利益结构的调整，所以必须通过改革来解决有关制度层面的问题。仅靠投资是无法带动城镇化的，否则只会固化当地居民和外来人口的福利格局。只有在改革的基础上，打破户籍、土地和行政管理体制上的障碍，提高城镇化质量，改善外来人口的公共服务，提升投资效率才能变为可能。

幸运的是，从2012年起，中央领导同志对于城镇化的重视达到了前所未有的高度。在国家发改委副主任徐宪平同志的支持下，我们终于把多年的研究积累作为基础性咨询，提供给政策研究和制定的部门。虽然关于城镇化所涉及的改革政策的全面铺开还需要时日，还需要观点上进一步的统一，但无论怎样，问题提到了台面，总会有解决的办法，任何事情都不能一蹴而就，但毕竟有一个非常好的开始。

同事们提议，是不是可以把这些年我们团队有关城镇化的研究成果出版成书？我同意了。2013年是全国深入贯彻落实十八大精神的开局之年，是一个好时候，全社会都在关注城镇化进程。此举可以把我们的观点奉献给社会，以求有一个更充分的讨论环境，寻求共识，推进城镇化改革政策的持续出台。

国家发改委城市和小城镇改革发展中心主任<br>李铁<br>2013年3月

# 自 序

距上次“城镇化与社会变革”系列丛书出版已经三年了。我们对中国城镇化的认识在不断深化，对于中国城市的发展规律也不断地探索。总结下来有几点深刻的体会。

城镇化的红利期虽然尚未终结，但也取决于改革的深化。与发达国家城镇化进程已经出现饱和期不同，我们的城镇化率才刚过半。如果按照户籍口径计算，城镇化率还不到40%。农村人口向城镇转移还蕴含着巨大的消费和投资的空间。土地要素的流转也会推动人口的城镇化，甚至会释放出海量的潜力，既可以约束政府过度耗费土地资源的行为，也可以激发中小投资者的信心，还可以降低企业的发展成本。行政管理体制的改革，至少可以释放中小城市和特大镇的活力。因此，在推动经济增长方面，我们坚定不移地相信，城镇化红利期的释放还会为经济增长带来利好。

城镇化的行政推动所带来的收益已经走到尽头。各级城镇政府通过限制人口进城落户来降低公共服务成本的行为已经不可持续，因为没有消费人口的进入，很难去寻找新的替代要素刺激消费。继续通过土地出让的方式获得城镇基础设施建设资金来源的模式，也已经遭遇严峻的挑战。住房的过度供给导致土地出让的预期呈现断崖式下滑，致使城镇政府财政的压力加大，继续投资的能力严重下降，原有的债务负担得不到缓解，政府的执政能力面临挑战。

推进城镇化改革的难度在加大。长期以来形成的户籍、土地以及行政管理体制，在经济持续几十年增长的环境下，附加了太多的利益，而这种利益格局的固化，加剧了利益结构调整的困难。例如在经济发展越发达的地方，户籍管理制度改革越难以破除体制性障碍。最近，在一些一线城市实施的所谓户籍制度改革方案，明显与中央城镇化发展的文件精神相悖，但是仍然堂而皇之地进入了未来政策规划的篮子。在一些特大镇，我们试图进行设市的尝试，调查后发现，所有改革政策还停留在二十年前设计的综合改革试点的阶段，甚至还在倒退。土地制度改革更是切中地方政府财政来源的命根子，在打着耕地保护的旗号下，实行的指标分配的计划用地管理体制，对城市发展带来的负面作用也日益凸显。

对城市发展的规律认识严重滞后。仅仅三十年的城镇化高速发展期，城市管理者在现行干部管理体制下频繁的流动，所谓“铁打的衙门流水的官”，使得我们很难有时间思考自身对于城市的认识。同时，在赶超思想和追求政绩的双重影响下，城市管理者更希望在较短的执政期间内使城市面貌发生根本性的变化；而土地出让制度和强有力的行政推动机制，客观上也助长了短期行为，保障了其得到顺利落实。然而在各种短期行为和主观意志的支撑下，城市发展速度远远超出了世人的想象，并取得了惊人的成就。但资源配置效率的低下、粗放的发展模式、管理水平的严重滞后，也为未来城市资源再配置埋下了隐忧。所谓“重数量、轻质量”、“重短期、轻长远”、“重表面、轻内在”的各种城市发展弊病，已经浮出水面。我们看到的各种病态的城市发展结果，实际上也都是高速城镇化进程中的并发症。

传统的中国特色的城市发展路径已经影响到了未来的经济增长预期，例如房地产过热后，地方政府土地财政的断崖式下跌，从消费和投资两头遏制了国民经济增长的势头；以城市房地产为主导的产业链条的断裂，也引发了能源、钢铁、水泥等产业的下滑。我们注意到，宏观层面的政策研究者们往往把更多的焦点关注到货币、金融以及财政等政策，但对城镇化发展中微观层面出现的问题，并没有引起足够重视，因此开出的药方往往错位。

中国经济增长的重心已经在城市，因为农业创造的增加值占国内生产总值的比重仅有9.2%，农民收入的增长更依赖于非农就业带来的收益。特别是近期国际农产品价格的下跌，更加依赖于财政对农产品价格进行补贴，确保农民来源于农业的收入不致严重下滑。在当前的宏观经济格局下，只有认真地研究城市，研究以工业和服务业为基础的城市，才能深入了解中国城镇化发展的规律，才有可能对目前面临的困境得出相对准确的答案。但是，经济学家和政策研究者似乎是耻于微观问题的研究，往往把结论性的重点建立在宏观层面理论上的务虚。因此，虽然我们对城镇化问题的所谓重视已经达到了前所未有的高度，但是真正试图发现城镇化问题的本质，特别是研究中国制度条件下城镇化的演变规律，研究城市的运行机制会对经济产生什么样的影响等关键问题上，却往往被忽视。

我们的团队已经为城镇化问题辛苦耕耘了将近二十年。已经出版了一套系列丛书，试图去对中国城镇化问题进行解答，并尝试提出政策性的解决方案。但是，我们深深感觉到，研究还是不够深入，与宏观政策的结合度还面临着现实的挑战。特别是如何把城镇化问题和宏观经济决策问题有机地结合起来，对于城镇化进程中的规律性认识是否能够系统全面地剖析和解答，对于城市发展相关的问题是否能够进行整合研究，如何把改革和发展、传统和现代、制度层面和新技术层面等融合在一起，显然还有太多的事情要做，还有太多的课题等待研究。

我们的团队面临着研究的压力，既要完成政策咨询报告，还要等待决策者的认同，同时还要帮助地方城镇政府矫正发展思路和观念，这几点的难度几乎是同等。我们也在通过务实推动，力图在一些试点城市进行改革和发展的尝试，试图通过企业和市场的力量，从微观层面拉动城市发展模式的转变。当然，也在充分利用国家发改委的大平台和后盾，从宏观和国际两个方面尽全力地施展身手。目前的大背景已经提供了非常好的平台和机会，特别是国家发展改革委领导和有关部门的支持，使我们已经在一些研究领域和务实推动方面取得了有限的进展。但是我们看重的是预期，是未来对于共识和认可的预期。我记得一位领导同志曾经讲过，在中国很多事情是要靠倒逼才能实现转型。前些天在一个企业家交流的平台上，我听到了一个企业家说的实话："如果两年前您讲这些发展理念，我们不可能听进去，因为那时候我们日子过得很好。但是现在我们要听进去，是因为形势逼得我们不得不转型。"最近，上到市长下到企业家，类似于这样的话经常被说起，但是实际的推动难度还是超出我们的想象。

我还是有很多遗憾，就是许多想法只是通过讲话、论坛发言的形式积累成册，并不能踏踏实实坐下来，系统性地整理和分析。所以展现出来的所谓著作，只是碎片化的灵光一现的组合。我期待着自己也要发生转变，能够有时间向所有关心城镇化的读者奉献出系统性的研究成果。

感谢我们团队中每一个成员所做出的努力，特别是政策研究和试点指导处在基础调查搜集资料方面所发挥的作用。特别要感谢的是徐勤贤和钟笃粮，徐勤贤女士在百忙之中，帮助我查询资料、编辑 PPT，她和钟笃粮先生不辞辛苦地对我在各种不同场合的讲话进行了录音整理，耗费了大量的时间和精力。对他们在本书中所作的贡献，我表示充分的敬意。

每本书都是遗憾，虽然我总是希望可以做得更好。不过希望还是在未来，我将尽快把我关于中国城市发展和城镇化的系统的想法和思路呈献给读者。

李铁

2015 年 12 月 14 日

# 目录 >>> CONTENTS

## 第一篇 生态与智慧城市

## 第二篇　中小城市发展

## 第三篇 城市治理



## 第四篇 把脉地方城市

第一篇

# 生态与智慧城市

# 生态城市看着绿远远不够

什么是生态城市？怎样理解其中生态的含义？这些年和地方政府打交道的时候，我发现有三种不同的认识。

第一种强调视觉效果，要“眼睛看得见绿色”。第二种是地理的概念，通常在城市地理规划中突出以环境为主题。第三种是经济学的认识，更注重从宏观层面合理配置资源。这对整个社会的产业结构、空间资源的配置、城市的发展模式都有很大影响。前两种认识非常流行，主导了很多地方的城市发展。第三种认识在国际上已经得到公认，但在我们这里还没有得到社会各界，特别是城市管理者、城市研究者的高度重视。

不同的认识导致不同的发展结果。从视觉效果看，到处都在建设“绿城”、“绿镇”，有的几十万人的中等城市，为了实现生态、绿色，沿江、沿河湖面的塑造，搞大型的湿地、生态森林，一搞就是几平方公里，甚至十几平方公里；有的北方城市本身就缺水，还动不动就要搞多少个人工湖；有的明明周围就是森林，还要搞几百亩的广场公园。这造成了极大的浪费。

从地理空间上看，大、中、小城市有很大的差别。但我们在各地看规划馆、看城市沙盘，无论大、中、小城市，都是一个模式。扩张土地规模，招商引资大搞工业，老街老镇不见了，马路修宽了，楼盘起来了，但是拆迁成本分摊到商店的房租里，东西也贵了。而且交通拥堵，出行速度大大减缓，导致生活不便；城市发展粗放，耗费了大量的公共资源，服务业发展成本大大提高，原来的生态链也断了。

服务业是无烟产业，占主导地位，也是国际上衡量生态城市的一个

---

本文发表于《人民日报》，2013 年 9 月 28 日。

重要的标准。一些欧美发达国家，服务业比重已经超出工业的2～3倍，有的更高，为什么我们现在还这么低呢？是我们财政增长模式、产业发展的惯性，导致一些地方政府把更多的精力放在了工业发展上。产业结构不合理，高排放、不宜居的城市，能说是绿色的、生态的吗？

所以，建设生态城市，首先要解决观念问题。要深刻认识生态环境对人类发展的重要性，弄清楚什么是真生态，什么是假生态。

首先，从经济学角度来理解，生态化是一种最高效率的资源配置方式。无论从空间资源的密集度、出驶出行的方便程度、消费的方便程度，还是清洁能源、清洁材料的使用，等等，都要经过反复的考量，才能决定城市到底是不是绿色的、生态的。

其次，要树立新型的城市发展观。促进城市的可持续发展是一个漫长的过程，一届政府不可能改变生态，只能做些打基础的事情，一届一届接着干，才会有变化。这就需要在各个环节上，遏制政府的短期行为。

最后，要调整城市发展模式。中小城市要不要搞大范围的土地开发模式，要认真考虑。可以尝试小块土地出让、开发模式，这样既可以给中小投资者创造投资空间，也可降低服务业发展成本，还能保留城市形态的个性化。调整产业结构，使服务业逐步在城市发展中占主导地位；调整人口结构，中小城市，特别是小城市，没有必要都发展成为几十万、几百万人口的城市，人口太多会带来很大压力、很多问题，更重要的是要让生活在这里的市民享受到更好的公共服务。

# 生态城市的转型之道

如何理解生态城市，在推进国家新型城镇化、促进城市可持续发展的进程中，具有十分重要的意义。国家新型城镇化有三个主题词：以人为本、可持续发展和创新发展。当前，中国处于城镇化高速发展时期，有7.3亿人口居住在城镇，很多人常以增长速度来评价中国的城镇化，但实际上这个人口规模在世界上是最具影响力、也绝无仅有的。试想，每年约有2000多万的人口进入不同的城市，如何管理、如何解决就业、如何提供公共服务，不仅是中央政府，同时也是地方政府面临的严峻考验。在此宏观背景下，如何看待中部地区中等城市的生态建设，如何实现国家新型城镇化所要求的“以人为本、可持续发展、创新发展”这三个主题，有不少问题值得深入研究。

## 一、以人为本：生态城市思维方式

### 1. 生态城市应以人的需求为出发点

所谓生态城市，不是空洞的物质堆积，而是以人的需求为出发点的。在未来城镇化进程中，信阳市该呈现出怎样的城市形态来满足全市860万人口的就业、居住、教育、医疗等需求，这是个很现实的问题。2013年，信阳市常住人口城镇化率为39.7%，低于53.7%的全国平均水平，这意味着未来将有为数不少的农村人口进城。我们必须思考，这些人群所需要的生态城市，是现在所能看到的蓝天、白云、绿地、碧水，还是与他

---

本文由鲍家伟根据李铁在“2015信阳生态低碳城市发展经验交流会”上的主旨演讲整理，载于城市中国网，2015年1月26日。

们生活需求相吻合的生态城市。这就需要我们树立以人为本的生态城市的思维方式，从就业结构、城市包容性的角度来制定城市未来发展的思路，解决这些人群在不同城市定居和生活的问题，也就是整个城市的空间体系再布局的问题。

与国外的城市是人口集聚区的概念不同，中国的城市是行政区的概念。信阳实际上是一个大的行政区，既有农村，又有森林，同时还有大小不同规模的城市。信阳生态城市的概念，是指信阳市域所有生态空间的组合，还是指城市人口相对高度集聚的空间，这是两个截然不同的概念。可以说，城市辖区的生态并不代表城市市区的生态。

工业化进程，是城市发展难以跨越的发展阶段。引进什么样的工业同时又能保护生态环境，还是通过发展服务业来保护生态环境，需要我们结合当前的人口及其就业结构来思考。信阳全市860万人口，包括一半以上的农民，未来是到主城区、县城还是小城镇定居和生活，是需要关注的问题。按照生态城市的要求，主城区能够接纳多少农民进城，是否与生态城市的发展相吻合，是地方执政者必须面对的问题。

所以生态城市，不是一个空洞的口号和概念，需要紧密结合城市当前面临的现实问题进行考量。信阳的生态城市发展，要和全市860万人口的空间分布、就业问题、产业结构调整、基础设施及公共服务设施配置紧密地结合在一起，这是一个最现实的要求，而不是空洞地去谈蓝天、白云、绿地、碧水这样的生态城市。

**2. 生态城市不是视觉上的生态，而是资源配置的高效率**

当前，对生态城市的认识，更多是视觉上的，即看得见的生态。比如在一个城市，拥有广阔的绿地、旷大的广场、宽阔的马路，这只是视觉上的生态城市。在这种认识下，很多房地产开发商在城市里打造一个个视觉上的绿色、低碳、生态的房地产小区，放眼全国，几乎都在走这条路。但我们不禁要问，这是生态的吗？

国际上普遍公认的生态城市，其核心是城市内部资源高效率的配置。就是不需要有过宽的马路，不需要有大的广场和公园，但必然是和城市人口规模相适应的。这种与人口密度相吻合的各种基础设施的配置效率将会大幅度提高，也会降低基础设施的投入和运营成本。现在国内不少城市都在搞双向 8 车道加绿化带、自行车带、人行道，这在欧洲、日本、韩国、台湾地区都很少见。城市为了修建大的生态空间，不仅浪费了众多资源，而且每年都要投入维护资金。从广义上讲，还需要更多的工业投入、资源消耗，其实这都不是生态的。

在大的城市空间里，出门是要开车还是步行，也与生态有直接的关系。国际普遍的观点认为，如果一个城市能够方便到出门步行就可以解决所有生活问题，这就是一种生态城市模式，因为可以减少各种能源消耗和排放。再来审视我们的城市，是否可以做到通过步行来满足各种生活、工作的需要呢？如果不能做到，就意味着过去对生态城市的认识存在一定的偏差。

就城市主城区而言，生态城市就是高密度的人口集聚和高效率的资源配置。从宏观上，是减少各种资源的消耗；从微观上，是人可以通过步行来解决各种生活和工作的需要。在这种理念之下，我们的老城区可能更为生态，新城区的人口密度、生活便捷度等和老城区相比，都存在较大的差距。

## 二、可持续发展：生态城市转型之道

视觉上的生态城市发展模式现在需要调整了。回顾过去，我们之所以走了这条路，有两个方面的原因。

第一是观念导致的。过去 30 年的高速发展历程，我们有一个强烈的赶超、跨越发展的心理，希望去实现本地区在城镇化、城市发展水平上对国内的其他城市，甚至对国外城市的超越。大量的地方政府官员出国考察之后，回来就复制国外城市的表象，而非内涵。从省会城市到地级城市，从大城市到小城市，都在复制，这是过去中国普遍存在的城市发展模式。

第二是利益导致的。地方执政者的一个重要的利益动机，就是如何促进这种城市发展模式的实现。现在的地方执政者谈生态城市问题、城市规划问题，可能与 5 年前、10 年前的想法完全不一样。地方执政者普遍被地方债务所困扰，被发展思路所困扰，对新型城镇化的理解，对如何解决过去城市发展过程中积累的问题，已经遇到了严重的瓶颈问题。

中国的城市发展模式，走的是一条低成本的工业化发展道路。东部地区的高速发展，是通过工业化来实现的，而之所以能够实现工业化，不是靠创新，而是靠低成本。依靠劳动力、土地、生态环境资源的低成本优势，地方招商引资才有竞争力。如果没有招商引资，地方 GDP 无法实现增长，预算内财政收入也会受到影响。因此，通过招商引资的工业化路径实现城市的发展，成为地方执政者上任之后所制定的城市发展的普遍规则。

20 世纪 80 年代，乡镇政府在集体土地上建设自己的工业集聚区，没有成本；90 年代，地方政府通过低价征地来招商引资，成本很低。然而，现在的情况不一样，大家都在竞争，在招商引资时互相压低成本，谁的成本低，在同等的区位条件之下，谁就获得了招商引资的机会。某著名外资企业在某个西部特大城市的投资，就是政府压低成本招商引资的典型案例。这个城市几乎零地价给了该企业 20 多平方公里的土地，政府不仅负责拆迁补偿、七通一平，还要给予 5 年的税收优惠，而企业可以拿着土地到银行去抵押贷款融资。这就是地方政府为了吸引投资者所付出的最大代价。然而好处也是有的，比如，地方 GDP 会增长，政府税收有预期，能解决一部分人口的就业。

在河南信阳，不一定能达到这种极端的效果，但是城市发展规律都差不多。在招商引资时，也得压低地价，也得解决农民的拆迁补偿，问题是土地征收的成本相比过去大幅增加了。这种高额成本如何支付？从政府税收来支付，做不到，因为预算内收入，需要保证政府人员工资和运转。因而只能靠继续卖地，卖地所获得的土地出让收入，已经成为中国经营城市的最大的经验和法宝。卖地收入可以弥补城市招商引资的成本，也可以解决城市的基础设施建设问题。

如何将土地卖出好价钱，地方政府、房地产商都在动脑筋，也找到了一条可行的路径，就是通过打造比较好的卖点、引入比较新的概念，实现所谓城市视觉和生态空间上的改变，来获取更高的土地出让收益。中国的城市就是在这种模式上发展起来的。城市区位条件比较好的地块、自然风光比较好的地方，其地价往往都比较高。在这种视觉模式下所发展的房地产开发模式，所获取的土地出让收益，足以弥补基础设施供给的投入和招商引资成本的支出。

一届政府这么做，没有问题，下一届政府，该怎么办？土地已经卖完了，招商引资已经搞完了，但还要在同一空间上继续做同样的事情，复制同样的政绩，这就需要继续放大城市发展空间，因此，每一届政府都会制定一个发展规划来调整自己的发展空间，以期有地可卖，并通过卖地所得来解决基础设施建设的资金问题，弥补招商引资的成本。然而，规律性反复的复制导致的城市空间的扩大，意味着城市人口无法高密度的集聚、城市基础设施成本的增大、房地产开发成本的上升，也不利于形成服务业发展的良好环境，城市的包容性也就大幅度降低了。

最关键的问题是，每届政府都遵循这样的发展模式，不仅卖了今天的土地，未来几年的土地收入预期也提前透支，一旦房地产有卖不出去的一天，这种寅吃卯粮的做法就会出现严峻考验，地方的资金链也会出现危机。恰恰在中国经济从旧常态到新常态的关键时刻，中央政府对地方政府的城市经营模式、债务问题进行了质疑，认为不能再这么干了。

然而，政府的预算内收入、招商引资的成本靠什么来解决，基础设施建设的资金从哪个地方来，地方政府的债务问题如何处理？要解决积累了这么多年的老问题，意味着我们必须调整现有的城市发展模式，走可持续的城市发展道路。这其中，观念的转变尤为重要，要深刻认知什么样的城市是生态的，也就是在极度放大空间的发展模式之下，怎样来提高资源配置效率？我想地方执政者需要做好几件事情。一是建立止损机制，不能再继续卖地，不能无限制地将地方政府债务放大；二是有效地招商引资，在同等条件下，地方能够具有何种优势来提高招商竞争力，吸引投资者；三是如何满足现有的城市人口日益增长的对改善现有基础设施空间布局的需求；四是在资本、技术替代劳动力的产业转型升级大趋势下，未来的农村转移人口，能够提供什么样的与其教育水平相匹配的就业机会。

## 三、创新发展：生态城市的发展活力

除了正确认知何为生态城市、调整现有的城市发展模式促进资源配置效率的提高之外，城市如何实施改革与创新，也是每个地方执政者必须要研究和面对的问题，而且是必须做出的选择。

第一，过去低成本的工业化发展道路，形成了当前高成本的城市发展格局。一个城市，还能不能维持低成本的发展路径，需要分析区域内还有没有可提供的低成本资源。河南是劳动力输出大省，之所以东部地区的产业可以往中部地区特别是河南转移，劳动力资源是一个巨大的优势，这个低成本资源是不可忽视的。实现生态城市，工业要远离城市，能不能在城市周边的农村区域发展一些集体经济组织自建的工业园区，是可以探索的。在四川、广东、浙江，由农村集体经济组织在集体土地上建设的产业园区，实现了低成本用地发展工业，土地利用效率也大幅度提高，也不会轻易地去浪费土地。转换下思路，土地资源也有低成本的空间。

第二，释放中小城市的发展活力。既然中心城区已经走了高成本的城镇化发展路径、重视觉的生态城市道路，在城市的空间形态上进行大的调整，恐怕是个长时间的问题。中心城区周边的中小城市、县城，可不可能给他们下放一些权限，去复制 20 世纪 80 年代蓬勃的经济发展过程，可以进一步探讨。至少在县城、建制镇，有更多的空间、更多的活力去容纳这些低成本的劳动力、低成本的产业，地方政府只要做好生态环境规划就可以。

第三，研究基础设施的供给。过去的基础设施建设，往往都是高大上的形态。今后的交通设施配置，在伸展到辖区的所有空间和城镇中，能不能修建一些更适合低成本流量、低成本要素流通的交通体系，和高成本的搭配起来，粗细粮全部都有，这样才能改善城市的整体发展空间结构。

第四，研究生态城市，只是一个起点。2013 年，中国常住人口城镇化率为 53.7%，户籍人口城镇化率为 36% 左右，在这种基础上，发展生态城市不要盲目照抄照搬国外的城市发展经验，毕竟它们经历了上百年的发展，有强大的创新产业支撑。走出一条符合地方实际、具有实践意义的生态城市道路，才具有可推广性和可复制性。

# 以视觉为目标是对生态城市的误解

"主城区和各镇相对分散，这让顺德服务业发展受到限制，这需要在空间配置上下功夫，不能向主城区聚集，而是通过轻轨将顺德周边工业镇有机联结一起，加快人流在空间上流动，尽量减少服务业发展上受制于空间面过大的困扰。"

"顺德可发展多中心、多城镇的发展模式，但前提是不要过度投资、过于豪华，要降低成本，加快交通轨道连接，增加物流和人流在不同城市之间流通，这也会在中国形成一种新的城市化发展模式——小城市群发展模式。"

作为珠三角工业化推动城镇化模式的代表，顺德依托工业立市发展战略，2013 年底，顺德 GDP 已高达 2545.1 亿元，相当于内地一些省的经济总量。但另一方面，随着人口红利时代的终结，以廉价劳动力、土地为经济增长的模式已不可持续，顺德已步入后工业化时代。自 2011 年开始，顺德区委、区政府便提出了"城市升级引领转型发展、共建共享幸福顺德"的转型战略。在中国新型城镇化浪潮中，作为中国百强区之首，改革先行者顺德如何为中国新型城镇化探路？《南方都市报》（以下简称"南都"）记者为此专访了李铁。以下是采访实录。

## 一、弥补城镇化短板应先解决"外来人口市民化"

**记者：**此前您建议顺德凭借改革优势，要进行户籍制度改革试点，在国务院已出台户籍制度改革意见的前提下，顺德可抓住哪些机遇进行

本文是李铁接受《南方都市报》记者欧阳少伟、苏霭欣采访的实录，2014 年 8 月 18 日。

改革，弥补此前工业化推动城镇化路径中存在的短板？

**李铁：**顺德继续走工业化道路，面临外来人口市民化、公共服务如何满足的问题。这需要长时期来解决，得稳步有序来推进，要逐步通过就业年限、就业成熟期等指标，为外来人口提高公共服务，增加公共服务供给，公共财政造成的压力才不大。同时，要尊重现实，对于外来人口不一定按照当地户籍居民的公共服务要求，来给予福利化待遇，而是要按照市场化来推进，针对不同群体，逐步完善城市化进程中就业水平、基础设施条件、生活条件。

任何国家的城镇化发展进程中，中小城镇要达到大城市水平，都是逐步叠加的过程。我觉得顺德户籍制度可以率先在全国取得好的经验，从外来人口结构看，工业群体中大量是年轻人，由于公共服务提供不足，此前过多熟练工人只能过早返乡。但如果让其落户，给予长期稳定的预期，即期工资、待遇少的问题通过其他公共服务环节弥补，会让这些年轻工人努力改进就业技能；技能提升后，如果将其熟练就业期留在顺德，这将支持顺德未来的发展，也将解决高级技工短缺、劳动力成本过高的问题。

## 二、土地管理改革，用服务业置换制造业

**记者：**去年您在顺德演讲时指出，当城镇化达到50%以后，应该是服务业大发展的时期；并建议顺德可对土地管理制度改革，鼓励中小企业将工业用地转向服务业，也可探索集体土地自行开发和经营。一年过去了，顺德在土地管理制度改革中，新做法并不多，对此您又有何新建议？

**李铁：**提高产业水平、提高工业转型升级能力，制定精英化户口政策，来更好地实现优秀外来人口进入顺德，而涉及的配套服务人员也会增加，至少是1∶1或1∶2，甚至更多。

顺德目前面临最大的问题，一直是工业立城，导致大量传统工业、土地资源没有有效利用，大量高新产业在顺德落不了户。顺德产业配置要大面积腾笼换鸟，形成产业替代是做不到的，怎么改革？首先，顺德

人口聚集度不是特别高，相对分散，主城区和各镇相对分散，这让顺德服务业发展受到限制，这需要在空间配置上下功夫。不能向主城区聚集，而是通过轻轨将顺德周边工业镇有机联结在一起，加快人流在空间上流动，尽量减少服务业发展上受制于空间面过大的困扰。

在“三旧改造”上要加快服务业培植，加快服务业研发机构的引进，这样减少制造业所占比重，这也是中国发展的趋势；如果研发比重高，产业对土地弹性下降，在某种程度上弥补原来工业置换工业过高压力，利于改变顺德产业结构。

**记者：**顺德目前全区土地开发强度已接近50%，“村村点火、户户冒烟”的发展模式使得村集体用地划分成无数个小型地块，造成集体土地流转制度推进不顺畅。在“三旧改造”中如何让利给村集体、村民是个绕不开的难题，有什么好做法提供给顺德借鉴？

**李铁：**顺德在集体土地利用上可进一步探索，比如村集体怎样直接参与服务业开发。在集体土地置换上，集体土地可否和城镇土地具有同等权利，允许引进小资本介入。最近颁布的一系列中央文件，都要求城乡土地同权，顺德在这方面可以率先突破。通过土地产权置换，调整顺德产业结构，如果在这一方面推进改革，对顺德产业结构调整有大促进。

## 三、顺德未来发展当借力地面轨道交通

**记者：**顺德一直称要推动新城建设，但十年过去了，顺德新城集聚功能并不明显；去年底，佛山新城由佛山市政府委托顺德区政府管理，这也造就了顺德目前拥有“佛山新城（中德工业服务区）”和“顺德新城”南北两大新城的局面，这是否分散顺德城镇发展所需的资源？

**李铁：**佛山新城与顺德新城功能不一样，在中德工业服务区基础上，佛山新城凭借区位条件、对欧产业合作基础与公共基础设施配套等优势，从全国众多候选城市中心区中脱颖而出，与上海临港地区一同成为全国唯一的两个中欧城镇化合作示范区。顺德如果走工业强区道路，引进欧洲先进企业、研发基地、总部经济是有其积极意义的，这样可以借鉴经验，实现欧美高科技与中国城镇化的有效结合，作为试验田要进一步改

革、探索，做好了，对顺德走国际化道路都有帮助。

顺德发展到今天，不可能走到中心城市过度聚集的过程，它有一点点像德国当年的发展，中心城市不是特别大，但中小城市却发育较多。世界城市发展过程中，没有一个既定规律，它可以因地制宜进行。顺德可发展多中心、多城镇的发展模式，但前提是不要过度投资、豪华，要降低成本，加快交通轨道连接，增加物流和人流在不同城市之间流通，这也会在中国形成一种新的城市化发展模式——小城市群发展模式。

**记者**：顺德已有广珠城际轨道，并提出了地铁修建计划，您提到的轻轨又有何指？

**李铁**：建地铁对人口要求大，但地面交通成本要低很多；我不建议顺德走地铁发展模式，而是要走地面轻轨的发展模式。地面轻轨主要特点是联系周边镇与中心城区。不能走地下，因为成本太大，地铁适合高密度、大规模的人口聚集区。

## 四、以视觉为目标，那是误解了生态城市

**李铁**：低碳城市的内涵实际上是城市资源配置和利用的高度集约化，新型城镇化低碳发展首先是要矫正目前管理的思维模式。

新型城镇化的内涵要“以人为本”，这包括户籍管理制度改革，让农民工市民化；另外则要让生活在城市里的人感觉居住更方便，低碳、绿色、智慧。这是中国新型城镇化的两大任务。目前国内的城镇化发展主要存在以视觉为主要目标、对生态城市存在误解、超前投资和过度投资、以城市利益为导向的扩张等问题。顺德在践行低碳路径上，可以向空间紧凑的东京、无锡、上海浦西等城市和地区学习，城市里的每一个地方都经过精确计算，没有浪费。另外，在交通、服务业、产业集聚、公共服务及视觉功能的复合上，并未将任一功能过度放大。

# 城镇化与低碳城市路径选择

2014年11月19日，李铁出席“可持续及宜居城市项目中期成果发布暨城市低碳发展研讨会”，并作“城镇化与低碳城市路径选择”的主旨演讲。会议由国家应对气候变化战略研究和国际合作中心、世界资源研究所共同主办。

李铁指出，中国城镇化速度之快，城市的数量之多和规模之大，在世界上前所未有。走什么样的道路，是低碳的还是增加碳排放，对世界会产生什么样的影响，中国的城镇化对未来国际经济增长带来持续的推动效应，都受到国际社会普遍关注。

李铁表示，研究中国城镇化和城市发展进程中的低碳，一方面要考虑到发展阶段和发展水平，未来10年甚至20年每年还有1600万人口进入各类城镇；另一方面要研究城市和产业结构的关系，在一些城镇化率较高的城市，工业比重远远超过服务业的比重，但各地还在提出未来城市化发展道路以工业为主导的发展模式，忽视了工业必然带来大量的排放。因此，为了实现低碳目标必须要调整我们的产业结构。

李铁指出，现在很多城市看起来是绿色低碳的模式，但却是视觉上的绿色低碳。因此，城市空间不断放大，路很宽，投入很多资源搞公园、绿化、所谓的生态的工程建设，导致城市基础设施投入过大，市民出门只能坐车，在宏观上实际反而增加了碳排放。提出所谓低碳的时候，要对城市有一个清醒的认识，要追求紧凑型的、资源高效率配置的城市。

李铁认为，城市土地财政的模式也使得城市越来越不低碳。通过土

---

本文是李铁出席“可持续及宜居城市项目中期成果发布暨城市低碳发展研讨会”的演讲整理，2014年11月21日。

地财政获得城市收益再去支持基础设施建设，支持招商引资，最后的结果就是城市越来越多地卖土地，“饼”摊得越来越大，走向了一条不可逆转的道路，债务增加，城市成本增加，服务业发展成本越来越高，越来越不低碳。

李铁介绍了欧洲国家、日本等通过智慧城市实现低碳的做法。一是通过创新降低成本，二是通过智慧来提高效率，三是通过政府的政策来解决未来的成本和支出之间的关系。李铁强调，认识低碳城市，不要仅仅停留在指标上，而要深刻分析中国城市发展的历史、阶段和现实，以及深层次的体制结构和增长机制。

以下为李铁演讲实录整理。

很高兴来参加低碳城市的论坛。为什么来参加这次论坛？低碳城市跟我们工作有直接的关系，我们中心研究城镇化的重点就是如何促进城市和小城镇的可持续发展，绿色、低碳也是非常重要的内容。

我的题目是城镇化与低碳城市路径选择。为什么要提城镇化？城镇化在中国、在世界来讲都是非常重要的事情，习总书记在 APEC 会议上也提到要加强城镇化的国际合作。为什么国际上对中国的城镇化关心呢？大概有两个方面，一个方面是中国这么大规模的城市化，要走什么样的道路，是低碳的还是增加碳排放的，对世界会产生什么样的影响？第二，中国这么多城市，对未来国际经济增长会带来持续的推动效应。

城镇化具体的数字，有一个背景的分析，我们国家城镇化率已经是 53.7%，但是城镇人口数在全世界也是前所未有的——7.3 亿城镇人口，比欧盟人口总和多 2 亿多，比美国人口总和多 4 亿多，在世界上没有先例。其次，有两类城市，我们现在设市城市是 652 个，有 6 个千万人以上的城市，142 个百万人口以上的城市，还有 20177 个镇，这些大中小城市走一条什么样的发展道路确实值得我们关注。

从另一方面也要考虑到发展阶段和发展水平。今天中国城镇化是一个高速增长的过程，但不是小规模的人口高速增长，而是大规模的人口高速增长的过程。日本也经过高速增长 30 年，韩国经过 20 年，台湾地区经过 30 年，但是人口基数小很多。2000 ~ 2013 年，我国平均每年有 2077

万人口进入城市，我们面临什么样的挑战？所以我们的发展阶段相比于其他发达国家，至少落后三五十年。我们要进行比较，不是应该比照结果，而更多的是比较这些发达国家三五十年前怎么走过来的，他们面临高速增长的问题和困境如何解决。可是，我们目前大多数搞比较研究的人，习惯的是拿我们现在的状况和发达国家现状比，而忘记了我们经历的过程恰恰是这些国家几十年前的经历。

研究城镇化中的低碳问题，还要研究城市发展和产业结构的关系。如果未来经济保持每年6到8个百分点的增长，每年要保证一个点的城镇化率增长，未来10年、甚至20年，每年还有1600万左右人口进入城市，到2030年城市化率可能达到70%，将有10亿左右的人生活在城镇。那对于新进城的人来说，什么产业才能接纳他们就业呢？是工业还是服务业呢？我们面临的也是很现实的事情。现在服务业和工业增加值比是1.25∶1，发达国家城市化率超过60%时，服务业和工业增加值比至少是2∶1。除了极少数像北京、广州几个城市之外，其他一些经济发达城市的工业比重超出服务业比重。为什么要讲这个问题呢？和低碳有关，因为工业会带来大量的碳排放。可是各地在提出未来城镇化发展道路时，特别是发达地区，还在提以工业为主导的发展模式。

我前一段时间在其他论坛上讲，中国的经济增长发展是靠创新还是靠低成本呢？可能我们还没有走出靠低成本的道路，就是还没有走出世界工厂的道路。如果我们想改变工业发展的模式，我们就面临一个很大的矛盾，即会出现资本和技术替代劳动力的情况，吸纳就业的人口会大幅度降低。这个矛盾在地方的GDP增长的要求下是一个很大的难题，既要保证GDP增长速度，还要和低碳目标相吻合，使我们面临着非常严峻的选择。因此，在未来整个增长模式中有两个比较可行的路径，一是通过创新来调整工业结构，实行低碳的科技化的创新产业发展；二是要发展服务业，服务业还有巨大的空间。为了实现低碳目标必须要调整我们的产业结构，既能够通过服务业的发展更多吸纳就业人口，同时还可以避免在传统工业发展的过程中增加更多碳排放。因此，要研究在城镇化具体规划目标中，如何在低碳城市工业发展路径中提出一个明确的方向，怎样调整工业结构，应对资本和技术的替代，应对新能源的利用等，在不减少就业容量的前提下降低排放。

从另一方面看，就是涉及我们所谓城市发展模式是不是能够吻合未来低碳发展目标。我前几天去台湾地区考察，台湾地区人均 GDP 是 2.2 万美元，而且城市比大陆城市破旧很多，但是破旧并不妨碍城市的可持续发展。我们现在很多的城市是看起来很低碳的模式，这是一个视觉模式，但在城市发展模式中视觉上所谓的绿色生态恰恰不是低碳的。因为你的空间要放大，你的路要加宽，要投入很多资源搞生态的工业建设。出门很难步行，只有坐车，当车多了排放就增加了。当工业投入和城市基础设施投入过大了，在宏观上碳排放也是增加了。这个发展模式在中国已经非常普遍，已经成为至少县级市、地级市一个普遍的参照标准。很多人认为我们是从欧美学来的经验，其实我们只学到了表面，而实际上走了高排放的道路。

所以，我们提出所谓低碳的时候，要对城市有一个清醒的认识，什么样的城市形态才是真正的低碳呢？紧凑型、资源高效率配置的城市。所谓紧凑型的城市、资源高效率配置的城市和现有地方的长官们的想法一致吗？恐怕不一致。我在去台湾的路上很多朋友给我发信息，大致归纳下对台北的两种感受：一种感受是又破又旧，第二个感受是台北真干净、挺方便。说台湾很干净和方便的肯定是作为居民和老百姓的切身感受，而说台湾又破又旧的当然和我们主观印象有关，也跟官员的思维方式有关。看一个城市是重在表面还是重在实际，是重在看还是实用，确实是城市发展观的一个重要分歧。近些年中国的城镇化发展进程中，我们过多重视了视觉，而忽视了城市的方便，如果这个观念不去调整过来，所谓低碳的目标仅仅是一种空谈。

还有城市发展卖地的模式，通过土地财政获得城市收益再去支持基础设施建设，来支持招商引资，最后的结果就是城市越卖地，“饼”摊得越大，也走向了一条不可逆转的道路。所以债务增加，城市成本增加，使得这个城市也越来越不低碳，服务业发展成本越来越高。

所以，这里既有观念上的问题，也有产业结构上的问题，也有体制上的问题。在认识低碳城市的时候千万不要小看低碳，不是仅仅停留在指标上，要停留在我们对中国城市发展的历史、发展的阶段和现实中，以及对城市发展过程中深层次的体制结构和增长机制要进行什么样的分析。如果仅仅把它停留在指标上，我们将无所作为。

未来解决低碳应该是什么样的路径？我们在推进城镇化的国际交流合作中，看到欧洲国家在搞智慧城市，日本也在搞智慧城市，他们智慧城市非常重要的目标就是实现低碳。当然我理解欧洲、日本等是资源能源极其短缺的国家，他们要降低对世界能源的依赖，他们通过所谓智慧城市和清洁能源等方式降低碳的排放。他们有几种机制值得我们考虑：第一，通过创新来降低成本，但是目前进展不是太大；第二，通过智慧来提高效率，这个有一定的效果；第三，通过政府的政策来解决未来的低碳发展成本和支出之间的关系，这个至关重要。在日本实现低碳智慧城市目标的时候，样板城市政府是要有补贴的，大概有 10% 的补贴。日本打算近两三年内取消对能源价格的核准政策，这意味着政府不再控制能源价格。在能源短缺的情况下价格上升，就倒逼每个居民把节电和自己家庭的支出联系在一起。如果没有这两项政策，拿什么调动企业、调动居民来支持你的碳排放政策呢？举例来说，在座所有的听众你们也都是城市居民，你们谁会牺牲自己所谓的高消费的消费环境和习惯去节电、节水、节能呢？因为没有那个压力，我们的收入、我们的消费、我们的价格没有让我们有这种动力。作为企业，如果政府没有补贴，有什么动力去支持降低能源消耗呢？何况实行低碳，所谓清洁能源各类成本在现有成本的情况下要增加 10% ~15%。

所以，低碳的城市是一个长期目标，可是我们面临的是一个现实的选择，而现实的选择需要政策的支持和全社会的力量调动，也需要我们从观念上进行根本的改变。这就是我简短的发言，有不对的地方请大家批评指正，谢谢！

# 城镇化的智慧路径

正如诺贝尔经济学奖获得者、世界银行前副行长斯蒂格利茨所说："中国的城市化与美国的高科技发展将是影响21世纪人类社会发展进程的两件大事。"将城镇化与高科技相结合的发展模式，即智慧路径之下的城镇化道路。

第一，中国的城镇化改革，实际上是一场全面深刻的社会变革，寻找好的改革方法和实现路径，才能达到城镇化改革稳步有序的推进效果。截至2013年年底，中国的城镇化率达到53.7%，中国城镇人口是7.3亿。7.3亿人口意味着什么？这是世界上前所未有的最大规模的人口城镇化进程——中国城镇总人口比欧盟人口总和还要多2.2亿。

第二，中国城镇化增长率会保持在1%左右，但是也意味着每年最少1600万~2000万人口要从农村进入到城市。每年在一个国家内有2000万人口进入到城市，在世界上史无前例，没有经验可循。每年2000万人口进入什么样的城市，以什么样规模的速度进入，在城市解决他们什么样的问题，都是政府、市场在关心的事情。

第三，中国7.3亿城镇化人口分布在什么样的城市里呢？在大致658个设市城市中，其中1000万人口以上有6个，400万~1000万的有15个，100万以上的是140个。除了设市城市之外，在全国还有建制镇，平均镇区人口有1.1万，建制镇里5万人口以上是753个，还有几十万人、上百万人的建制镇。全国7.3亿人口分布在658个设市城市和将近2万个建制镇，这么多的城市在未来的城镇化道路中走什么样的道路，是可持续的道路还是粗放型的道路，正是研究中国新型城镇化的重点内容。

---

本文发表于《财经》杂志，2014年5月11日。

人口的质量型增长替代原有的数量型增长，这是新型城镇化重要的内容之一，也就是实现以人为本的城镇化。因为7.3亿人口里户籍人口才不到5亿，还有2.5亿多人口如何通过户籍制度改革解决他们在城市的居住、就业和与城镇居民享受同等的公共服务的问题。

2万多个城镇如何从粗放型扩张转到集约型增长，走什么样的道路，是新型城镇化的又一个重要内容，就是怎样走可持续发展的城镇化道路。涉及所有的内容，都需要用智慧的方法来考虑。

## 一、中国城镇化特点

要了解中国的城市和国际上城市的区别，才能更好地借鉴国际先进的经验，寻求出一条符合国情的中国特色的城镇化道路。

第一，中国的城市是行政区，是有等级的；国际上所有的欧美国家城市化进程中，城市是没有等级的。这是中国城镇化进程中的一大特点。

中国的等级决定中国城市资源的流向，城市管理城市，城市管理农村。另外，城市是非自治的，非自治意味着等级化的管理体制：整个城市的长官对谁负责，到底对社区的百姓负责，还是对上面负责。在中国，官员的执政要考虑双向选择，满足上下两个方面的利益需求。

此外，城乡土地的权利不平等。中国城市产业的发展，城市基础设施供给的来源，甚至包括投资资金，恐怕不仅仅是来自财政、税收和预算内财政，更多的要来自于土地。可是土地的获取是靠城乡不等价的交换获取的，所以低成本的土地是维持整个城市发展的基础设施非常重要的资金来源。

第二，需要了解在这种体制特点条件下，中国城市的发展路径是什么样的，会带来哪些问题。

中国的城镇化进程是一个产业推动的过程，是工业化带动的过程。30多年来中国经济的高速增长，带动了中国城镇化的高速增长，这是一个不可回避的现实。

中国的城市经营模式不同于外国，中国的城市不是靠企业的管理创新方式来经营，也不是依赖于政府的税收管理、基础设施收费或者金融支持。中国的城镇政府更多的是通过低价征用土地，降低工业发展成本，同时依靠开发房地产卖地来获得土地出让金，支持城市的建设。卖工业用地是赔钱的，必须通过房地产开发增加更多土地出让金收入，以此弥补工业招商引资的成本和基础设施建设的成本。

问题在于，一届政府是这样，两届以及后任政府还是这样。可是不同届的政府不能卖同样的地，下一届政府继续卖新地。中国城市主要负责人的平均任期只有三年。三年卖一次地，就导致了中国城市面积的迅速扩张，形成了不可逆转的“摊大饼”的发展模式。

这种粗放型的发展模式，在已经沿袭了几十年的政府经营思路下，作为传统的习惯还在继续蔓延。我们前些天在试图矫正几个城市的发展规划时，城市的官员就反应强烈地表示，不按照卖地这种模式就不知道该怎样做了。所以，过度依赖土地出让，导致城市的面积粗放地扩张，进而使城市基础设施的成本越来越高。因为卖地和其他的制度支撑，会助长短期利益的积累和泛滥，导致城市管理的表面化，形象工程普遍，带来资源的严重浪费。还有一个严重的后果就是服务业发展的成本大幅度上升。例如，中国的服务业占经济总量的比重现在才 46.1%，中国的城镇化率为 53.7%，低于中等国家。一个城市发展的重点是要发展服务业，所以在美国、法国、德国、日本等，城镇化率达到 80%，服务业占的比重是超过了工业比重的 2～3 倍，甚至到 4 倍。实际上城镇化到了 50% 以后，服务业进入高速增长期。为什么我们的服务业发展不起来，因为城市“摊大饼”摊得太大了。传统服务业最有利于城镇化进程中就业的增长。但因为通过房地产开发的城市，服务业经营成本要增加房地产的成本，传统服务业发展就受到了极大的成本约束。

当城市更多地关注表面的形象，就不会容忍中低收入者和外来的农民经营适合他们就业水平的服务业。我们看到城管和社会就业的矛盾已经严重地受到了社会的诟病，就是很鲜明的例子。

其实，我们要认清一个现实，城镇化高速增长的过程中不是富人进城，而是农民进城。农民进城所需要的就业岗位不是所谓的高端，也不是“高大上”。他们对生活和就业的需求和城市管理者的要求形成了巨大的反差。恰恰在高速城镇化的今天，我们应该重视农民进城的就业问题。

在工业化发展的一定阶段，工业将远离城市，服务业应该在城市发展中占有主导地位。但是这却没有得到各级城市政府足够的重视，原因在于体制上和制度上的约束，在于利益的分割。

目前的这种城市发展模式的另一类后果就是造成了城市门槛过高。当我们看到很多政府管理者关注智慧城市，提出通过智慧城市的方案来解决城市的运营系统和规划系统时，并没有给低收入人口和农民进城留下充分的空间。所以，我们看到各种智慧城市的展示中，无论是城市的规划展示，还是城市发展形象的展示、各类技术展示，更多关注了高收入人口，更多关注了精英决策层的考量。

可是我们要清醒地看到，我们所面临的城镇化进程是数亿农民要从农村转向城市，从农业转向非农就业。他们中60%以上是初中水平，他们的进城和就业问题，与我们给城市制定的各种管理和决策以及公共服务系统非常遥远。

第三，城市债务膨胀将是不容回避的问题。

由于中国城市粗放型的发展模式，土地出让的预期达不到政府的需求，所以不得不通过各种债务进行弥补。这种债务未来的还款还得靠新的土地出让，所以这种靠房地产发展城市的模式，在三四线城市也遇到了严重的危机。很多人研究房地产问题，只是看房地产的销售状况。其实从经济发展规律上讲，一旦房地产是被强大的行政力量推动时，必然是反市场的，必然违背经济规律，必然预示着有一天，房地产像击鼓传花一样面临着崩盘。目前已经显现了一些苗头，主要是地方债务和三四线城市开始出现了明显的迹象，还没有引起足够的警惕。

## 二、智慧的城镇化

中国的城镇化需要通过改革来推动。但是改革什么呢？

第一，要改革户籍管理制度，改革土地管理制度，改革行政管理制度，改革各种助长这种短期行为的机制，改革各种政府利益获取的发展动机，促使政府职能转变。这是一个非常艰巨的任务。

第二，要研究城市的发展规律。这个规律虽然在中国有它独特的个性，但是国际上城市发展也有它共性的规律，尊重这种共性的规律，也许就是我们改革的趋向。实现这个过程，需要了解中国的国情，也需要在现行的体制下了解中国城市的运行规律和发展路径，在此基础上寻找改革的方法。因此，需要提升政府管理者的智慧。所以，习近平总书记提出要改变政府对城市的管理和治理方法，改变城市的规划方法等，就是提升政府的管理智慧。

第三，加强公众监督和公众参与的智慧。我们不能把对于城市所有的支持——制度支持、政策支持、社会支持和技术支持，建立在精英决策基础之上。因为我们的城市是个金字塔型的结构，按中国城市人口收入分配的差别，我们更应该关注 70% 以上的中低收入人口，才更可能有效发挥它的市场作用。

第四，用智慧的方式变革管理手段和方法，这是所有企业家的长项。但是要落地，要矫正地方政府的短期行为，要促进政府管理决策的长期化和制度化，要和未来中国城镇化发展的战略相结合，才能接地气。

第五，用智慧平台改变政府对社会大众的公共服务，要更多地关注中低收入人口和待城镇化的广大外来人口和农民。如果离开了对社会最广泛阶层的公共服务，我们这种智慧城市不可能持续，不可能成为新型城镇化重要的组成部分。

我们的首要目标是要降低管理成本、人力成本、运行成本，提高决策效率，提高公共服务效率。怎样才能实现，需要广大公众参与。我们有很好的网络平台、互动平台，智慧城市需要什么样的体制机制，在哪些地方开展试点，受不受到短期行为和利益的干扰，这有非常艰苦的工作要做。因为我很清楚，很多政府的管理者对智慧城市不太感兴趣，因为他的思维方式，经历、学历的构成不支持智慧城市，怎样改变这种体制机制，也是我们考虑的重点。

怎样推进城市管理水平升级和产业升级，这是提出的最明确的目标。转型升级，同时也不要忘记替代过程中的过渡空间，不要忘记加快各个推进智慧城市的企业、专家、政府、媒体以及社会大众等各个城市主体间的协作和协调。

我们最近在推广智慧城市的合作过程当中，发现每个研究智慧城市的企业，都是研究智慧城市技术和平台某个不同的侧面。有的是推进决策方式的改变，有的是更好的便民服务，有的是完善公共服务系统，还有的是扩大网络影响力，等等。并不是说大家出于绝对刚性的竞争，像手机一样，而是像微博、微信等，其实还是存在着很大的互补性。因此，发挥所有企业各自不同的优势支撑某一城市的智慧发展，使城市的智慧平台更好地发挥作用，不仅仅是企业，还包括政府、媒体、社会组织怎样建立一种新型的合作关系。

# 智慧城市要防止政绩工程，应靠市场化推动

2014 年 11 月 22 日，李铁出席新浪财经主办的“2014 新浪金麒麟论坛”，并在圆桌论坛“城镇化 2.0 的新命题：智慧与城市”中就智慧城市发表观点。以下为李铁观点整理。

## 一、智慧城市是高科技和城镇化的结合点

智慧城市是一个非常好的话题。2014 年 11 月 7 日，在广州召开了中国首届智慧城市创新大会，这是由国家发展和改革委员会等 25 个部委指导下组织召开的。2014 年 10 月底，国家 8 部委联合颁布了《关于促进智慧城市健康发展的指导意见》。

智慧城市是一个新名词。诺贝尔经济学奖得主斯蒂格利茨曾说过，影响 21 世纪的两件大事是美国的高科技和中国的城镇化。高科技当然不仅仅是美国有，实际上高科技和城镇化的结合点就落在智慧城市上。互联网已经发展到了 4.0 的时代，城市发展中市场化的需求一定会和高科技联系起来，智慧城市就应运而生。

前不久参加世界经济论坛全球都市指导委员会专门开的电话会议，会议提出在印度要搞一百个智慧城市试点。当时印度的住建部部长就问智慧城市是什么，他们也不清楚，但是觉得这个名词挺新鲜。我在首届中国智慧城市创新大会上讲，智慧城市是一个很新鲜的名词，概念并不是特别清楚，而且企业和城市的理解也各不相同。比如，在座的易华录

---

本文是李铁出席新浪财经主办的“2014 新浪金麒麟论坛”时的观点整理，2014 年 11 月 24 日。

集团是搞智慧交通和智慧平安的，在全国也是上市公司，是国有大型企业，他们成立了智慧城市研究院。神州数码是搞“一卡通”的，也成立了智慧城市研究院。我们了解到很多不同类型的企业，都纷纷成立自己的智慧城市的研究院，包括日本丰田等。就我个人的理解，智慧城市不简单是城市利用了高科技的某一方面，其实重点在综合性的城市治理、管理以及市场和社会的需求上，如何把互联网和信息产业的优势整合起来。

## 二、防止智慧城市成为新一轮的形象工程

很多城市对智慧城市特别感兴趣，但有几点需要我们特别注意。

第一，我们特别担心这些城市又把智慧城市当成一个新的形象工程。过去搞信息城市、数字城市，这回又搞智慧城市，如果再把智慧城市当成形象工程，那就大错特错了。如果真要通过互联网、大数据、云平台等，把所有的城市建立在智慧治理的基础上，至少我个人认为，中国城镇化发展到今天，距离发达国家还有很大的差距，不仅是在城市的管理和决策机制上，还是人才的储备上，我们还差得好远。

第二，世界上虽然都在谈智慧城市，但真正搞好的没几个，而且大多都局限在某一个方面。比如，我今年去了日本丰田市，他们搞智慧城市重点在节能方面，特斯拉也搞智慧城市，但重点是在各类城市如何建立更多的充电桩上。真正成型的智慧城市在全世界都很少。既然在全世界都很少，在中国会是什么样的发展趋势呢？因此谈到智慧城市这个概念，怎么样才符合中国的国情，我想这才是具有很重要的现实意义的。

## 三、社会对智慧城市有巨大的需求

对于城市领导的考虑，我们需要矫正观念。但对于社会来说，有这个需求吗？太有这个需求了。我们离不开互联网，离不开信息化，互联网、信息化实实在在都直接和我们的生活有关。

第一，从政府的角度来讲，怎样利用现在的信息化、互联网先进技

术开展公共服务，这是一个前提。刚才和曹国伟先生（新浪董事长兼CEO、新浪微博董事长）聊起来，新浪有这么大的网络平台，停留在政务信息平台上。政务信息只是公共服务的一个方面，还有其他很多公共服务，比如大公共交通、公共服务一卡通等，都是智慧的一方面。包括有效适度的云平台的建设，利用信息系统的整合，怎样运用各种最先进的科学技术方式，都有很大的发展空间，但前提一定是对老百姓开展更好的便民服务。所以，智慧城市在开展城市治理、智慧交通、智慧平安方面，都具有非常广大的发展空间，这是一个非常广大的市场。易华录、神州数码这些大的企业都在开展对各个城市的公关，希望参加智慧城市的建设，但提供的还只是智慧城市的一个或几个方面。

第二，市场也有需求，市场需求是根本的。我们提出智慧城市，我们觉得它是要面对市场的，因为社会有需求，家庭有需求，社区也有需求。许多市场化的服务能否通过智慧的方式连接，其实互联网给我们提供了太多的现实和想象空间。因此，在市场化的需求方面，主要依靠企业的力量，需要利益机制的带动。

第三，需要实现企业的跨界组合。过去我们讲企业、讲房地产，冯仑最明白，地产有视觉的概念，最早就是玩水系、生态、空间等概念。但到后来有一个段子，讲到很多老外到了北京城，看到房地产的宣传广告，都不知道路怎么走了。单一的地产发展模式，是一段时期的产物，但是现在有了互联网，有了很多高科技的应用，应该在企业间的融合上创造出一种新的发展平台。所谓智慧城市，一定是企业跨界组合才能形成整合的效果。

第四，智慧城市是一个崭新的概念，对于未来的新城新区和城市开发，有着重要的示范前景。现在全国都在建城市综合体，有的一个省规划建150个房地产综合体，当然有些冒进。但是把新城、社区和综合服务商业功能联系在一起，这已经代表了过去五年房地产的发展趋势。可是城市综合体的发展模式是不是已经饱和？现在需要一个新的概念引领城市的开发。智慧城市从市场需求的角度提出了很多新的要素。比如，我们怎样在家里更方便、简洁地通过信息化的方式享受社会化服务。举一个例子，现在有了乐视电视，我们过去看电视，电视放什么我们看什么，现在是我想看什么就从那里选什么，叫生态电视。它现在还只是一个电视界面，如果我们把很多公共服务的内容放在这里，包括健康、养老、医疗、保险都放在里面，就不一样了。

日本的智慧城市还不是做这些内容，他们是把重点放在降低能源消耗上，他们把整个新城各种的能源消耗通过可视化的服务、制度的方式连接起来，还有控制中心，最后形成一个全新的模式。你一到家，打开电灯开关、打开电视，随时就能知道你能源的消耗量，甚至可以通过储电系统调整能源的消耗和储备。

我们过去理解家庭和社区设施需求的时候，只是需要视觉的变化。我们过去关心一个家庭居住条件的变化，重点是关心家具的改变、厕具、洁具以及厨房设施的改变，或者是装饰、床和沙发的改变。但是我们忽视了整个家庭生活随着互联网的变化已经在悄悄地发生转变。通过智慧城市、智慧社区的建设，以后大家通过看手机，就能看到家庭应用更智能的东西。不仅仅是家庭各种设施的使用，而且这些还能和整个社区的服务连在一起，比如，物业费、水电费、天然气费等各种费用的收取。家庭的节能和各项服务都是联系在一起的，节能效率的提高可以减少家庭支出，这些都是十分有意思的话题。未来需要通过智慧城市、智慧社区改变对新城的印象。所谓概念，就是从视觉到综合体再到智慧。这是一次观念的飞跃，是通过互联网以及信息化和高科技带来的变化。

在智慧城市建设中，通过市场化的方式实现企业跨界合作，已经有了很多的尝试，但是还需要进一步整合。企业单独开发的形式，变成很多企业通过利益纽带连在一起，见效还快。在这个过程中，通过社区、中小城市向整个社会延展。一旦形成新模式，推广会非常快，会带动整个互联网产业。我们不知道未来信息产业、互联网会发生什么，但是我们知道在城市治理、社会需求、未来整个城镇化的大体系下，我们有这种强烈的市场需求。这代表了智慧城市的市场，这个市场是政府市场、社会市场两方面的对接，如果有一定的政策引导，市场推进一定会取得巨大的成功。

## 四、智慧城市建设重点要靠市场化推进

下面是问答环节。

**主持人：**跟大家讨论智慧城市的模式问题，不管是什么模式，都离不开政府的参与。不同的过程中，可能对智慧城市的模式问题也会有不同的探讨。首先想问一下李铁主任，今年在住建部的牵头下，国家开发银行提出要为相关的智慧城市项目提供不少于800亿的投融资额度，在这个过程中，李主任会不会担心，像国家这么出钱，是不是一个最好的方式？地方政府会不会陷入一种幻觉，觉得做智慧城市，国家也会拿点钱出来？

**李铁：**智慧城市的模式要防止倾向政绩工程，防止新一轮资源的浪费。强调市场化的推进，尽量把权限交给企业。我们成立了智慧城市发展联盟，联盟成员主要是企业，是大的上市公司。主要考虑是，第一，智慧城市一定是综合性的，某一个企业在智慧城市某一方面有特点。第二，智慧城市什么样子还不清楚，宁波搞智慧城市是在某一个点上，还是在政府的某一个平台上？有很多值得商榷的地方。第三，我们强调跨界合作，融合房地产、金融、保险、健康、医疗，等等。

智慧城市发展联盟在全国选取不同特点的城市建设样板。第一类纯粹是地产商来做，比如河南建业，它的两个新城都在开发，一个500万平方米，一个200万平方米，刚刚签订合同，已经拆迁完了，开始就把与智慧城市有关的所有要素植入进去。因为智慧城市还需要智慧的基础设施的投入，不仅仅是一个概念。智慧交通要不要进去？智慧太阳能是不是一开始做进去？社区服务的综合系统需要有一些企业来做出一个决策方案。包括房子是不是一样的？家庭装修是不是要智能？所有的基础设施收费是不是一卡通？第二类是准政府模式，政府要开发一个新城，有政府的作为，同时也有企业的进入，比如四川德阳新城，就是按照这个方式来做。第一要解决政府整个公共服务问题；第二要解决地产商在这个过程中怎样跨界决策，把市场和政府的公共服务结合起来。第三类，我们准备搞一个小城市——浙江温岭的大溪镇，准备在政府的决策平台上，

把决策网络、大数据等一些相应的东西建立起来。

我们的基本原则有三个：第一，尽量降低政府投入，更多去寻求市场，这是非常重要的前提。第二，防范风险。风险主要有两个，一个是政绩风险，另一个是信息安全风险。在APEC会议上，习总书记讲要推动城镇化的国际合作，城镇化的国际合作中智慧城市就是特别重要的一环。在智慧城市发展联盟的国际合作过程中，很多国际企业要进入，就涉及信息安全的问题，我们就只好放弃特大城市和大城市，尽量从中小城市和社区入手，在内容上回避信息安全可能出现的风险。第三，别成了新一轮房地产商的噱头，就是不能简单地以地产商的形式开发，而是开始就植入各类智慧的要素，为企业的长期行为奠定基础，使得房地产商从短期行为向长期行为过渡，从开发商向城市运营商过渡。

在这个过程之中，如果我们能更好地把中国的互联网优势和国际先进技术优势结合起来，我们会形成一个看得见、摸得着的样板，就会有更好的示范效应。

**主持人：**请问一下李铁主任，在中国这么一个人口众多、人口素质千差万别的情况下，怎样推进智慧城市的概念，怎样避免这些困难？

**李铁：**现在几百个城市都提出建设智慧城市，只有中国的城市政府才有这么大魄力，但是一定会做差，因为一旦过多地强调政府的作用，一定会出现政绩工程，一定会造成浪费。跟市场对手机的需求有苹果、华为、三星、小米等不同品牌一样，每个城市对智慧也有不同的需求。智慧城市发展联盟的企业都是上市公司，我们在推进智慧城市的时候强调一对一、二对一、多对一的方式。比如，某个城市只是在智慧交通上有需求，某个城市只做充电桩，那我们就实现一对一的模式。我们说多对一模式，就是要整合企业资源，面对一个开发项目，包括建设政府平台的模式，是要根据实际情况来推动。

我们现在推动智慧城市样板建设的模式，还有民生银行推广金融一卡通的模式，都是让市场选择，不赚钱谁都不会干的。过去政府不怕赔钱，现在就要考虑赔了钱谁来负责？我们唯一的选择，就是尽量交给市场来做。

**主持人：**再问李主任一个问题，在智慧城市的建设过程中，还涉及很多信息共享的问题，城市政府掌握了很多资源，这些资源有时也在各个部门里。这个问题怎样解决？

**李铁：**我为什么对那些自上而下、高大上的云计算、大数据等不抱特别多的热情？现在各部门的数据存在很大的分割，统计局有统计局的数据，卫计委有流动人口的数据，各种数据都是分割的，要想把这些肉从人家嘴里拿出来特别难，尤其涉及国家资源的分配时。但也要看到，很多事情没有政府推出来，市场自己就出来了，互联网是哪个政府推出来的？只要认同，在这些过程中政府不要干预，甚至还给你更多的空间，市场会自动选择。

# 智慧城市该如何建

2014年11月7日，在国家发展和改革委员会等26个部门指导下，智慧城市发展联盟等机构主办的“2014首届中国智慧城市创新大会”在广州举行。11月8日，由中国城市和小城镇改革发展中心等机构主办的“‘2014广州’中国城市发展可持续高层国际论坛”举行，论坛以“智慧与低碳”为主题。李铁接受央视财经等多家主流媒体采访，就智慧城市相关问题进行了解答。

在中国，智慧城市大概聚焦两个方面：一方面是从政府的角度来认识智慧城市，提高政府管理和治理城市能力，加强公共服务水平；另一方面是从市场的角度来看待智慧城市，方便居民和社会，最大限度满足未来市场需求。

互联网已经对我们的社会造成了巨大的冲击。未来在社区服务、家庭服务上，还会产生各种创新，互联网是最大的未知数，也是最有前景的空间。

我们研究智慧城市建设路径的时候，希望通过市场化的方式推动，以中小城市为切入点，以新城开发为载体，通过企业的跨界组合，以利益为纽带，以低碳和方便为目标，最后通过技术手段来加速。

## 一、李铁接受央视财经记者专访

**记者：**怎样理解智慧城市的概念？

**李铁：**智慧城市到底是什么？可能很多人的概念也不太清楚。我觉

---

本文是李铁接受央视财经等多家主流媒体采访时的讲话整理，2014年11月28日。

得有几个点，请大家要注意：第一点，诺贝尔经济学奖获得者斯蒂格利茨说：21世纪最重要的两件事是美国的高科技和中国的城镇化。当美国的高科技与中国的城镇化相结合，很重要的一个表现形式就是智慧城市。第二点，智慧城市大概涉及两方面的解读：一是中央政府该做什么，怎样来引导、规范智慧城市，使它健康发展？二是地方政府该做什么？在防范风险的情况下，怎样通过信息化的手段推进城市治理和管理的改善。

我个人理解智慧城市的目标主要是以下几个方面：第一个方面是怎样改善政府的治理和管理。通过信息化、互联网手段来提高资源有效利用，促进公共服务的方便性，实现低碳、可持续城市发展目标，这是从政府层面看。第二个方面是市场层面，可能更为直接，就是怎样把互联网融入社会当中，融入城市的社区、家庭中，使我们的生活更方便。市场需求对推进智慧城市发展可能效果会更好。这蕴含着政府驱动，也有大量的企业参与。

中国推进城镇化不仅仅只有改革，也有发展路径的改变，实实在在的路径改变就包括智慧城市。

**记者：**智慧城市是不是信息化和城镇化两者的交叉结合点？

**李铁：**我想智慧城市是信息化和城镇化最重要的交叉点之一，不仅仅要看信息化怎样来推动城镇化，更重要的是让信息化的所有手段、方法，植入到城市发展、社会的每一个环节、每一个细节。这是核心问题。

**记者：**在当今智慧城市发展的过程中，存在哪些问题？

**李铁：**第一，切记不要把智慧城市搞成了另类的政绩工程。中国整个经济发展水平和发达国家相比还有一定的距离，尽管我们的GDP总量已经世界第二了，但是我们人口多，大量的农民还要进城，我们的城市管理和治理还存在一系列问题。现在各级地方政府在推进城镇化的过程中，需要个抓手。但是切不可把高科技等一些新的概念，作为政府另类的政绩工程。其实我们国家在整个云平台、大数据等方面的人才储备并不充裕。

第二，政府要实现科学化的管理，还有很长的路。我们对城市的认知，对城市管理和治理的认知及对城市规划的认知还有差距，在政府的层面上，也没有得到很好的认识。很多现代的手段、方法，不仅仅在规划部门，在相关的数据采集部门，都没有得到更好的应用。既然我们目前从能力和观念上，对这些方面还没有深入的理解，如果仅仅通过所谓“智慧城市”的口号，大量投入所谓的信息化、数字化工程建设，就会导致设备闲置和资源浪费，这种现象已经在发生了，我们不希望这成为新一轮的资源浪费。

**记者：**有什么办法化解智慧城市的政绩工程和发展误区？

**李铁：**第一，要充分认识到信息化的手段、高科技的方法对于城市管理、治理的重要性，逐步改善硬件配置方式。另一方面，加强人才的储备。更重要的是要改变我们的观念，不是要拍脑袋决策，而是要建立科学的、民主的、有公共监督的决策机制。在这个基础上开展所谓的信息化建设，加强政府管理水平，可能更加切合实际。

第二，当前更重要的是发挥市场的作用。发挥互联网对于市场、对于社会大众需求的作用，这更为有效。比如说，能不能实现跨界组合？在一个新城的开发过程中，不同类型的企业，包括金融的、保险的、IT的、互联网的以及生态电视等一些企业，和新城的开发商、运营商结合起来，开始建新城的时候就把这些信息化的要素、互联网的要素、智慧的要素植入进去，把一些低碳的、绿色的要素植入进去。在这个过程中，就会形成更符合市场化、老百姓需求的一些结合。这种结合，有利益的结合在里面，可能会减少政府的一些不当干预，会和大众消费非常紧密地结合在一起。同时，留出接口给未来政府的管理、治理，将来就能推动智慧城市更大面积的推广。

**记者：**现在我国智慧城市处在一个什么阶段？

**李铁：**对于智慧城市，第一，要有清醒的认识，即使在全世界范围内，现在真正的智慧城市也没有多少，日本、欧洲一些国家真正的智慧城市也不多。

第二，对智慧城市的概念，认识不一致。我们往往把某一项信息技术的应用概括为智慧城市，其实智慧城市包括的内容太多了，比如一卡通、智慧交通、智慧平安、电费和水费的收取，还包括公共自行车的智慧使用等，这些都是智慧城市某方面的内容。但是从整个城市来说，如何把所有这些东西整合到一个整体的概念中，可能还需要时间。

第三，国际上对智慧城市的认识，更多注重低碳，更多强调资源的高效配置，强调通过智慧来减少能源的消耗，减少碳排放，减少国家对能源的过度依赖。每个社会成员和居民通过智能的家电来计量能源消耗，从而减少能源消耗，最后通过市场化的能源供给，解决这方面的利益补偿。中国不能完全走日本、欧洲的道路，我们对能源消耗的紧迫性远远不如欧洲和日本，但是我们互联网远远比他们发达，所以走中国特色的智慧城市道路，恐怕既要强调改进政府管理水平，也要发挥互联网在我们身边每一个环节的作用。

**记者：**智慧城市对城市经济能否起到事半功倍的效益？

**李铁：**从很多方面都可以。第一，比如各种缴费，现在需要大量人力、大量车在城市里跑，如果收费系统完全用智慧的方式连接起来的话，能减少很多资源的消耗。第二，通过智慧的方式，实现资源更有效的配置，提高资源配置效率。第三，高新技术能满足新的社会需求，会有新的、更方便的社会产品出现，推动智能和信息的创新，这对未来新常态下整个创新的发展，也会起到非常大的促进作用。

**记者：**智慧城市发展中，哪些产业是看好的？

**李铁：**第一，比如说一卡通，各个城市都特别关注一卡通，不仅是在公共服务方面的一卡通，还包括在市场化服务方面的一卡通，家里的水、电、天然气等各种公共服务的收费，通过一卡通解决以后，会减少多少人力物力，可以节省多少资源？第二，比如生态电视，乐视网通过生态电视把原来的被动收看转为了主动选择，还增加了很多选择。如果我们把其他那些社会化的服务也植入进来，它的功能就会发生更大的变化，对整个传统电视将是革命性的冲击。第三，对家庭的影响方面，我们过去对家庭的认识只是注重视觉，比如说，装修用什么样的材料，用什么样的器具等，如果有了智慧城市的概念，我们可以推动电器的革命，从智能家庭、智能社区等方面来推动新产品的出现。

**记者：**互联网、大数据、云计算等炒得比较热的概念，对智慧城市是否产生新的发展机会？

**李铁：**我想智慧城市最重要的机会在市场，不是通过各级政府当作新的概念符号来推动，而是由市场看到其对家庭、社区治理的基础性作用。这个作用第一能减少资源的浪费，第二能提高资源配置效率，第三让社会化服务和公共服务更方便。从这三个角度看，智慧城市、信息革命、科技创新等，才会对城市发生根本的作用。

**记者：**在国家8个部委联合颁发的促进智慧城市健康发展的文件指导下，国内推动智慧城市有什么样的趋向？

**李铁：**智慧城市一方面要强调政府的重视，积极引导社会更多的创新，提供好的载体和环境空间，另一方面要发挥市场的作用，变成一种对社会实实在在的需求、老百姓需求的满足。老百姓的需求有两个方面：一个是公共服务的需求，另一个是市场化的需求。通过市场的引导和企业的组合，来调动企业积极性，形成创新的力量，这样反过来会推动政府治理和管理结构的转变。

## 二、李铁接受多家主流媒体记者群访

**《人民日报》记者：**感觉在设计智慧城市的道路模式上，很多是追寻着欧洲。我们在未来的道路上，是不是有可能会超越或者走一条新路？

**李铁：**根据我的粗浅研究，欧洲和日本的智慧城市，更多的是运用信息技术实现低碳的发展目标，因为这两个国家和地区最大的特点就是能源约束大。通过智慧的方式检测能源消耗，从而节省能源、实现低碳，来保持国家在能源战略上不至于受到能源短缺的威胁。

我们不一样，中国对能源需求的紧迫性和欧洲、日本来比相对要小很多，这一点从价格上可以看出来。如果我们通过各种智慧的方式来降低能源消耗，整个的成本和居民的支出是不匹配的。所以在中国，智慧城市不可能走欧洲和日本道路，只是进行借鉴。

中国的智慧城市建设中，我们的互联网优势远远大于欧洲、日本，这是中国的特色。其次，我们不仅仅局限于达到低碳的目标，更要提供方便的公共服务，以方便居民社会的和市场化的需求为重要目标，这才是中国智慧城市真正的含义，也是特色。

**央视记者：**智慧城市的标准越来越细节化，但是怎样更好地以人为本？怎样能够把握很好的度，而并不是一切都是信息化的理念？

**李铁：**这个也是我特别想说的，在政府引导和市场推进中做什么样的选择。如果仅仅是政府的大力推动，过度强调政府的功能，我们以后会出现问题。这些年经济高速增长，政府搞了大量的工程，这种状况屡屡发生。但是从另一方面看，我们自己有没有需求？举一个例子，每年、每天的家庭消费，比如水费、电费、餐饮消费，缴费是方便还是复杂、烦琐还是简单？我想互联网能够解决这一切。

再比如说，我们有各种类型的公共服务，每一个部门的公共服务要到每一个部门去进行还是使用一卡通方便？这是市场化的需求，还是仅仅是政府单方向的需求？有很多和我们生活密切相关的地方，这只是智慧城市的一个内容。所谓的智慧城市不是高大上的，而是我们身边所发生的一切，在和互联网结合的时候，它还会产生一些我们目前还没有想到的需求，这种需求就是所谓的智慧城市，它可能形成了一个社区、一个城市的未来。

**财经网记者：**对于地方政府来讲，普及财政的模式去推动智慧城市的基础建设，也不大可行了。那您觉得如果要是引入市场资金，可以通过哪些方式来引入？

**李铁：**我想资金的选择可以面向市场。我特别推崇国家发展改革委的领导同志和中央网信办的领导同志在首届智慧城市创新大会上讲的，智慧城市要防止新一轮的政绩工程。在政绩工程下，投了多少钱都会造成严重的浪费，而且我们一定不能忽视中国的国情。金融资本会不会进入到这个智慧城市建设？我想只要有市场化的需求，就一定会有资金的介入。如果在这个服务系统中有更大潜在的收益，我想还有更多的资金都会介入。所以只要坚定不移地通过市场化的方式来推进，而且要坚定不移地方便公共服务和市场需求，就会有市场，资金进入也一定有保障。

**搜狐网记者：**我看智慧城市发展联盟有 11 家不同类型的单位，他们在智慧城市的开发建设中怎么发挥作用？

**李铁：**我们智慧城市发展联盟现在的成员单位是 11 家，这些集团在自己的领域中都有很大的创新，比如说乐视网，它改变了我们对电视的概念，它进入智慧城市联盟怎么发挥作用？首先从创新的角度来讲，他让居民从过去被动看电视到现在可以主动选择我们想要看的内容。另一方面，在整个电视生态建设中，可能还能涵盖很多其他互联网的信息甚至是功能的运用，改变我们对电视及家庭生活的习惯。联盟成员还有民生银行，我们以前办理存款、贷款要到银行去，现在怎样使银行和互联网进行结合起来？互联网还能和整个房地产结合在一起。联盟中这些企业在创新方面都有非常多的探索。

**《南方都市报》记者：**李铁主任，对于广州的智慧城市建设，您怎么评价？有些什么样的建议？

**李铁：**广州市是国家新型城镇化的试点城市之一。智慧城市发展联盟和番禺区签订了一个协议，推动番禺区智慧城市的建设。下一步联盟还要和东莞签订协议。我想从整个中国来讲，智慧城市发展仅仅是刚刚起步，我们也不要对智慧城市寄予太高的期望。目前在世界上对智慧城市的概念也没有一个统一的认识。发达国家，包括欧美国家、日本，也仅仅有几个样板，还不是全面性的。

现在很多智慧城市不是综合的，只是某个方面应用的智能化，比如新车智能卡的应用。广州市番禺区有不同类型的智慧城市设施，但也只是出行等几个方面。我们现在所需要的是按照不同内容，用互联网把智慧城市建设中的各种应用整合到一个社区或者一个城市上，推行新样板。到目前为止，无论是在广州，还是在中国，甚至在世界上，智慧城市建设做得比较好的也就几个，中国还在进行探索，目前成型的还没有。

**《广州日报》记者：**在番禺未来智慧城市建设上面，我们会从哪些方面进行一个推进？期望达到什么效果？

**李铁：**对番禺的智慧城市建设已经做了一个规划，包括很多方面，有新城建设，有旧城改造。我们这个智慧城市联盟和番禺区合作，大概包括以下几个方面。

第一，跨界组合，不是某一个企业和番禺的合作，是数个企业和番禺合作，比如乐视网、神州数码等企业，从智慧交通、一卡通，包括IBM的系统改进，都要和番禺智慧城市建设结合起来。

第二，不是整个番禺区的智慧城市建设，我们更多把重点放在旧城改造和新城的综合体上，在这里面植入一些新的要素比较容易一些。

第三，我们在这个会议结束后尽快推动方案的起草和实施，争取在明年有进一步的成果。我也希望明年在广州继续召开的智慧城市的论坛上，番禺的样板模式可以出现。

# 城市化 30 年，很多人没理解什么是城市

2014 年 11 月 28 日，由《英才》杂志、新浪网、《北京青年报》共同主办的“2014（第十四届）中国年度管理大会”在北京举办。国家发展改革委城市和小城镇改革发展中心主任李铁、中国上市公司协会会长王建宙、神州数码控股有限公司董事局主席郭为和香港铁路有限公司中国业务首席执行官易珉等嘉宾就智慧城市话题进行了深度讨论。

**主持人：**李主任，您可以说几十年一直在研究城镇化。您到底怎么看待智慧城市，真正城镇化需要多少智慧？我们离智慧城市还有多远？

**李铁：**城镇化涉及改革、可持续发展、创新，可能和智慧城市联合得最紧密的就是创新。我们理解，高科技和城镇化的结合就是智慧城市，我们把这个结合点理解为未来中国城市发展中最有价值的一件事情。

之前已经提出过数字城市、信息城市等口号，但是因为政策不明朗，走了很多的弯路。市场是最好的检验标准，在互联网关系到我们每个人生活的时候，有两件事情谁也离不开：第一，政府能不能用互联网的技术改变公共服务水平和供给方式？第二，市场能不能通过互联网的方式来改变我们对城市和社会的需求。在这个基础上来探索智慧城市的内容就特别丰富，有无限的想象空间。

跨界组合在智慧城市当中非常重要。什么叫跨界组合？比如，我们现在做的事情，完全通过市场化推动，我们成立了智慧城市发展联盟，联盟里面有神州数码，有大的房地产商，比如河南建业，还有民生银行、IBM、宽带资本等。这些企业进行跨界组合的意义在什么地方？因为智慧

---

本文是李铁在“2014（第十四届）中国年度管理大会”上的讨论整理，2014 年 11 月 29 日。

城市涉及生活的每个方面，很多所谓智慧城市的概念只是涵盖了城市的某一个方面，比如特斯拉要在城市建充电桩，说这就是智慧城市，神州数码做一卡通，也成立了智慧城市研究院。可是在一个楼盘或者社区中，怎样把这些要素组合起来，完成政府的公共服务和市场化的社会服务，需要各种不同类型的企业和不同类型的产品打组合拳。

**主持人：**这对您提出了新要求。您作为领导者，需要很多新的判断能力，怎么知道我们是否达到了最好的组合，怎样来判断这其中哪个是最好的项目？

**李铁：**我们还处在方案制订阶段，一个特别好的方式是借鉴国际经验，我们联盟到日本、德国、欧盟国家去参观了一些智慧城市的典型。日本有一个地方把大电气公司、互联网公司、房地产商结合在一起形成一个新城，这个新城的目标是低碳。但我们想做的不仅仅是低碳，更重要的是方便，方便政府的服务和市民的需求，包括怎样把各种收费的一卡通、各项政府公共服务的一卡通，还包括我们的智能公交、智能能源储存和控制以及各项社区的服务整合起来，实现跨界组合。一旦这个样板形成，它会对我们国家整个城市的发展，起到非常重要的示范作用。

比如说交通，京港地铁也是一种跨界组合的形式。这个跨界组合不能仅仅站在交通的角度看，因为当交通的人流集中到一个点上的时候，会产生出很多其他的效应，比如土地会升值，会带动服务业的发展。可是绝大部分城市没有注意到交通的跨界组合会带来这样的效应。如果在这个跨界组合的基础上，再加上智慧的因素，会对整个交通的理念、城市发展的理念产生相当大的冲击。

中国的城市化高速发展了30多年的时间，很多人还没有理解什么是城市，一直在把城市的每个功能和单元分隔开来。现在互联网告诉我们，所有的东西都是可以整合的，不仅我们的生活可以通过互联网连接起来，移动通信也可以和各种一卡通连接起来，可以和金融、养老保险等连接起来。

**主持人：**请您从政府政策制定的角度，谈一下关于企业开放的心态，在新工业文明时代，我们能做到什么程度？

**李铁：**第一是要尊重市场。互联网肯定不是政府推出来的，是市场先带动的。传统的政府管理方式和互联网这种迅速发展趋势的结合，边界怎么来界定，这是我们面临的一个比较难的事情。

第二个大问题是整合和分割之间的关系。我们刚才强调了跨界融合，但我们现在的市场是分割的，不同的利益主体被分割会影响到互联网的渗透，这是一个比较大的麻烦。

第三个问题是人才的储备。企业在这方面的人才储备速度是非常快的，但是城市管理层面的人才储备，从智慧城市的角度来讲，政府的决策系统、决策机制，人才能不能适应这种变化，恐怕面临着比较大的挑战。

总结一句话，城镇化的创新途径在智慧城市，智慧城市最佳的捷径就是房地产、金融、保险等各大行业和互联网的融合。

**主持人：**请问王建宙先生，在这里面您也是一位智者，谈到智慧城市，也谈到融合，您觉得有的时候在其他地区、地方看到的一些经验、故事，真正到我们中国或者说到我们大陆来进行落实的时候，是不是有一定的空间？即使有这样一个互联网的革命，即使我们有了一个新的机会，它是不是真正能给我们带来巨大的变化，这里面可能还有体制的一个话题？

**王建宙：**从智慧城市来说，如果要我们这些人讨论的话，就是技术问题、云计算、移动互联网，其实技术已经没有问题了，我们现在所拥有的技术跟国际上完全是同步的，所以要解决的还是一些组织的问题、协调的问题。我觉得我们大力推广智慧城市条件已经完全成熟了。

**主持人：**请问郭为先生，神州数码做智慧城市（神州数码为智慧城市发展联盟成员单位之一），听起来就这么智慧。您这个智慧城市到底是什么意思，是一种广告的宣传，还是真正能为我们的城市带来智慧？

**郭为：**我们公司的任务和使命就是做数字化中国，我们是回归本业。城市到现在已经有5000年的历史了，这是人类文明进步的一个很重要的标志。现在我们所做的事情就是怎么样让城市上网，这就是智慧城市。

**主持人：**郭为先生，有没有一些具体的例子分享一下？

**郭为：**这个挺难回答，就像刚才李主任讲的，实际上智慧城市是一个特别复杂的问题。城市最核心的问题就是以人为中心，使人生活得更幸福、更好。因此，今天我们在做互联网的时候，实际上就是提升了城市里人的一种感知。

我们希望老百姓得到的好处是什么呢？比如说一个老百姓去医院，怎样能够从挂号到看病、到报销，到电子档案存起来，一直到保险，这整个一系列的过程能够通过网络化一体化实现，使得每个老百姓的生活更便利。比如，我们最近在做的一个实验，我们把全市的公交体系可视化后，发现人群到各个医院里面的时间集中、车辆集中，而且还有大量非北京牌照的汽车，这就说明到北京来就诊的人员也是造成北京市交通拥挤的一个很重要的因素，假如对于内蒙古、石家庄等城市，把 301 医院、协和医院的远程医疗拉过去，也许就可以减少他们来北京的次数。

一句话概括，智慧城市就是人类文明的升级版。

**主持人：**易珉先生来自于港铁，港铁的成功是大家都知道的，比如说北京的 4 号线地铁就是港铁管理的线路，什么样的合作能够给我们带来真正的竞争力，怎样看待“新工业文明下的港铁”？

**易珉：**智慧城市，刚才李铁主任说得非常好，最高境界是应该让我们减少出行、要低碳。其实我们做数字中国、做数字解决方案也好，大家要做的一件事就是在提高品质的情况下，如何减少出行、减少对社会能源的消耗，这是一个最大的智慧。刚才李主任提到了，在世界的历史上，像伦敦、东京、香港等一些城市，在过去 30 多年中发展了一些智慧的模式，这种智慧的模式是什么呢？它不仅仅是单纯发展轨道，它把轨道跟人类的生活紧密联系在一起，大家去香港会发现，香港铁路是世界上唯一做轨道交通赚钱的公司，为什么呢？其实他们不单单是做轨道，他们是把轨道和社区、人类生活、出行、购物、上班等打包在一起，用这样智慧的模式。

再结合最近提到的 PPP 的模式，主要就是共赢，政府把土地交给轨道交通运行的潜在运营商，由他们来进行开发，这样的开发是有目的的，这种叫做“TOD 的理念”。我们有计划来规划城市的功能，轨道交通公司在交通的基础上让土地升值了以后，除了一部分拿给轨道运营商做持续发展，同时另一部分返还给政府。政府在这个模式下不贴钱，运营商可以可持续赚钱，坐交通工具的百姓用可承担、可支付的票价来维持一个可持续发展的智慧系统。

# 产业园区要智慧化塑品牌，政府不要推云计算大数据

大家现在都喜欢关注“高大上”的东西，一谈京津冀问题都谈大问题，这是一个比较普遍的现象。我们谈到京津冀的产业园区，我以为这是一个接地气的话题。

对于产业园区的发展，我们要想，在大区域竞争格局下，不同主体的利益诉求不同：一是要来投资的企业，到这里来他想要什么；二是地方政府，通过这里给更多的投资者提供经营机会等，他们希望得到什么；三是从中央政府制定政策的角度，希望产业园区会是什么样的？恐怕这三个方面要有机结合起来。

为什么我们提出要集约与高效？这和中央政策是有直接关系的。集约就是通过更合理的资源配置来降低成本。高效，就是以什么样的方式，在降低成本的情况下来提供更好的产品。解决集约高效，传统的方式是靠优惠、靠补贴吸引企业，但优惠早晚是要还的，迟早会变成政府的财政压力，形成长期的债务负担，所以，这种方式在中国可以有一段时间，但是不可持续。

现在，在京津冀大环境下，每个城市之间不是合作的关系，而是竞争关系。北京、天津、河北是竞争关系，河北的每一个城市之间也是竞争关系。在这个竞争的格局下，你的产业园区可能有两个选择：一个是你给来投资的企业的各种优惠条件比人家更好，这是我们讲的旧常态下

---

本文是李铁在“2014 年（冬季）崇礼　中国城市发展论坛‘核心对话：京津冀产业园区的健康与智慧发展’”上的发言整理，2014 年 12 月 18 日。

的一种投资机制；另一个是提高品质、打造品牌，去降低成本、实现高效，恐怕就要更好地去做。我们举个例子，市场上的东西有便宜的，有贵的，大家可能更多的是选择便宜的东西，可是好的东西会更受欢迎，比如手机市场中的苹果手机、三星手机，虽然贵，但还是很多人买。在竞争的大格局下，对于一个产业园区，你是选择成为便宜的、提供优惠政策的，还是选择做好的、有品牌的？我建议，选择做品牌的效果更好。实际上要形成品牌的优势，就要实现创新。当然我们提出资源配置上要紧凑，但是更多的要有智慧性，因为互联网的大趋势谁都不能回避。

我谈智慧产业园区和智慧城市，我的观念有非常大的变化。我特别不愿意谈大数据和云计算，政府强调大数据、云计算的时候，一定会把它搞偏了。一是它没这个决策机制，没这个习惯；二是它也没有这个人才储备；三是它的效率本来就很低；四是特别容易搞成政绩工程；而且一个地方，张三当书记的时候和李四当书记的时候想的完全不一样。所以，我在 11 月 7 号首届中国智慧城市创新大会上讲的时候，我基本不提大数据和云计算。

可是我讲“产业园区要民营化”，因为民营化会提高效率。民营化是一个企业的管理方法，企业管理一定会有机制、有效率，一定要用智慧的方式，就会采取先进的云计算和大数据的管理方法，才能形成品牌。假设你的企业到某个产业园区来投资，它给你两个感觉：第一感觉，你来了它给你优惠政策，另一个感觉，它这里所有的管理、服务全部都是互联网的、智慧的，你会选择哪个？我讲过，产业园区要国际化、智慧化，要做不一样的产业园区。现在绝大多数的产业园区走的都是政府补贴、低成本拿地的方式，最后债务还得政府来扛。现在大家都这么做，不一样的做法呢？走创新的路线，这么多高科技的手段，这么多智慧的方法，如果能通过商业的方式把云计算等植入到产业园区的管理方式中，建立大数据的平台，而且我相信企业是不会乱投资的，那你想想，你的竞争力是不是会超过别的企业很多。所以在谈到产业竞争的问题时，特别是在谈到京津冀同构的问题时，所有的企业家、政府官员怎么想？是选择传统园区进行低水平的竞争呢，还是选择高大上的智慧园区呢？那我会选择后者。

针对产业园区，我还要说一下云计算、大数据的概念。我们是不是要比较一下当年市场经济和计划经济的支撑？市场经济就是市场能自动调节，产生反馈，解决经济增长中的问题，而计划经济则认为我有主观能力，通过计划的方式按照一种规律来解决很多问题，事先把计划搞好。其实计划经济想法非常好，问题是你没有监控能力，就是每个点的监控成本想象不出来，可能你预定了指标，可是你没有办法预测发生的变化，如果所有的问题都要想到，那要投入巨大的成本，这就是计划经济当年设计的时候出现的一个非常重要的与实际的偏差。所以当我们按照理想来设定计划的时候，永远不能和实际发生吻合，就会造成严重的浪费，这是非常重要的。政府要搞云计算、大数据，在某种程度上就给我们提出这个问题，监控成本和我们想象的计划以及和智慧之间的关系，是值得深入研究的。

回到我们产业园区的平台上，怎样让计划和市场有机结合，避免我们计划经济造成的人为的制度性的矛盾，恐怕要用现有智慧的方式弥补这些缺陷。问题是成本，没有人愿意去做一个长期的投入而放弃眼前的利益。大家都在想短期利益，任何一个企业这样想，都会在短期的投入和长期回报之间进行选择。你的企业在有限的收入能力下，你会对长期投资和短期回报做出什么样的选择？比如，我们现在城市里经常会遇到防灾、减灾的问题，可是防灾、减灾为什么在中国这么难以推行？一次地震灾害可以让一个城市毁掉，上百亿、上千亿损失掉了，但是没发生灾害的时候有人去做吗？他们更看重的是短期的利益。对于产业园区来说，我只能说，你愿意做什么选择就自己选择。

# 城镇化大潮下的互联网经济重构

## ——智慧城市建设

2014年12月26日，李铁在“‘连接一切，改变未来’——2014腾讯网（第三届）智慧地产高峰论坛”主题演讲中表示，未来16年总计还要转移约6亿人口，这6亿人口的空间大挪移，一定会产生对住房的巨大需求，当前房地产出现短暂的熊市，不等于未来房地产没有更好的发展时期，只是面临着结构调整。

李铁指出，谈智慧地产不能离开对互联网的分析。未来互联网用户将大幅度增加，互联网技术对城市治理、完善政府信息基础设施建设水平、完善城镇政府科学决策机制、促进政府公共服务水平提高、完善社区服务和创建平安宜居的社区环境以及对各项市场化的服务，影响巨大。

李铁认为，城镇化和互联网的结合点就是智慧城市，连接点在于跨界组合。智慧城市建设应以市场化为主导，以新城开发为载体，以利益为纽带，创新社区开发模式，一开始就把智慧家居、智慧医疗、智慧健康等社区服务、政府公共服务以及市场化服务的所有要素植入到新城中，在跨界整合基础上推动所谓的智慧地产、智慧城市、智慧社区和智慧产业园区的建设。以下为李铁演讲的整理。

非常感谢腾讯网邀请我来参加智慧地产的这个论坛。这和我们最近的工作也结合得非常紧密。今年11月7日，在国家发展改革委等25部委指导下，我们智慧城市发展联盟联合其他三家智慧城市有关联盟，在广

---

本文是李铁在“‘连接一切，改变未来’——2014腾讯网（第三届）智慧地产高峰论坛”中的主题演讲整理，2014年12月29日。

州召开了首届中国智慧城市创新大会。我今天的演讲题目是：城镇化发展大潮下的互联网经济重构——智慧城市建设。

## 一、城镇化大趋势下房地产未来看好，但面临结构调整

谈到智慧城市建设，离不开房地产问题，特别是当前房地产可能要出现熊市的情况下。我从城镇化角度谈一下其对未来房产的需求可能会产生的一些影响。

中国现在城镇化率是53.7%，过去的10多年，平均每年城镇化率增长1.3个百分点，每年有大约2077万人进入城市。按照这种趋势，如果宏观经济增长速度从7~8个百分点下降到6~8个百分点，未来每年还将有1000多万人口进入城市。从现在到2020年还有不到6年的时间，算一下应该还有1亿多人口要进入城市。如果再继续推算，到2030年经济还能保持5~6个百分点的稳定增长的话，那2030年城镇人口可能会达到10亿左右。

统计表明，现在约有2.5亿农民工在城镇打工，但是没有享受到城镇居民同等的公共服务，同时还有7900多万的城镇间流动人口。未来16年还可能转移2.1亿人口，总计还要转移约6亿人口，这6亿人口的空间大挪移，要解决城镇户口，还有很多人从小城镇进入到大城市，这种空间的挪移一定会产生对住房的巨大需求。这个住房需求不仅带来量的变化，同时现有城镇人口也需要改善住房。我们与发达国家还有一定的差距，与德国、法国、日本和国际平均水平至少还有几个百分点的差距。

从这些差距上看，从未来大量人口空间的变化来看，可能产生的住房刚性需求，会对未来房地产产生什么影响？从这个趋势看，我们认为当前房地产出现的短暂的熊市，不等于未来房地产没有更好的发展时期，只是面临着结构调整。

## 二、互联网新技术对城市治理、社会服务和社区发展的影响巨大

我们今天谈到智慧地产，不可能离开对互联网的分析。我们知道中

国的互联网是仅次于美国在世界上发展最快的，它对我们每一个人的家庭生活、社会生活都产生了非常显著的影响。现在互联网用户已经达到6.32亿，城镇互联网用户是4.54亿，接近于4.8亿人的城镇户籍人口数，将来城镇人口还会有大幅度的增长，这意味着互联网用户数会大幅度增长。包括以下几个方面：一是手机用户不只局限于城镇里，已经覆盖城乡，13.4亿人中有12.56亿人使用手机；二是微信2014年底月活跃用户达到4.38亿，已经和户籍城镇人口数大体相当；三是新浪微博月活跃用户达1.67亿。我曾经跟新浪和腾讯的有关负责人讲过，这么大的互联网平台，目前却并没有得到非常好的利用。在中国的城镇化大潮中，互联网可能和我们现在的“衣、食、住、行”中关系更紧密的是“衣”和“食”方面，“住”和“行”特别是“住”的方面，互联网跟进得并不是特别快。我们研究未来互联网和城市的结合，智慧城市是一个最热门的话题。当然，这个智慧城市首先是由各级地方政府提出来的。

近几年有大量的会议，讨论互联网将对我们生活的城市产生的影响。第一，会对城市治理产生不可估量的影响。无论是从腾讯还是新浪，大量政府官员都可以建立自己的微博账户，我们也看到信息反馈能力非常强。在某地、某一时间点发生的事情我们瞬时就能知道，比如，今天上午工体发生了严重的撞人事件，我马上就知道了。我们能够更迅速地了解信息，同时也提升政府在应急事件上的处理能力。过去靠电话、报警系统，达不到这种能力，现在互联网完全可以解决问题。

第二，可以完善整个政府信息基础设施的建设水平。过去我们谈到基础设施建设，只是强调水、电、气，包括交通设施等。现在我们不得不注意到，网络信息基础设施的建设对政府来说至关重要。如果没有一个好的网络平台，所有的信息反馈、应急事件的处理能力就没有办法得到实施。

第三，完善城镇政府科学决策机制。互联网不仅仅通过网络产生影响，还可以结合很多应用打造智慧城市的技术平台，比如GIS地理信息系统等。可是我们知道，在过去的城市发展进程中，出现了诸多的问题，包括严重的资源浪费，很多公共服务问题得不到解决，30多年来积累了大量的矛盾。人是受主观决策影响的。当然这是一个时代的产物，我们没有想到中国城镇化发展得这么快，没想到城市规模发展到今天这么大，已经有6个千万以上的超大城市，在世界上都是前所未有的。可是很多城市管理者的决策习惯还是沿袭自己过去的拍脑袋方式。如果通过互联网的影响，通过互联网的技术，包括GIS、大数据、云平台等技术，提高政府的科学决策能力，很有可能会减少拍脑袋决策造成的资源严重浪费。既有利于政府管理效率的提高，也有利于资源配置效率的提高，真正促进低碳城市的建设。

第四，促进政府公共服务水平的提高。现在政府和社会的联系越来越紧密，社会上发生任何风吹草动都可以引起政府的神经紧张。可是政府也更需要将自己的公共服务更多地面向社会大众。现在有很多互联网的技术可以帮助政府简化服务程序，使社会大众在享受公共服务时更为方便。最近跟我们城市和小城镇中心合作的一些单位，正在全国的一些城市推进政府公共服务一卡通，“公共交通一卡通”、“便民一卡通”、“公园服务管理一卡通”等。这些“一卡通”使老百姓在享受政府服务的时候，只要一张信息卡就可以解决诸多问题。

另外，可以提升政府治理交通拥堵和雾霾等环境污染问题的能力。这次北京APEC会议上，大数据起了作用，政府根据大数据提前预判某个地区、某些产业会造成雾霾，就及时根据这些科学信息出台了治理的对策，确保了“APEC蓝”。在治理交通拥堵方面，现在从出租车导航体系，到未来的北斗导航系统，这些互联网和新技术的应用一定会使我们的生活发生变化。

第五，完善社区服务，创建平安、宜居的社区环境。互联网不仅仅在改善城市政府治理和管理方面会发挥作用，同时也会从市场的角度让我们更好地享受这种变化，享受更便捷的服务。通过市场化手段向家庭提供更便捷的、更舒适的、更智能化的应用，国际上已经开始逐步实施。我们国内也有一些地方在这方面进行尝试，但仅仅是尝试而已。

第六，各项市场化的收费服务，能不能通过互联网的方式，变成一卡或者一个信息源来实现收费？如果实现了这一点，未来所有的社区，通过智能、互联网的方式，将使服务更加便捷化，这对整个社会影响非常深远。

我们研究互联网、智慧城市的时候进行了国际比较，智慧城市概念是从国际引进来的，现在我们不能把智慧城市估计得过高，因为全世界范围内，成功的智慧城市也没有几个。我们所了解的，比如欧洲、日本、韩国这些国家，所谓成功的智慧城市模型基本是以高智能、高技术和低碳为主要目标，即怎样节省能源、降低能源消耗。这是他们整个智能技术和智慧城市非常重要的出发点。

我们认为，不能把智慧城市仅仅局限在低碳层面，现在老百姓的消费，现在的城市发展可能更多需要的是将方便和低碳相结合。我们怎样在这种互联网大潮的影响下，无论从政府治理还是社区发展以及社会服务上，能更多发挥互联网的作用，使我们更方便、更舒适地享受城市生活。在这方面，中国有中国的特色，何况互联网在中国的发展速度远高于欧洲和日本、韩国等东亚国家。

## 三、智慧城市的连接点在于跨界组合

连接点在什么地方？就在于跨界组合，形成中国特色的智慧城市、智慧社区、智慧产业园区。

什么叫跨界组合？我们已经尝试了在一些社区单元、一些产业上实现了简单的跨界组合，但是如何在和地产结合的基础上实现跨界组合？我们还没有深度的探索。目前只能说是在某个楼宇实现了智能化的应用，和智慧城市、智慧社区、智慧产业园区距离还是比较遥远。比较国际经验的时候，我们感觉到跨界组合已经有了比较先进的经验。在日本，有的城市实现了以一个地产商为主体，连接金融、保险、电商等，实现跨界组合的智慧城市。这种智慧城市对未来房地产和社区发展经营理念会带来一些根本的变化。

我们在国内也开始了这方面的尝试，组建了智慧城市发展联盟，完全以市场化的方式推进智慧城市的发展模式。我们可以综合成诸多方面，比如怎样促进社区的社交、商务平台？怎样把保险、健康医疗和远程控制引入家庭、引入社区？怎样在社区管理上、市场化服务上，甚至公共服务平台上实现云计算、大数据的管理？怎样使社区和政府公共服务与市场化的服务进行对接？我们的联盟已经和一些企业展开合作，涵盖智能、地产、金融、保险、传媒等多个领域。当然，我们也期望更多的企业加入这个平台，共同推进中国特色的智慧城市建设。

我们的智慧城市建设，是从大城市入手，或是从小城市入手，还是从旧城入手？未来中国城市化有大量人口进入城市，不可能都进入旧城，因此，新城会是一个载体。

第一，以新城为智慧城市建设的载体，就是一开始建设新城的时候，把智慧家居、智慧医疗、智慧健康等社区服务、政府公共服务以及市场化服务等所有要素植入到新城中，成功以后会对老城区的改善有一个映射的影响。

第二，以利益为纽带，创新开发模式。我们不太支持太多的城市搞智慧城市建设，原因就是在政府推动下容易做成一种新的形象工程、政绩工程。但有了利益的纽带，见效是非常快的。通过合理的利益分配，建立新型合作关系，这在日本有先进的经验。

第三，房地产盈利模式从单次的销售变成长期运营服务收益的模式。房地产开发商什么时候能向城市运营商转变？什么时候能从“打一枪换一个地方”的短期建设者，变成城市长期的运营商和服务商？这恐怕需要我们认真探索，这也可以和智慧城市联结在一起。

以市场化方式为主，推进互联网和城镇化的结合，这种智慧城市建设，在中国特色城镇化进程中有非常重要的实践意义。我们已经在全国进行了一些试点，希望按照我们的模式打造中国特色的智慧城市样板。互联网发展的未来有无数可以想象的空间，在跨界融合过程中，还有很多需要进一步深入研发的过程。我们希望更多的互联网企业、房地产商和各行业能重新组合融合，在跨界整合基础上推动所谓的智慧地产、智慧城市、智慧社区和智慧产业园区的建设。这也是中国 21 世纪房地产发展、城镇化发展的未来，即从过去的房地产、从生态视觉的模式向未来的智慧模式转变。

# “互联网 +”战略上的智慧城市建设

现在全国各地都非常重视智慧城市的发展，世界上很多城市也都提出建设智慧城市。什么是智慧城市？它是 21 世纪高科技和城市化的结合，能改善城市的治理水平、提高管理效率，同时也可以最大限度地方便社会，最大限度地节约资源，使我们能生活在更方便、更宜居的公共环境里。

但是，中国的智慧城市确实有很多问题。第一，碎片化。所谓碎片化就是只要每一种高科技产品、每一个高科技产业进入一个城市，都被称为“智慧城市”，但这是理解非常单一的智慧城市，可以说这个城市有智慧的内容，但是不能说这就是智慧城市。第二，政府强调智慧城市比较多，希望用高科技、互联网等手段，通过云计算、大数据的平台，提高城市管理效能，但是却忽视了一些弊病，比如，政府的人力资源能否支撑这种大数据、云平台和各种高科技手段的运用呢？虽然政府在公共管理过程中投入了大量设施，但有没有那么大的需求？是不是能满负荷运行？会不会造成严重的浪费呢？这些问题在过去“数字城市”建设过程中已普遍存在了。第三，如何判断市场对智慧城市的需求是什么？第四，智慧城市的概念和中国产业的发展怎么样结合？就是“互联网 +”的概念中，“ +”些什么内容？仅仅是一种软件的拼接，还是“ +”了所有行业后再进行跨界整合，这是非常关键的问题。我们提出的智慧城市，是针对这些问题而提出的。

（1）智慧城市是一个整体概念，不是一个碎片化的概念。

（2）在智慧城市建设过程中，即使要做大数据和云平台，也要先打

---

本文是李铁接受央视财经记者专访的实录，2015 年 4 月 17 日。

破部门间、城市间对数据的垄断和数据鸿沟。

（3）政府投入要量力而行，不要把大量精力放在新鲜的名词概念上，而是要考虑自身有多少能力，能解决多少问题，要因地制宜，结合自己实际的能力和社会需求进行投入。

（4）政府的资源，包括信息资源、数据资源和基础设施资源，能不能和社会共享，或者是以 PPP 的方式交给市场来办。

我们看重这个市场，不是简单的因为它是互联网的思想，而是因为互联网不仅能使我们和某一个产品连接，使我们的生活更方便，而且互联网能使更多的产品进入家庭，迫使所有产品必须完成升级过程，一旦完成了升级，那这个市场空间就更大了。比如，过去我们布置房间的时候考虑的是家居、家电，可是当现在家电、家居和市场化的社会服务、公共服务以智能方式连在一起的时候，它的本质就会发生变化，很多功能就会发生变化。

我们去韩国参观的智慧家庭，它通过一个小型的模块使所有的家庭电器连接起来，最后通过手机显示出来。我们可以看到乐视开发的生态电视，也是相对功能化的，只是目前停留在智能家庭功能，如果未来其功能能向社会延伸，那会有无数的需求衍生出来，比如说，交通、社保等能否“一卡通”，养老保险、公共医疗、远程医疗服务等公共服务，能不能都在一个手机上实现？从另一方面看，水、气、电、暖等收费的市场化服务，用不用还跑到缴费中心去交，或者要不要一批收费员到家里收费，是不是通过手机网络一次性解决？在这些需求里要增加多少功能，要连接多少模块和软件呢？我们电视是不是会发生变化？如果电视的功能从过去传统电视向现在的生态电视转变，那么电视本身也在改变。如果冰箱、空调等电器都和“智能”结合起来，再和远程服务、节能结合起来，那么，整个系统的功能、软件、硬件的设置也都会发生变化。

所以我们想，智慧城市的触角会深入家庭、深入社区、深入生活的每个角落，对这个社会带来的影响是巨大的。它不仅直接给我们带来方便的生活，而且它对中国产业发展的带动，对中国家电制造业产品的带动，对整个中国城市创新、治理创新、管理创新的带动，将具有翻天覆地的重要意义。

# “互联网 + 城镇化”跨界创新建设智慧城市

“2015 中国绿公司年会”于 2015 年 4 月 21 日在沈阳举行。万达董事长王健林、国家发展改革委城市和小城镇改革发展中心主任李铁、北京大学国家发展研究院教授周其仁、阿里巴巴集团董事局主席马云先后作全会主题演讲。李铁从未来城镇化释放的庞大需求潜力切入，描绘智慧城市建设的蓝图。李铁演讲整理如下。

## 一、城镇化蕴藏着庞大的需求潜力

2014 年我国城镇化率为 54.77%，城镇总人口达到 7.49 亿。近几年每年进城人口超过 2000 万，这是世界上最大规模的人口城镇化进程，因而中国城镇化可谓史无前例。

城镇化涉及“几亿人”的安居乐业，这意味着市场需求的潜力无限。实际上，我们有 2.7 亿在城里打工的农民工，还有 8000 多万的城镇间流动人口，这 3.5 亿的人口比美国总人口还要多，他们的空间变化会带来很大的市场需求。

从另一方面看，我们有多达几亿人的高收入群体。根据有关方面的统计，2011 年，年收入 18.8 万以上的高收入家庭的人口数量达 1.3 亿，而年收入 7.96 万～18.8 万的较高收入家庭也多达 1.3 亿人口，还有年收入 4.5 万～7.96 万的中上收入家庭的人口也是 1.3 亿，也就是说，我国达到中等以上收入水平的人口数有近 4 亿，多于美国人口总量。

这么多数量的人口，这么雄厚的资金实力，这么庞大的消费需求，

---

本文是李铁在“2015 中国绿公司年会”上的演讲整理，2015 年 5 月 7 日。

我们还能说中国在未来经济增长过程中将面临严重的下滑吗？因此，当前出现的问题肯定是短期的、结构性的问题，我们不认为未来的城市化发展下消费需求会处于长期停滞局面，因为城镇化相关改革的深入推进，势必会有效拉动需求增长。

那么，如何通过城镇化释放潜在的消费需求，刺激经济增长呢？从中央层面来讲，大概有两方面的政策：

第一，通过土改、户改、行政管理体制改革等，释放潜在的需求能力。当然，制定改革政策，必然涉及利益调整，恐怕遇到来自部门的、地方的、区域的各种利益的阻碍，这是积累了几十年的固化矛盾。

第二，通过创新，解决城市化发展可能带动的内在需求，而创新点就在智慧城市。

## 二、城镇化与高科技的结合是智慧城市

我国有2万多个城市（城镇），未来随着城镇化的推进，众多的城市将容纳9亿多的城镇人口，它对智慧城市的发展将产生深远影响，并且和我们现在经济增长结构及需求结构都会发生关系。

很多人看到，我们地产出现了问题。那么，地产问题出现在哪里？出在同构性的扩张和复制。这是一个非常大的问题，但是不等于我们地产没有前景。毕竟未来几亿的进城人口，在空间上要发生变化，而他们的收入增长决定其住房需求也必然会有一个较大的变化。

但是变化在哪里？和“互联网+”是什么样的关系？我们就得从智慧城市的概念、问题以及模式等讲起。什么是智慧城市？美国诺贝尔经济学奖获得者斯蒂格利茨曾预言：中国的城市化和以美国为首的新技术革命将成为影响人类21世纪的两件大事。高科技和城镇化的结合就是智慧城市，而“智慧城市”将城镇化浓缩到“点”上。

现在谈到智慧城市，很多政府非常关心。而政府对这种新概念的过度关心，恐怕会引起新一轮的政绩工程。比如，“大数据”是非常好的东西，但是现在政府显然忽视了以下几个问题：第一，政府在人力资源方面有没有足够的能力运用“大数据”、“云计算”？第二，政府的日常工作

需求，是不是能保证这两个平台满负荷地运转？第三，在当前地方债比较严重的情况下，政府有多少财力能投入到这两个平台的运营和维护中？这些是我们应该重视的问题。

城市管理水平的提升固然重要，但它也和我们的发展阶段、经济水平、自身能力有着必然的联系。总之，我们反对地方政府大面积推广他们所谓的“智慧城市”，因为这种政府主导的行为往往强调政府的巨额投入。

但是，智慧城市有没有发展的空间？回答是肯定的，但前提是政府管理一定要改善，一定要提升。一方面，大量碎片化的数据在政府掌控下处于闲置状态，得不到充分的利用；另一方面，市场对这些信息有非常充分的需求，却得不到满足。如果能将两者结合起来，把政府的、城市的信息数据向市场开放，那么，我们海量的信息资源就可能被市场充分利用。

那么，如何才能提升政府管理能力？一是政府可通过 PPP 的方式，从拥有“大数据”的企业手中回购政府所需要的服务。二是挖掘智慧城市巨大的市场潜力。

## 三、智慧城市是具有综合功能的市场化服务系统

智慧城市不仅是某一个碎片化的点，如一张卡、一辆自动公交车、一辆公共租赁自行车，而且是一个具有综合功能、充分发挥市场化服务的系统。比如，过去我们的地产项目平均有 150 亩地，这 150 亩地上的房地产开发过多地强调了视觉，后来万达董事长王健林先生开创“城市综合体”开发模式，使得房地产开发由注重视觉转向重视综合功能。那么，未来还能不能发生更多新变化呢？还能不能通过智慧的方式，使我们在居住的环境空间里，感受到低碳、方便、宜居和美好？

日本主要通过智慧城市模式来实现低碳目标。例如柏之叶，一个 2.5 万人的小城市，通过完善综合配套管理措施，实现了“跨界整合”，以不动产为基础，25 家大企业共同塑造智慧城市。这 25 家大企业既有地产商，又有大型的电器商、不同制造业的设计商，还有金融、保险企业的

参与。

这种“跨界模式”充分体现了有效利用能源的目标，同时也改变了社区服务方式。我们现在想，日本的这个智慧城市强调节能、低碳的目标，而我们中国则可以是多重目标，既解决能源、低碳、绿色的问题，又解决集约、紧凑的问题，还要解决方便、宜居的问题。

我们已经习惯了那种绿色空间，但我们更希望在城市里生活得更方便，而“智慧”的手段，确实会给生活带来方便。我们的互联网发展比日本好很多，那么我们在新建社区的时候，是不是可以发挥互联网的优势，通过“一卡通 + 手机”的方式，来实现对所有家庭的公共服务收费？家庭的所有电器设备是不是可以由一个智能控制中心来统一控制？所有市场化的服务是否可以由连接到每个家庭的智能中心来提供？

实现这样的蓝图，不仅需要互联网软件，而且需要硬件产品，那么，我们能不能实现互联网软件和硬件产品的结合？

韩国松岛市的做法是，通过有线网实现网络连接，同时带动了三星电子产品的更新发展。这种模式通过对每个家庭、每个社区的控制变化，使每个产品都得到一定程度的升级；而当一个产品满足了更多智能需求后，又会自动发生更新变化。

## 四、跨界组合打造智慧城市样板

我们理想的智慧城市，不仅仅是给一个家庭、一个社区带来变化，而且还能促进制造业的转型升级；它会根据需求的变化而相应变化，并提升家电制造的功能，而这个功能还要和其他社会服务联系在一起。

在“互联网 +”的概念下，地产业形成的社区模式，加上金融服务、远程医疗服务、健康、保险等各类市场化服务的内容，通过智能互联网的方式，再和大型电器制造商结合在一起，便形成“跨界组合经营”的新地产模式。这是我们对于社区带头跨界组合模式的一种新设想，也是我们设想的智慧城市模型。

反过来想，我们从这个模型出发，先建立一个开放接口，借助大数据、云平台，使得整个城市的社区和组织系统都得到有效的连接，便会形成中国未来可能的智慧城市模型。我们已经在全国选了十几个样板城市，并且一些大型的互联网企业、大型的地产商和金融机构，纷纷加入我们的智慧城市发展联盟，希望在这十几个城市做出经典样板。

在这个过程中，政府应当给予什么样的支持：第一，开放数据信息，提升治理管理能力，为社会服务。第二，对样板城市实施支持政策，促进市场开放和智慧城市经验的推广，推动建立智慧城市的市场化机制。

# 当前碎片化的智慧城市建设

2015 年 5 月 14 日，李铁就智慧城市建设的相关问题接受了央视新闻中心记者专访。以下是李铁的观点整理。

## 一、高科技和城镇化结合的最重要的点就是智慧城市

**记者：**李主任，请您先介绍一下您理解的智慧城市是怎么定义的？

**李铁：**如果从宏观上讲，智慧城市肯定是利用现代信息科技手段，改善城市的治理、管理和公共服务，提高城市服务水平，综合塑造城市发展的新模式。

诺贝尔经济学奖获得者斯蒂格利茨曾经说过，影响 21 世纪进程的两件大事是美国的高科技和中国的城镇化。高科技和城镇化结合最重要的点就是智慧城市。我们现在所说的高科技，不只是美国的高科技，而是全世界的高科技，当然也包括了我们中国本国的高科技，在其和城镇化、城市发展结合的过程中，就集中体现到我们所说的智慧城市里。

**记者：**上个月，阿里巴巴和腾讯在一周之内，两个互联网巨头先后发布了关于智慧城市的战略，但是他们没有叫“智慧城市”，有的叫“城市服务”，有的叫“互联网 + 政务”。您觉得这些互联网企业为什么要进入智慧城市这个领域？

**李铁：**我觉得“智慧城市”现在是非常热门的词，不仅互联网企业关注，而且很多其他行业的企业以及几乎所有的地方政府都非常关注这件事。很多地方提出要做试点，并制定了发展规划。当然，面对这么庞

---

本文是李铁接受央视新闻中心记者专访时的观点整理，2015 年 5 月 14 日。

大的市场，无论对智慧城市的内涵和实质有没有理解，都需要通过“政府+公司”的合作方式来推进智慧城市的建设。

对于阿里巴巴和腾讯，我想他们可以充分利用自己的影响力和互联网技术优势，进一步提高他们对城市的现有服务水平，这是值得肯定的。但在我看来，这些零星的服务与达到“智慧城市”还有比较遥远的距离，因为他们是碎片化的，是单向的，仅强调加强政务服务的建设，而没有考虑到未来智慧城市对整个互联网系统可能激发的潜在需求。

## 二、当前智慧城市的“碎片化”现象

**记者：**现在，阿里巴巴和腾讯进入市场，让智慧城市又热了起来。其实，IBM 很早之前就提出“智慧地球”的概念，并做了“智慧岛”，也有很多传统的 IT 企业、电信运营商都在做智慧城市，但是很多建设项目在启动以后，就无声无息了，存在“雷声大、雨点小”的情况。有的项目启动之后，在应用推广、盈利模式上碰到了问题。您觉得在智慧城市的推广过程中，到底是因为什么样的原因，出现了这样的问题?

**李铁：**首先，我并不认为是阿里巴巴和腾讯把智慧城市炒热的。智慧城市已经是《国家新型城镇化规划》中非常重要的一个内容，国家发展改革委会同有关部门发布了相关指导意见，共同落实信息惠民政策，推进智慧城市建设，同时，各部委也纷纷选择了一些智慧城市试点。很多地方政府把智慧城市作为推进城镇化的一个非常重要的抓手。

问题在哪里?碎片化。表现在以下几个方面。

第一，现在地方政府、城市以及企业，谈智慧城市都只是就某一个方面、某一个行业或者某一个领域而谈。他们片面地认为，只要在这些方面、行业或领域采用了信息化技术和现代化手段，就堪称“智慧城市”。但我们认为这是碎片化的，只是智慧城市的冰山一角。用了智能公交卡，就能说是智慧城市了?用了大数据、云计算，就是智慧城市了?安装了大量摄像头，实现了平安和交通的智慧治理，就叫智慧城市了?我觉得，这些都是属于碎片化的典型表现。

第二，地方政府对智慧城市的关注有上升的趋势，我们担心他们在不了解智慧城市的情况下，搞出新一轮的政绩工程。过去不是没有这些现象，比如数字城市、信息城市建设的形象工程等，很多城市购置了大量的先进设备，办公系统完全自动化了，但是并没有实现充分有效的利用，最终都造成了资源的闲置浪费。如果城市政府还是热衷于以这种形象的、政绩的“新名词”来推动智慧城市的建设和发展，一定会导致投入的浪费，何况现在地方财力并不充裕。所以各级政府提出“建设智慧城市”，开始的时候高度重视，到最后却又没有办法落实，这恐怕和他们对智慧城市的理解以及政府应用不足有直接的关系。

第三，政府各部门的信息分割，信息在部门之间不共享，对社会、公众更是保密的。分割的信息系统没办法进行有效的整合，也对社会公众不开放，那这些信息本来可以通过大数据、云计算挖掘出更高的价值，现在却得不到充分体现。

政府推动的效率不如市场运作的效率高，这势必会导致大量资源的闲置和浪费。所以在这个层面上看，一些地方政府推进智慧城市建设中遇到的问题，是现实中制度性的、目标性的差距所导致的。

以上是从政府层面考虑，从市场层面看也一样。据我了解，很多运营商、一些大的 IT 企业推进智慧城市建设的速度非常快，一个省一个省地签约，一个城市一个城市地签约，至今已经形成了一定规模。这种智慧城市发展迅速，但其实也是碎片化的，因为它只体现了某方面的单一的智慧功能，例如，只推行“城市一卡通”。

正是因为上述这种碎片化现象，因为政府存在的制度性障碍，所以市场推进的综合性能力不强，进而导致现在很多智慧城市虽然“叫得响”、“提得多”，但是在社会应用上、为民服务上、信息惠民上，在实现所谓的“互联网 +”方面，在带动实体经济发展方面，却和政策目标有比较大的差距。这是目前推进智慧城市建设过程中遇到的困难，或者说普遍存在的问题。

## 三、智慧城市是双向的，通过互联网进行互动服务

**李铁：**我们理解的“智慧城市”，是利用现代信息手段和互联网技

术，在城市治理和提高城市公共服务水平等方面实现创新的一个重要策略，包括运用互联网技术把海量信息和政府、社会及大众的需求双向对接起来，以改善治理水平。比如，腾讯和新浪的技术都与政务结合，做“微信政务”、“微博政务”，但我们要看到，发布政务信息只是实现对接的一个环节，社会上发生的大量事件、大量的公共服务诉求、突发性事件等信息会即时通过网络得到反馈。而这些反馈到网络上的海量信息，再通过互联网和控制中心，运用数据处理技术，结合现场决策，进一步分解到各个部门和各级政府，并迅速解决，这里面涉及诸多环节的紧密协作，但在这方面我们还有大量的工作要做。智慧城市不是单向的，而是双向的，是要通过互联网进行互动服务的。

在这里又面临两方面的问题：一方面，怎样整合各部门碎片化的、被分割的信息，使其成为一个信息系统？怎样提高互联网大数据、云计算的应用效果？怎样通过 PPP 或委托的方式，把政府闲置资源充分利用起来？很多信息对政府公共服务是有帮助的，但不是 24 小时都要用到，也不需要提供全季节的服务，那能不能把它交给市场，让这些信息资源发挥出更多价值？这里有非常广阔的技术空间和市场空间值得我们去探索、去研究，甚至去实践。

另一方面，智慧城市怎样进入家庭、社区？怎样改变市场化服务的收费方式？怎样提供更便民的服务？怎样推动不同行业的不同公司、不同产业的不同企业实现跨界整合？怎样在互联网的带动下推动实体经济发展？举个例子，最近很火的乐视网，通过电视、手机打造网络供应系统，并通过这个系统带动电视和手机的一次革命，称为“生态电视”、“生态手机”，而它所带动的是实体经济的大发展。我们还可以设想未来的智慧家庭，能不能通过手机来遥控家里的水壶、彩电，遥控所有的电力供应系统和家庭智能系统？这个过程，既需要实现互联网和移动终端的发育，也需要培育研发遥控系统新产品，还需要开发提升每个家用电器的智能功能，进而就带动了实体经济和制造业的新一轮发展。

如果智慧城市和每一个行业，包括金融、保险、医疗、养老等，都整合起来，那会带来新的发展机会。所以实体经济，包括制造业、服务业的不同行业，包括产业园区，如果结合了互联网优势，实现智慧化后，就会带动巨大的市场潜力。

因此，只有面向市场，转向社会化服务，智慧城市才能刺激真正的需求。我们认为，智慧城市在中国推动新型城镇化、启动消费投资、拉动社会需求的方面蕴含着巨大的潜力。

## 四、智慧城市的盈利取决于产品能不能适应市场

**记者：**现在有一种观点认为，腾讯和阿里巴巴进入到智慧城市，提出“互联网+”的概念，他们有一定的优势，因为腾讯有6亿以上的微信用户，阿里巴巴支付宝的用户群也是好几亿的级别。他们的平台，既有支付功能，又有通讯功能，所以他们有可能会比传统的IT企业和电信运营商在建设智慧城市方面更有优势，您怎么看这种观念？

**李铁：**我相信他们存在的优势，因为他们用户群特别大。不仅是腾讯、阿里巴巴，还有新浪、百度，他们都有这个优势。但是能否发挥优势的关键还在于怎样实现“互联网+”，仅仅是一种单向的微博政务或微信政务的发布系统，还是双向的与社会化服务相衔接的综合系统？这不仅仅需要了解社会需求，也需要熟悉政府功能，还需要对产品能深度挖掘的潜力有更深入的了解。我希望阿里巴巴、腾讯和新浪这三家互联网大企业能展开有序的市场竞争，在竞争下创造出更好的新产品，同时也促使政府的公共服务水平逐步得到提高，促进社会的市场化水平不断提高。

智慧城市还不能局限于一个行业。未来的智慧、未来的技术和未来所有的东西，一定要和其他行业进行跨界整合。只有整合了所有行业的“智慧”，才更具有生命力，更能发挥市场效益。

**记者：**神州数码是国内做智慧城市最早的企业，但现在神州数码在智慧城市领域还属于投入期。一些报道也提到电信运营商的一些项目，比如，建立了医疗保障系统，但没有人下载APP。阿里巴巴和腾讯也是刚刚起步。那就是说，为什么在这样一个还没有找到确定盈利模式的项目上，这么多企业还热衷参与？他们背后的利益诉求到底是什么？这个市场空间在哪里？盈利模式是什么？

**李铁：**任何一个好产品、好项目，都有研发、生产和营销的过程。

阿里巴巴、腾讯、新浪和神州数码都不例外。首先，智慧城市有巨大的市场，全国有13.7亿人口，7.5亿城镇人口，653个城市，20401个镇，这个世界上最大的市场在向现代化迈进的过程中会产生海量的、繁杂的需求。在这个过程中一定会有不可估量的利益，但利益不是只靠一个产品的研发就可能实现，同时这种研发是每一个企业必须要经历的发展阶段。

在智慧城市产品的研发过程中，可能要解决以下几个问题：

第一，智慧城市产品到底适不适应市场的需求？这个市场既包括面向政府的市场，也包括面向社会的市场。要是产品适应市场需求，那将来一定有盈利空间。

第二，技术手段是单一的，还是综合的？能满足多大程度的需求？满足单一需求和满足更广泛需求的产品，其可用性和市场偏好是不一样的。比如苹果手机，其功能越多，可用性就越强。

第三，品牌。智慧城市的提出只有几年的光景，国际上也都在搞智慧城市，但目前真正算得上成功的智慧城市可以说还没有出现。智慧城市品牌的影响力也取决于产品能不能适应市场，能不能取得成功。当然，这也是有时效性的。任何一个企业选择了做智慧城市，都要认识到，现在的投入、研发和未来可能的盈利预期都会有一个时间差。

从目前看，大多数参与智慧城市建设的企业都处于研发、推广和品牌形成过程中，还有待通过市场的检验。我认为只要企业真正发现了智慧城市所孕育的需求潜力，其盈利目标将是非常明确的。仅仅一个政府的政务服务，如果实现了双向互动，那可以解决城市中的很多管理难题，大大提高政府效率。未来的PPP模式下，政府购买这类服务将会是永恒的主题。

所以，参与智慧城市建设的企业，从研发到实践、到推广、到品牌创建，在这个过程中一定会形成长期的盈利模式。虽然他们有好几亿的用户，但是大量的用户资源暂时还闲置着，还没有和各类公共服务及市场化服务有机结合在一起，还没有充分考虑到智慧城市所孕育的空间。不过，那些大的互联网企业已经认识到了这个市场空间，今后要做的是在未来进行研发、实践、探索，要和其他企业进行整合，还要寻求政府的支持。

# “互联网 +”加出房地产新模式

2015年6月25日，李铁应邀出席第七届中国产业园商务区发展论坛，发表主旨演讲。以下是李铁演讲整理。

## 一、我国特色的房地产结构性过剩

我们知道，在市场经济的发展规律下，会出现供需的矛盾，即在一段时间内供给会紧张，一段时间内供给又会过剩，这是商品经济、市场经济的普遍规律。但中国的房地产，自身有鲜明的特点，和国外的房地产业有很大区别。

第一，中国的房地产商和政府利益紧紧绑在一起，因为房地产商要靠卖房子获取利润，而政府靠土地出让金维持运转。假使仅仅由市场推动，商品在某些境况下会出现积压，但在一段时间内会出现缓解，而中国的房地产业在政府和市场的双重推动下，供给矛盾就会持续放大。

第二，房地产和其他商品不一样，房子占用的空间资源大，影响的产业链长。20世纪90年代，工业制成品过剩问题特别突出，当时提出推进城镇化战略的意图就是要解决工业制成品过剩的问题。我们那时候想，如果有几亿农民进城，那么他们租房、购房都会带来家庭制成品的购买需求，包括电冰箱、洗衣机、电视等，以此就可解决内需问题。

但是工业制成品的库存和房地产的库存不一样，房地产所占用的资源和工业制成品是不可同日而语的，所以，房地产出问题引起的社会反响更大，引起产业链的波动也更大。房地产供求之间出现的矛盾会形成

---

本文是李铁在“第七届中国产业园商务区发展论坛”中的演讲整理，2015年6月25日。

连锁反应，甚至成为导致经济下滑的重要原因。

所以，房地产商和地方政府的利益关系以及地方城市发展模式和房地产开发商的利益结合，都极大推动和形成了这种过剩现象。这是造成当前房地产结构性波动的一个非常重要的具有中国特色的原因。

## 二、房地产的第三个阶段也难持续

我们怎样来看这种结构性的波动呢？我想举几个数字请大家进一步了解。

第一，在中国的城镇化在加速进行中，而不是完成时。欧美国家的房地产泡沫是在城镇化已经完成之后出现的，城镇化率都达到70%、80%以上，而我们现在城镇化率不到55%，户籍城镇化率还不到40%，大量农村人口还在进入城市，有2.5亿农民在城市打工，8000多万人口在城镇间流动。即使未来每年城镇化率提高1个百分点，那么每年大概还有1600万人要进入城市，到2030年，还有2亿多人要进入城镇，对住房能没有需求吗？所以，房地产的长期趋势是看好的，但是短期波动确实非常严重。

第二，从收入上看，根据经济学家王小鲁的推算，2011年城镇10%的最高收入家庭的人均可支配年收入为18.84万元，这部分人口约1.36亿人，比日本总人口还多，而另外10%的较高收入家庭的人均可支配年收入约为7.96万元，较高收入家庭和最高收入家庭的人口加起来共2.7亿。这个群体的购买力是非常强劲的。

我国有13.6亿人口，在经济水平不断增长的情况下，还有很多人将逐渐跻身于高收入和较高收入人群的行列，特别是随着国家缩小贫富差距的政策幅度越来越大，这个收入群体的规模会越来越大。而欧美国家基本靠海外市场来解决这个问题。这意味着，我们将还有非常强劲的国内需求。

第三，对房地产的认识。中国的房地产经历过几个发展阶段：第一阶段是20世纪80年代前，是满足基本居住需求的阶段。第二阶段是20世纪80年代后，特别是20世纪90年代到21世纪初，更多注重房地产的视觉效应，称为视觉阶段。现在我们还可以看到很多房地产小区打出“生态、绿色、水系”等概念，这些概念在中国曾风靡一时，大量房地产小区的开发就是这种模式，因此也导致资源配置效率严重下降、土地利用粗放、发展成本过高等弊病，到现在这种模式已经走到了尽头。第三阶段是21世纪初至今的万达“综合体”模式，这种商业地产开发模式在一定的空间内可以满足各种消费需求，包括文化、餐饮、娱乐等消费需求，从而改变了城市的空间形态，提高了城市人口密度。这种综合体模式正在迅速扩张，到什么程度呢？从中等城市向小城市扩张，甚至到达一部分人口规模较大的小城镇，例如诸暨的“嘉凯城”，就是类似的城市综合体。

但是，现在地产商也感到了“综合体”模式面临的转型压力。因为全国1000万以上人口的城市有6个，100万以上人口的城市有84个，20万人口到50万人口的城市有434个[①]，5万人口以上的城镇合计有1500多个，即使把这些城市全部分割成5万人的城市或者10万人的城市，那也就是几千个，因此，市场总是有限的，综合体模式没法一直持续下去，最后一定会走到尽头。

那我们怎么办？在面临结构性过剩的时候，房地产要面临什么样的转型？①不要被短期的利益压力所困扰；②不要被传统发展轨迹所约束，过去的发展轨迹就只是拿地、卖房子；③要加强研发。我们知道，一种商品要在市场上占据领先的位置，要靠研发。20世纪80年代，大量制成品过剩，但有几家企业独占鳌头，因为他们及时更新了知识储备、加强了研发，满足了更先进的消费需求。房地产业发展也是如此。要想占领市场，要提早进行知识储备，这就是研发。

## 三、在“互联网+”的基础上来认识房地产

那研发什么呢？我今天要讲的话题是房地产和智慧城市，我们过去看到的房地产的变化更多是房屋和社区结构的变化，我们看到的家庭变

---

① 根据第六次人口普查数据统计计算。

化更多是沙发、厨具、洁具的变化，即物体形态的变化，消费的变化也是在固定的点上，是传统商业在一个固定空间上的变化。但是现在，智能技术和互联网改变了我们对社区甚至对城市的认识。

在日本，距东京不到30公里的柏之叶，是一座大概25000人的城市，集聚了三菱、东芝、松下等25家企业，以降低能源消耗为第一目标，试图打造智慧城市。松下电器的智能家庭，所有的电器设备都处在智能控制下，可根据家人的生活习惯自动来调节温度、湿度等家庭日常环境。他们把松下电器智能家庭的智能管理系统延伸到社区，成立了智能控制中心来控制整个社区中每个家庭的能源消耗，具有自动调节的功能，当白天用电量低的时候，控制中心把所有电力储存进一个大的储存器系统，当晚上用电量增加的时候，就把电力释放出来。对于用电量少的家庭，社区会给一些公共服务项目作为奖励。当然，这只是一个以降低能源消耗为目标的社区智能管理模式。

在中国互联网发展日新月异的今天，我们可能已经超出了这个范畴。比如乐视电视，我们以前看电视，只能是电视台播什么，我们就看什么，而现在的乐视电视有大容量的储存空间，我们想看什么节目就可以选看什么节目。过去的房子只满足居住的功能，而现在，远程医疗、健康保障甚至金融保险都可以进入家庭。那如何把这些不同要素都组织到家庭中，组织到房地产的概念里呢？这是我们讲的“跨界”，不仅包括家庭内部的“跨界”，还有社区建设的“跨界”以及城市管理的“跨界”。

今年上半年我去了韩国的松岛智慧城，那里白天活动着30万人口，但晚上只有8万人居住。松岛建了城市控制中心，全市所有交通路口和大大小小的角落布满了摄像头，试图通过控制中心的智能管理来完成交通控制和治安管理。我想，这是过去的思维方式。今年上半年我去了柏林，柏林有360万人口，才安装了360个摄像头，因为那里的老百姓注重隐私，不愿意安装这么多摄像头。而像北京，有2000多万人口，这么大的城市，我们所面临的社区管理不可能都被摄像头所覆盖，任何琐碎的公共服务事项也没法全被摄像头覆盖。而且，这种智慧城市是碎片化的。真正的智慧城市应能满足多方面的需求，包括市场化的需求、家庭的需求、社区的需求、政府公共服务的需求，把所有这些需求都整合到一起，才能成为智慧城市。

现在，互联网能提供的保障，已经远远超出了固定的摄像头所能提供的。市民通过手机，能实时拍下城市每个角落发生的事情，上传到微博、微信，而且时间、地点、事件的细节全具备，控制中心可以根据这个信息及时处理。例如，前几个月在北京西便门发生了一起交通管制案件，一辆汽车试图闯过交通管制，交警当时没拦截到，让他跑掉了，但很多人发了微博、微信，结果下午两点钟他就被抓到了。可见，每个手机用户对信息的反馈或者提供任何一个事件的发生场景，都蕴含着巨大的资源，如果能充分利用好网络上发布的信息，一定能提高城市治理效率和水平。

这几年，关于智慧城市的研究，很多政府官员、学者提出“大数据”，但是我认为大数据面临的体制障碍很多。现在由政府推动大数据发展已经越来越难，因为政府没钱。可如果是一个有几百亩土地的房地产商，在他的房地产概念上融合所有互联网要素，那这个房地产概念就会发生根本变化。所谓“跨界”就是房地产商不再是传统搞开发的房地产商，而是在房子、社区建设的过程中和其他的产业、行业紧密结合，不仅卖房子，而且卖服务，通过房地产来卖服务。跨界之后，还要分享，不仅仅是考虑自己的利益和盈利模式，而是和其他产业、行业共同分享未来房地产发展模式中形成的收入，这需要在设计过程中就考虑到未来的收益模式。

我们过去的社区服务是一种收费的模式，现在很多互联网企业的经营模式已经发生了变化，有句话叫“羊毛出在猪身上”，即通过一种模式来扩大影响力，去营销另一种产品。社区服务是多方面的，需要水系等好的环境，孩子需要活动的场所，我们还有洗衣服务、餐饮服务、打扫卫生等物业服务需求，通过什么方式才能把他们组合到一起，并和家庭进行衔接呢？这需要房地产商开始设计楼盘的时候，就注入这些理念和因素。

房地产是和城市紧密联合在一起的，多个房地产在一定的空间内组合，就形成了城市，进而功能发生了根本变化。城市不仅仅在这个空间内满足每个家庭的需求、市场的需求，还要提供公共服务。当这种智慧社区模式建成并推广出去，形成无数个智慧社区，并关联组合的时候，就变成了智慧城市。到那时，大数据就会真正发生作用。就像手机里面有无数个软件可以下载一样，我想地产商可以把房子做成“手机”，在房子里加入很多新元素，就是融合。融合到最后，房地产概念会发生根本的变化，即利用最先进的互联网技术，满足家庭、社区、城市和社会的多元化需求。

我们成立了一个智慧城市发展联盟，聚合了一大批不同行业的企业，在全国选了几个样板城市，推动房地产加互联网的“1+1”、“2+1”，甚至“X+1”的组合，创造新的房地产模式。这种模式代表着我们未来社区、城市的走向。我希望在座的所有企业家朋友们，都可以在这方面进行探索。

# 智慧城市建设需拓展发展路径

中国的智慧城市，只能说是刚刚起步，还需要完成以下几个方面的进程：①如何通过企业来推动智慧城市的发展。②如何使碎片化的、分割的智慧城市发展模式，变成一个整合性、综合性的发展模式。③如何实现企业的跨界经营和管理，来促进利益的分享。④如何完成家庭、社区、就业产业园区和城市的整体结合。

我国的人口城镇化率才刚刚达到55%，就开始和高科技、互联网结合到一起了，而那些发达国家在人口城镇化率达到55%的时候，经历的不是战乱就是传统技术。所以，在这么一个时代里，我们面对怎样去运用这些新技术以及世界各国的先进经验来帮助我们完成中国走向现代化的进程。在这样一个大背景下谈智慧城市建设，确确实实有着非常丰富的内涵和意义。

智慧城市到底是什么？我们每个人既有一些含糊的感觉，又有一定的疑问。因为每个人从政府、企业、个人角度来看待智慧城市的时候，都会有不同的解读。智慧城市这个概念到目前为止并没有定论。作为一个市民怎样来认识互联网给我们生活带来的变化？是不是使我的家庭能更快地智能化，使所有的电器通过一种智慧的方式连接起来？我们的社区能不能发生一些变化，让我们不要去频繁地为家庭的社会服务，为保姆、装修和小区的整修等各种问题所困扰？我们的就业怎样和产业融合得更紧密？智慧城市、“互联网+”能不能和实体经济相结合？

从另一角度看，每个市民都要接受政府的服务，政府的服务到底体现在哪些方面？所谓大数据、云计算和每个市民有什么样的关系？我们

---

本文发表于《经济日报》，2015年7月16日。

谈智慧城市的时候，可能更需要互联网，需要智慧的东西给我们提供更丰富的内容，而且这会带动社会出现整体性的变化。

互联网的大企业家们谈到了我们互联网是一种线性的发展模式，这一个行业在往前猛推来扩展市场，扩张的速度非常快。但是它和其他行业之间的整合关系确实还有待提高，需要我们更多考虑商业模式的建立。

从企业方面来说，中国推进智慧城市的建设，离不开企业家这个主题。企业家在推进智慧城市建设过程中扮演了重要角色，体现在以下三个方面：①企业家通过市场推动，速度非常快，很少有体制束缚、约束。②有了利益，企业才能发展，所以企业家效率非常高。③在创新过程中，企业的推动力量是远远超出政府的，在智慧城市的创新过程中也是如此，这是非常重要的前提。

从政府方面来说，重要的是要看政府是不是还站在传统的政府模式上来管理大数据。应该有一个整合式的管理模式。到目前为止，我们碎片化的智慧城市强调了社区服务，强调了微博政务，也强调了各种大数据的模式，但是，是不是能和城市的整个社区，和老百姓全方位的需求、市场的需求和政府公共需求紧密地结合在一起？恐怕其中还有非常大、非常广阔的提升空间。

在城市的治理和管理以及整个智慧城市建设中，创新的推广尤其重要。可以从两个方面入手：一是从大城市的社区，二是从中小城市。因为当在布局一个特别大的城市的时候，整个系统的建立非常麻烦。而通过小的载体来迅速地植入一些创新的要素，它会通过复制来迅速地推广蔓延，会形成非常好的示范效应，这对我们国家的智慧城市带动创新会有巨大的影响和示范作用。在很多国家，在创新推广方面的经验中最重要的一点，就是从“小”开始进行广泛的示范，日本、韩国、美国也都如此。希望中国在智慧城市的治理和创新上，两个方式并举，通过企业家为主导的推动，小的社区开始推广示范，最后来影响政府和企业家的结合，也影响中小城市和大城市广泛的结合，最后形成一个完整的智慧城市的创建体系。

中国的智慧城市，只能说目前是刚刚起步，还需要完成以下几个方面的进程：①如何通过企业来推动智慧城市的发展。②如何使碎片化的、分割的智慧城市发展模式，变成一个整合性、综合性的发展模式。③如何实现企业的跨界经营和管理，来促进利益的分享。④如何完成家庭、社区、就业产业园区和城市的整体结合。

如果从这四个方面解决了我们智慧城市的发展路径，既借鉴国际经验，又使我们在城镇化率达到中期阶段，就可以通过这个庞大的市场空间来带动整个产业的发展及社会的发展进步，中国的智慧城市可能会有一种新的展现。当然，我们希望所有的企业家、地方政府，包括通过国际合作，能共同地促进，使中国这个大市场推动样板城市获得成功。

# 畅谈“互联网+”与智慧城市

2015年8月26日，李铁做客《新华访谈》，畅谈“互联网+”与智慧城市。李铁表示，智慧城市应该由企业主导，因为互联网是企业先发展起来的，企业会追求资源利用的最大化，而政府应该减少政策性障碍，协调利益主体关系，打破数据垄断，改善网络公共设施，提供购买服务等。以下是根据李铁对话录音的整理。

**主持人：**各位网友大家好，欢迎收看《新华访谈》。今年年初，多部委“互联网+”行动计划陆续出台，“互联网+”上升为国家战略，开辟了智慧城市建设的新维度。“互联网+”和“智慧城市”这些名词越来越被大家所熟知，未来智慧城市的建设发展也受到诸多关注。今天我们邀请到了国家发展改革委城市和小城镇改革发展中心主任李铁，和大家一起聊聊“互联网+”战略下的智慧城市发展。欢迎您，李主任！

我们了解到2015年，智慧城市建设成为国家政策、新兴技术和社会资本最为密集的集合地，尤其是“互联网+”和智慧城市，两者都算是国家战略，开始出现融合的迹象。那么，新型城镇化智慧城市和“互联网+”战略，算是近几年来才产生的新兴事物，那么在您看来，智慧城市建设与“互联网+”行动计划二者是否有共通之处？二者又如何有益地融合发展？

**李铁：**从顺序上来说是有了互联网后，大家才提到智慧城市。中国对智慧城市的理解和国际上不太一样，中国更多强调发挥互联网的作用，

---

本文是李铁做客《新华访谈》，畅谈“互联网+”智慧城市时的讲话整理，2015年8月26日。

国外则强调怎样利用现代科技和智能技术，来提高城市治理和管理水平，提高城市资源配置效率。诺贝尔经济学奖获得者斯蒂格利茨曾说过，中国的城市化和以美国为首的新技术革命将是影响21世纪人类社会发展进程的两件大事。新技术革命推动的高科技发展包括互联网，而中国的新型城镇化是个巨大的市场，有上万个在不断成长壮大的城市，有几亿将要进入城市的人口，他们产生的巨大的市场需求与互联网怎样才能结合起来？两者的结合点就是智慧城市。目前，国内从上到下各个方面都很重视智慧城市。

第一，“互联网+”本身没有提“+”智慧城市，而是“+”了很多方面的内容。李克强总理为什么提“互联网+”呢？因为互联网可以把网络虚拟空间和产品、产业结合在一起，和制造业的升级结合在一起。制造业和其他产业的升级在空间上会落在什么地方呢？和互联网相关的各种产品、应用，从空间上在什么地方使用最广泛呢？肯定都是在城市里。我们知道，现在我国的网民大概有6.68亿，72%都居住在城市里。所以，智慧城市既反映出了城市对互联网及智慧产品和服务的需求，又反映出所有和产业、和“互联网+”相关的内容一定会体现在城市这个节点上。

但是目前社会上对智慧城市的理解千差万别。很多地方政府和部门都在强调智慧城市，但这里会遇到一系列问题。社会上很多企业也都在讲智慧城市，我们接触到的大量企业提出了智慧城市的理念，设计出了智慧城市产品，甚至有的成立了智慧城市研究院，但是他们往往只推动一门技术的发展，比如大数据、云计算、一卡通、智慧交通等，但每个企业只能涉及一个技术、一个产品、一个方面，不可能囊括智慧城市的所有方面。所以在这个问题上，我们要有新的理解，过去的智慧城市基本上是“碎片化”的。

第二，“互联网+”和智慧城市，更多停留在互联网上。在“+”的过程中，更多是提供了被网络改变的生活方式，比如滴滴打车、优步、饭店行业、O2O电商平台等，并没有改变实体经济，没有带动产品制造业发生翻天覆地的变化。在这个过程中，“+”在哪些领域？“+”在城市的哪些点上？和互联网建立什么关系？怎样通过需求带动智慧城市的发展？要实现给实体经济带来变化的目标，我们还有很遥远的距离。

**主持人：**智慧城市和“互联网+”这两个国家级战略逐渐有一些融合的契合点，但相对来说，还是碎片化的。无论是智慧城市，还是“互联网+”，这种技术导向在改变城市形态和产业业态的过程中，技术、产业和资本间如何有效融合？

**李铁：**从经济规律来看，现代的互联网技术已经把城市的很多角落都放在了一个大空间下。过去我们用手机，只能通过传统的无线连通方式进行点对点的沟通，没有形成网络化且成本很高，但是现在，人们都离不开智能手机，说明互联网与我们的生活非常紧密，因为用手机可以进行网络化的连通，沟通效率更高，成本更低。试问，互联网和手机的结合是不是实体经济呢？肯定是。但是，是什么推动起来的呢？智能手机肯定不是政府推动起来的，而是市场推动起来的，互联网也肯定是由市场推动起来的。国家战略认同这种发展趋势，但这是否意味着政府要替代市场呢？这个问题我们要搞清楚。

市场针对科技发展进行的最前沿的智能化探索、设计和攻关是根据产品需要、企业竞争的需要而开展的。同时，每个大众都有追求生活方便的需求。我们看到现在的智能手机里有无数APP软件，这些不同的软件代表着不同的需求，而互联网将这些需求容纳在一部手机里。互联网对社会生活的改变和对整个人类社会的改变都是非常深远的，比如，人与人间的交往，已经不是过去那种点对点、只局限在一个相对有限的空间内的，而是打破了空间的秩序，甚至大量使用手机弱化了很多家庭关系。这种变化在技术上的壁垒是可以打破的，根据市场需求的变化，可以做到技术突破。而这种变化在市场上无限地扩大，是任何事物都无法挡住的趋势。这种需求改变了世界，也改变了媒体，像新华社过去是纸媒，现在运用网络化平台，而过去很多人通过看电视、读报纸获取信息，现在则更多通过网络渠道获取信息。互联网与城市生活和技术的关联，最重要的是在市场上，根据市场需求和企业竞争的需要，产生技术的突破，然后国家战略来给予认可，来提供它的发展空间，从政策上给予支持，打破传统制度上的约束。

第一，举个简单的例子，我们看到滴滴打车和优步，对传统出租车业的利益主体产生了冲击，怎样解决这个问题？政府到底支持谁？单靠企业是解决不了的，需要靠政府部门的支持，但是在这个过程中，政策会出现一系列的反复，就像过去刚刚出现网络电话的时候，传统管理部门认为这个新事物非法，福建有一家网络公司在当时还因此被判了刑。政府要给新技术带来的空间让路，为它的发展提供政策支持，在和传统利益主体发生冲突的时候，政府如何协调利益关系？在制定战略的时候，政府怎样防止传统利益主体利用传统政策的优势打压新生事物？这些是政府应该做的。

第二，在制定国家战略的时候，对于所有有利于互联网发展的、有利于技术空间拓展的、有利于满足大众网络化需求的以及有利于带动产品和制造业升级的这类产业，政府要提供什么样的支持呢？政府不是去替代它，而是提供基础设施支持和政策支持。所谓基础设施支持，是在城市区域内建立网络通道，铺设管线，建设各种站点，更重要的是，要调动国有企业并动员政府资源提供更多的公益性支持。

第三，政府应着眼于怎样更好地进行磨合，怎样通过价格政策和金融政策给这些行业提供有力的支持，而不是政府自己抢着做本应由市场做的事。事实上，企业会在竞争中迅速完成产业升级和技术攻关，但他们面临的最大问题是传统利益主体的侵蚀和阻碍，是政府的政策壁垒和部门垄断壁垒。这些是值得我们注意的。

**主持人：**在划定城市主体上，政府主导的大型项目在城市发展规划中占比应该较大。目前，有一种新兴的 PPP 模式，政府开始出让部分项目，引入社会资本，如财政部和国家发展改革委相继出台了一些 PPP 模式的项目，您认为 PPP 模式在智慧城市和“互联网 +”的建设上，对未来资本引入方式和政府主导化的方式是否有益？

**李铁：**第一，利用 PPP 模式，引入市场化的资金和投资主体，肯定是一种值得推广的模式。政府不能把所有事情都大包大揽在自己手里，自己投资、自己建、自己管，最终导致经营亏损。因为政府在这个过程中没有利益动机，大量短期行为会导致很多决策失误。PPP 模式是一个好模式，但是目前包括互联网在内的所有项目建设要推广 PPP 模式都有一定难度。因为我们已经形成了大量的政府债务，没有利益可赚，在选择投资方向的时候，就已经预测到了项目要亏损，所以，PPP 怎么可能会实现？

第二，很多基础设施项目被政府垄断了，那么，这个 PPP 模式是购买国有企业，还是购买民营企业？这有很大的区别。

第三，价格机制没有理顺。我们为了一种稳定的预期和给传统利益让步，过去几十年用大量的土地出让金支持城市建设，对基础设施的收益问题不太考虑。价格机制没有理顺，像水价、电价和气价等还没有完全市场化，包括公共交通和地铁，没有完全市场化，又怎能让企业购买呢？实现企业购买有四个前提：①垄断的局面要打破，不能都是政府垄断。②是否允许按照市场化的方式制定经营价格。③在一些投资过程中遇到的一些问题，能不能帮助解决？有没有各种贷款的支持？一些公益性项目需要提供贷款支持。④政府有没有过多的干预？在传统的基础设施领域，我们在 PPP 模式的运用上还面临很大的挑战。最近我们在全国 36 个试点城市调查的时候，利用 PPP 模式的项目很少，真可谓凤毛麟角，只有少数的几个水厂、垃圾处理场等，但并没有推开。过去更多的公用设施的管理已经国有化了，但怎么向市场过渡？这是值得我们讨论的问题。另外，新生事物、完全民营化的事物怎么进入公共领域，也是值得我们进一步探索的问题。

从互联网来看，这件事情是可以做到的，因为它是新生事物，没有更多传统的部门和国有企业参与其中。①政府可以采用购买的方式，但是这涉及对这个新生事情的认知，能不能认识到互联网对整个政府的公共管理会带来很大的改进。②过去我们购买的更多是水、电、公交和地铁等公用设施的服务，而在互联网这件新事物上，有没有足够的资金，能不能看到未来它给政府治理带来的变化。③互联网涉及大量的信息管理。传统的思维方式下，既然互联网涉及信息管理，那么就应该是政府所有，既然是政府所有，那么就不需要购买，因而要拥有自己的一套体系。然而，政府自己要建设这套体系，投入大，效率低，也会影响到未来的生存。在这个过程中，怎样实现 PPP 购买的方式，恐怕也需要我们深入进行探索。

我在韩国和德国考察智慧城市的时候，发现了一个特别值得注意的现象。韩国的松岛是一个智慧城市，城市里安装了很多治安和交通一体化的摄像头，同时有一个大的控制中心，由这个控制中心来管理所有的摄像头，实现城市“无死角”，这就是韩国智慧交通和平安治理的智慧城市模式。在智能控制中心旁边，设立了几个由政府公务员操作的小的电脑屏幕系统，在这里，政府公务员可以通过大的控制平台来获取自己需要的信息。但是整个智慧城市都是由公司管理的。

德国柏林的智能交通中心也是由一个公司来经营的，在公司经营的控制中心旁边设立了一个小房间，只有这个小房间是由政府公务员来管理。第一层意思，整个智能控制中心的所有权是公司的，而政府只需要根据自己的需求来购买服务，而不是全盘购买。政府需要控制中心的信息，因此，每年在控制中心配置几台电脑，配几名公务员，再缴纳一定的费用。在一个几百人的控制中心，公务员一般有 3 ~ 5 人，费用由政府承担。这种政府购买的模式，其运作效率很高，而且政府付费也并不高，但是资源的利用率会很高，因为企业一定会把市场空间的利用率放大到极致。

然而，我们的城市政府目前还不太习惯这种模式，政府往往想包揽所有的事务，想自己来管理，但是管理上却浪费了大量的人力、物力和资源。比如，北京有强大的可视的交通管理系统，只为交通部门所拥有。如果是公司所有，那发挥的作用就不同了，这些信息资源不仅可以卖给交通部门，同时也可以卖给维修部门，如下水道等管道维修部门，还可以卖给消防部门等，如此将信息卖给相关部门，便可更高效地提供各种服务。但是，现在这些资源被交通部门垄断了，意味着为部门间的资源获取设立了一种屏障，导致资源更多的可利用空间被闲置了。为什么讲市场化的 PPP 模式一定要放手让市场去做？因为它会将已经投入的资源的效用发挥到极致。政府可以提高自己的效率，不用买全部资源，可以只买其中的一小部分或者委派政府公务员做政府分内的事情，这在我们的城市能不能做到呢？因此，在理解 PPP 模式以及互联网 PPP 模式的时候，我们要探究，哪些是政府该做的，哪些是政府能做的，哪些是政府尽量不要去做的，哪些是要交给市场来做的？

**主持人：**互联网金融现在很热，未来 PPP 模式和金融债券化，把 PPP

项目变成金融产品，实现金融债券化的操作，这个新金融体系的“互联网金融”会不会在实操上产生一些有益的影响？

**李铁：**问题不在于金融，金融只是一个手段。金融的本质是哪里能看到最大的机会，哪里就可以进入。问题的关键在于政府，即政府做什么，市场做什么？什么样的公共服务可以交给市场？交给市场的主要是两类：一是市场管理，二是市场需求。有一部分公共服务是可以交给市场管理的，市场化管理可以提高效率，在这个过程中需要付费，进而就可能会建立预期的金融关系。政府每年付多少钱，投资要考虑未来的收益回报。无论是互联网金融，还是实体金融都会面临这些事情。虽然互联网金融降低了很多流通成本，但仍要解决提供金融支持后产生的未来预期收益，而未来收益就取决于政府花多少钱，市场花多少钱，利用效率有多高，投入多大，产出多少。这是一个基本的规律。

**主持人：**在市场化运作方面，在国内一些智慧城市的建设过程中，有一些项目采取一种模式，即当地政府联合一家国企，成立一家三产公司进行运作，比如云计算的建设，还有上海、广州等城市也都存在类似的现象。政府主导的三产公司虽然和您说的韩国、德国的模式有一点区别，但是，在政府职能转变方面及购买服务方面，是不是也算一个有益的探索？

**李铁：**云计算、大数据对政府意味着什么？当时也提出过较好的解决方案，希望解决问题的效果更好，问题解决的概率更高。可是，有多少政府管理服务事项是通过大数据来处理的？政府的需求有多强？这是一个未知的问题。并不是政府拥有了大数据就能解决问题，而是大数据和云计算能提供多少政府可以运用的资源。政府是不是每天都需要对大数据进行反复的统计和计算？不是，政府没有这个需求。它的需求是解决瞬间的、局部的、突发的问题，如果政府已经投入了大数据系统，但是只需要解决瞬间的、局部的、突发的事情，那么利用率很低。当前，很多政府希望自己拥有它，投入大量人力物力建立数据系统，但是利用效率很低，基本被闲置，导致大量公共资源的浪费。我特别反对这种方式，也特别反对把大数据和云计算的作用提得过高。

实际上，需求最大的是企业。如果一个企业拥有所有权，由企业建立大数据系统，那么企业会自动寻找尽可能多的利用方式。政府没有收益，也就没有压力，投入后可以闲置不管，剩下就是运营费用了，但是企业必须实现利润最大化。如果有一个海量的数据系统，可以通过云计算方式来解决不同类型企业的需求问题，那么，试问由谁来做这件事情更好呢？当然还是企业。它和韩国智能交通的案例是一个道理，建立一个大数据系统，其所有权归企业，由企业来管理，而企业会根据不同的需求实时调动信息资源。政府要用这些数据，可以进行购买，甚至可以通过强制措施，要求企业必须提供，这也是能做到的。我们现在还没有把这个事情想清楚，不仅中央政府没有想清楚，而且地方政府也没有想清楚。毕竟我们的政府资源太多，大家习惯于浪费资源，习惯于把一个新鲜的名词当作政绩工程，以说明它的重要性或为了表现响应领导的号召。不见得每个政府官员都明白“互联网+”，多数人只是不计后果地、盲目地响应领导讲话，既然领导提出了这个名词，就一定要建设出来给领导看，但是后续是否浪费资源、是否被充分利用、是否产生积极效果等事情就不管了。然而，一旦政府官员调离，那么，这些资源必然就闲置了。

**主持人：**我看到一些小城市，配套制订了地方版的“互联网+”行动计划，基本上是按国家行政计划的 11 个方面来设计的，面面俱到，但很多内容都不是自己真正需要的。

**李铁：**我们看了很多政府展示给我们的信息管理系统等，但是利用效率其实并不高，基本上是领导来了，带着参观一下，但人一走，就又被闲置了。这里需要解决几个问题：首先，所谓的社区网格化管理系统、大数据管理系统，如果给领导看完后就被闲置了，那投入的资金就永远被沉淀了。其次，作为一名政府人员，很难考虑到更多的市场需求。这里更多的是市场关系，而没有利益。比如，医疗未来是市场化的，养老也是要运用市场资源来提供服务。政府人员怎么能把自己的身份和目标转化为市场身份？政府和市场相互是不能替代的，具有不同的功能。那么，是政府掌握资源好，还是交给市场来掌握资源更好？政府是根据自己的需求来购买部分服务好，还是自己拥有全部资源更好？这个成本的差别是显而易见的，道理也非常清楚。

**主持人：**这也涉及政府决策职能的转变。此外，我们在智慧城市建设中看到了一些硬件基础设施大量密集，最后造成一种资源的浪费。还有一点，大量基础设施建起来后，数据却是被隔离的，有很多孤岛，是不通的，这里就有您刚才说的部门行政壁垒的问题。现在，要求数据逐渐开放，要求“横向的打通”、“纵向的到底”，将数据拿出来向社会开放。您认为目前在政府数据开放方面存在哪些问题？

**李铁：**存在的问题就更大了。第一，我们知道数据信息系统大多存在不同的部门和不同的国有企业。每个银行有自己的数据管理系统，每个部门都有自己部门的数据管理系统。而这些数据管理系统的成果是部门政绩的体现，谁掌握了数据，谁在领导那里谈判的话语权就会更强。如果数据开放，就意味着这种竞争就没有了。

第二，过去数据管理系统的建设是本部门或本单位投入的，如果与其他部门、其他人共享数据，那么，在管理上就会出现很多问题。在自己投入的情况下，数据怎么用都可以，但是如果数据由其他部门掌握，那么需要数据的时候，又不能购买，只能找掌握数据的部门索要，索要不到的情况下，还要再向更高层级的部门索取，也会面临很大的困难。但是，很多政府信息的需求是有时间要求的，如果不能在规定时间内拿到数据，就会耽误工作。因此，各部门就宁可自己建立一套自己可以随意使用的系统，这就造成我国数据的部门分割。再进一步，地方瞒报数据的问题也相当严重，如增长指标等各种数据的瞒报，都和自身利益结合在一起。如果完全把数据库开放，那么会有很大的黑洞暴露在公众面前。因此，这个数据开放并不是一件很简单的事情，和部门利益、地方利益有密切的关系，不是想打破数据部门垄断，就可以轻松打破的。

不仅要解决数据的问题，同时还要解决部门和地方政府的利益分割的问题，和我们当前改革面临的所有难题是一样的。既然如此，我们应该怎样对待这种封闭的、分割的、不真实数据或为了政治效果而形成的数据传递系统？如果依赖这种数据传递系统去做互联网、大数据、云计算和海量系统，只会增加壁垒的存在，而不会减少阻碍。我们在谈到所谓“互联网+”和智慧城市的时候，仅从政府部门数据、云计算、大数据等方面所面临的受部门阻碍的信息采集方式来看，我们就可以明白，数据开放推进起来有多难。

**主持人：**目前国内有没有一套针对政府数据的分级系统，哪些数据是可以公开的，哪些是不可以公开的？

**李铁：**关于数据系统的公开或保密，国家对各种数据控制范围有限制，要全部放开是不可能的。至于哪些放开，哪些不放开，目前还没有看到哪个部门有能力解决这些问题。因为这不是哪一个部门凭一己之力可以解决的问题，而是要整个中央政府出台一系列重大举措才可以解决的。我想，这件事仍在研究和探索的过程中，并不意味着现在马上就要推进，这取决于决策者的认识和决心。

**主持人：**今年年初，李克强总理在一些会议上提到，让政府数据公开的事情。

**李铁：**政府数据更多涉及统计局的数据、信息中心的数据、各部门掌控的数据。这些数据哪些是需要公开的？哪些是不需要公开的？哪些是需要统一整合的？这并不是简单公开的问题，首先它需要整合在一起。如果没有经过整合，仍然是分割的，又怎么能公开？也就是说，当前部门的问题还没有解决，地方政府和中央政府的关系问题还没有解决。当然，提出这个未来的目标是非常正确的，但是要落实还有很大的距离。

**主持人：**在国内的城市中，上海政府数据开放的实践比较超前，包括上海市经信委主办了一系列关于上海城市数据开放的应用大赛，把政府涉及的一些公共服务领域的数据开放出来，引入社会化的资源，针对城市公共服务做一些社会化场景的开发。

**李铁：**将来的改革肯定在地方政府或者某个部门。因为实践都来自于基层。他们在管理中遇到的问题也多，困难也大，而信息不透明导致的社会误解也越来越深，会造成一些不稳定及一些政策难以实施。像很多大型的工程，如一些大型的环保设施、垃圾处理厂、焚烧厂等，是不是要在一个地方兴建？又如造成这次天津港大爆炸的大量化工仓库，到底要建在哪里？有了这些教训，如果不及时公开这些信息数据，无论是拆迁、征地，还是开展工程建设，都会遭遇到巨大的社会阻力。之所以现在社会上有很多对政策的误解，不一定是源于哪个政策是错的，而是大家对这个政策本身的信息透明度不太了解。

此外，也确实存在着一些情况，由于部门的利益、地方的利益或者某个官员的利益，通过不透明、不公开的审批方式，导致重大事故隐患的发生。

因此，未来政府信息的公开化、透明化是长期趋势，但是全面开放或者数据全面开放，需要时间，需要共识。一些地方面临着不同的政策环境，治理难度在不断增加，社会上要求公开化、透明管理的舆论和呼声也越来越高，使得一些地方也在着力改进。这是未来的必然趋势。

**主持人：**实际上就涉及政府需要把数据当成一项资产来管理，比如现在上海、北京、广州等城市，经信委等部门已经设立了政府公共数据的平台，还把各职能部门的数据呈现在这个平台上，面向社会开放。像贵州已经筹建了政府主导的大数据交易平台，您认为这个方向是一个有益的探索吗？

**李铁：**这是一种模式，我觉得两种模式都可以存在。首先，各部门的数据统一管理，逐步向社会开放。其次，如果要更好地提高效率，那么可以交给市场来管理。先出售给市场，再进行购买，这样效率更高。我们考察过的很多国家，更多的做法是交给市场管理，政府来购买不同的服务内容。我觉得，中国在不同的方面都要进行探索。

**主持人：**目前国内智慧城市的主管部门很多，包括住建部和多个部委，比如八部委联合发文。智慧城市建设到现在，仅住建部在全国就有300多个试点城市，据不完全统计，至少有500多个城市开始在做智慧城市。到目前为止，智慧城市建设有没有一个评估和验收的国家级标准呢？

**李铁：**第一，从个人经验来看，政府的试点要做什么？给予认可后，拿什么去支持他？是给资金，还是给政策？有些政策是不是试点主管部门可以决定的？所有的试点都只是戴了顶帽子，而所有这些试点“戴帽子”的现象是很普遍的。未来怎么试点，是值得探讨和研究的事情。

第二，谁来做试点？我们也抓了很多试点，我们有深刻的体会。第一类，是交给政府做，还是交给市场来做？从我个人理解，要交给市场做样板更好一些。试点批完了，但政府主管官员调走了，下一届政府主管领导的兴趣又不一样，正所谓“铁打的衙门，流水的官”。这意味着，每个官对事物的认识程度是有天渊之别的。由于发展思路不一样，本届主官认为智慧城市是最重要的，而下届主官可能认为低碳城市是最重要的，本届政府主官认为城市向东发展最好，而下届政府主官可能认为向西发展最好。这也导致很多的预期目标由于官员换任而中断，原有的政策和措施就失灵了。第二类，政府去做一件事情的效率高，还是企业做一件事情的效率高，这也是至关重要的，并且我也深有体会。现在反腐力度很大，地方政府主观的工作积极性也并不高。在大环境下，指望政府像企业那样去做事，普遍来看是有很大差距的。可能有一些地方政府的领导干得非常好，但只要他干得好，他就一定会调走，这也是规律。

第三，试点的投入。到底投多少钱？是政府投、企业投，还是市场投？如果政府投，是投一个点上，还是投无数点上？其一，智慧城市涉及的几百个试点，有没有那么多资金可以支持？无论是建立数据信息系统，还是方案的制定和设计以及人力资本的投入，都是需要花钱的。其二，不仅仅要花钱，更重要的是还要开展硬件建设的技术攻关。每一项技术攻关都不是凭空想出来的，而是要根据社会对公共服务的需求来提供相适应的产品项目。政府哪里有力量来做这件事？其三，政府和企业合作，但企业更多是看中政府的钱。很多地方政府想建设大数据系统，只要给企业一定数目的钱，企业就可以帮助建设。但是当前地方政府财政是相当紧张的，经济增长速度出现不同程度的下滑，而在财务上更出现了断崖式下跌，地方债务压力特别大，那么，政府有没有足够的资金支持？如果上级政府给了试点，那给不给资金和政策？如果没有资金和政策，地方又拿什么落实？我在和大量地方政府官员打交道的时候，他们说，既然你让我做试点，那就给我一笔钱或者给贷款。但是如果银行看到试点没有效益的话，那银行就不会有兴趣，就很难发放贷款。像PPP模式，虽然一些政策性银行签约了，但是签约的金额和最后实际落实的相差很多，能落地的顶多是个零头。最后，还体现在项目收益上，既然智慧城市有收益，又针对市场需求，那么应该由谁来做？一定是企业。我们坚定不移地认为，智慧城市建设要由企业操作，政府支持。什么是企业操作？一定要有几个大企业愿意在这方面进行探索，为其市场目标提高自身竞争力，由企业自己去投入探索，在这个过程中，会给老百姓和地方政府的公共服务带来深刻的变化，积极性显而易见。

另一方面，政府提供什么呢？怎样解决用地问题？怎样解决市场准入问题？怎样解决政府控制的资源配置问题？怎样和企业进行谈判？最后，这些资源和服务，哪些由政府购买？这解决了企业未来预期中的一部分投入回报，而要得到其他收入，企业就需要向市场获取。政府要帮助解决利益主体间的协调问题，包括数据开放等。关于这些事情，政府该做什么？企业该做什么？很多政府拼命要试点，拼命要搞智慧城市建设，但是根本没有算账，即便一个试点给 100 万元，那又能解决什么问题？因此，我还是希望智慧城市样板要以企业为主体。

**主持人：**还是关于智慧城市。现在智慧城市顶层设计的这些项目规划，据我所知，很少有政府考虑到项目收益问题，如果未来引入更多的社会化资源进来，那社会化公司就需要考虑一些项目收益的问题。在未来的智慧城市规划体系里，政府可能会留出一些模块，比如健康和教育，让社会相关主体参与到里面来，而他们参与的很大动力就是“我要收益”。

**李铁：**智慧城市是一个大空间。以智能手机为例，它是智慧城市中最微观的内容，大家比较青睐的品牌，中国有华为和小米，美国有苹果。而软件方面，既有政府管理软件，也有政府办公系统。那么众多软件是谁开发出来的呢？几乎没有政府开发的软件，全部是企业开发的，是企业提供给政府，由政府来购买。这已经为智慧城市奠定了一个方向。

其一，专业人才的差异。有需求就一定要产生收益，同时针对需求制造的产品也一定会有成本，包括硬件成本和软件研发的人力资源成本，而政府的人员构成中没有这部分技术研发的核心力量。

其二，竞争的差别。政府是没有竞争的，也就没有压力，就不用去研发。如果企业不去研发就会死掉，因此，企业要拼命研发新产品，要和别的企业竞争，进而无论是公共服务软件还是面向社会的软件，都要实时更新，这会带动整个制造业的发展。

看到我们的手机，就可以想象未来智慧城市的样子。一个手机所满足的所有要素，也就是未来智慧城市相关的所有要素——智能、智慧，因为有了互联网因素，会给我们的生活带来很多改变，但是这种改变，对于每个人来说是市场化需求，而一旦涉及群体、社区、城市，就成为公共服务需求。这种公共服务需求在某种程度上对产品制造商来说，也是一种市场需求，比如提供什么样的服务？怎样满足客户的要求？怎样定制产品？智慧城市也是如此。我们不要把它想象得特别复杂，其实并不复杂。但是有一件事情非常重要，即所有这些事情都不是政府做的，这也是非常浅显的道理。

**主持人：**总结一下，以往更多是自上而下的推进方式，但现在既要有自上而下的方式（即政府主导），也要有自下而上的方式（即社会资源的参与），可能两个方向都要发力。

**李铁：**如果说“自上而下”的推进，怎样把壁垒打破，怎样提供更多的空间？所谓“自上而下”实际上是提供法律、政策和空间环境，这样才能更好地生长起来。比如，不能跟别人发生冲突，造成社会混乱，不能刚出来就被认定为违法，这些是“自上而下”推进的内容，其他方面的“自上而下”大多都不成立。而“自下而上”的方向是企业根据市场需求推动的，现在已经形成了智能手机和互联网，将来还会在智慧城市的所有领域，对碎片化进行整合，向跨界融合发展。在一定的空间内，这些是可以交给企业来做的。在“自下而上”的推进过程中，当出现无数个机会的时候，地方政府要通过什么政策来购买这些服务，这是“自上而下”和“自下而上”的区别。

**主持人：**针对智慧城市目前的状态，智慧城市很热，“互联网+”也很热。每个新概念出来的时候，社会资源就会追捧它。智慧城市的概念刚出来的时候，很多分析说要开拓一个万亿级的市场，“互联网+”行动计划出来之后，也说要开拓一个万亿级的市场，您怎么看待这种现象？

**李铁：**我从来不认为这种追捧具有实质性意义。你提出“互联网+”了，但实质性措施在哪里呢？智慧城市的实质性措施又在哪里呢？各部委都提出了自己的思路，但最终都要落在市场上。我国有中兴、华为、腾讯、百度、小米、乐视，每个企业都在做自己的事情。这些企业在做自己事情的同时，也把各种应用的功能不断放大。虽然他们也关注智慧城市，但是他们重在“为我所用”。比如新浪和腾讯提出了政务微博和政务微信，把政府当成市场的客户，并定制了政务的服务。这是智慧城市的一方面，并不取决于“互联网+”。

政府习惯于提出口号，媒体也习惯于政府的口号，但是华为、小米、腾讯等企业从来不是在政府大口号下滋生出来的。政府提出口号以后，官媒的响应程度和市场化的响应程度是不一样的。市场化的媒体更关注马化腾怎么样、马云怎么样？马云的 OTO 发展到什么程度？小米手机到底有什么功能？乐视又有哪些新产品出现？所有新产品的出现都不在乎提不提“互联网+”。在与互联网企业的竞争中有两个很大的压力，一是筹资压力，要用概念获取金融支持；二是有了金融支持后，如何转化为实体经济，才更有竞争力。

因此，所有互联网 IT 产业里有两大现象：一是互联网向全世界蔓延，扩张地盘，改变原有营销方式，开展各种服务；二是谁能向实体经济迈进并占领最高点？互联网怎样像手机那样从各种功能上影响产品的变化？以一个电水壶为例，人在办公室能否把家里的电水壶打开，可以通过设定模式来控制温度和开关。这在韩国已经做到了，制定一个模块系统，通过模块系统可以控制冰箱、彩电、空调以及所有的家用电器的功能。冰箱控制可以做一个模块加进去，彩电控制也可以做一个模块加进去，空调也同样，在办公室通过手机控制模块，发送命令，解决家里面所有电器的操作问题。

这些肯定会给实体经济带来巨大的变化。比如，冰箱功能要发生变化，要解决远程遥控问题，还要和智能遥控结合在一起。又如，特斯拉汽车，其设计和未来的城市理念结合得很紧密，是一个很低碳的产品。再如，日本的柏之叶，可以通过智能控制一个小城市低碳能源的使用，但是有两个前提：一是墙体材料要是低碳的，所有用电系统是太阳能的；二是太阳能的材料和电路电网的设计，也要适应楼体和家庭的需要。柏之叶智慧城市带动了哪些新产品？比如，在小区里要有一个大的储电系统，白天闲置不用的电能、太阳能进入储电系统，到晚上用电高峰时，太阳能再从储电系统释放出来，这个储电系统就是一个产品。又如，每个家庭里面要有一个智能控制器，连接空调和彩电，人走了就关上，人回来就自动打开，通过智能控制可以预先升高和降低室内温度，以适应人体对温度变化的需要，这就需要产品功能的变化。再如，在小区里面要有智能控制中心，调节社区每个家庭的供电系统和整个社区的供电系统，这些也是新产品。

当智能要素进入电脑、手机、空调、家电等，是不是带动了制造业变化呢？这些变化涉及未来的家庭，未来的社区服务，以及我们在第一届智慧城市博览会上看到的智能产品配送的机器，可谓是天翻地覆的变化。如果我们根据城市的不同需求，通过互联网的智能技术，把需求变成产品，会改变我们的生活，也会带动我们的实体经济向更高端发展，进而社会进步了，传统产业会直接升级到2.0、3.0及4.0时代，国际竞争力也大大增强。虽然政府提出来，但是企业要按照自己的能力和需求来做，会有自己的探索空间和研发空间，以及在竞争对手挤压下激发出的创新能力，这些一旦转向实体，产生的能量是巨大的。

“互联网+”，在“+”智慧城市的时候，会对整个社会产生全方位的影响。如果在这方面可以走在前列，从原来的低碳目标转向多元化目标，转向社会化需求、市场需求、政府需求、居民需求及公共需求，并相应制定不同产品、不同模式、不同组合，打破这种壁垒，真正实现市场化管理和政府购买公共服务的模式，我认为智慧城市的最终目标就实现了。

**主持人：**“互联网+”还是“+互联网”是不同的概念。在推进过程中，会有一个谁主导的趋势。未来会有什么发展路径？我们看到了BAT在全国的“互联网+”的市场上跑得非常快，我们也看到一些传统的制造企业，像海尔、格力等也在往这个方向走。您认为未来的融合，会采取哪个主导的方式？

**李铁：**首先，不可能全部垄断，不可能一个项目就“包打天下”。手机市场也是同样，虽然苹果占了92%的利润，但是其市场是分割的，这永远是一个趋势。其次，无论海尔，还是格力，抑或还有其他电器经营商等，都还没有看到这一步。他们还是驻足在原有的市场空间内，并没有和互联网多紧密结合起来，往往和其他产业开展同构竞争。比如，格力准备进入手机领域。其实在空调领域和家电领域上，是一个可以延伸得很大的空间，但是在这个延展性很大的空间里，怎样和智能结合在一起，怎样和互联网结合在一起，这是需要研发的，要把互联网扩展到其他电器上。我们都知道松下电器、日立电器，他们是以家庭智能系统的方式呈现在公众面前，而不是传统的单机电视。再如，乐视电视把乐视视觉的生态供给功能融合在电视里，使电视发生了变化，过去看电视，电视台给我看什么，我才能看什么，而现在是我们要选择看什么，就可以看什么。中国很多大型电器制造商，如电视、空调、冰箱等，未来的发展怎样使产品功能多元化？怎样使产品满足智能化要求？在降低能耗上、提供多元供给上，甚至在和其他电器系统进行有机整合上，都会有无数可想象和拓展的空间，这要看他们企业自身的造化了。

**主持人：**今天李主任给我们充分地解读了“互联网+”战略与新型城镇化的发展现状以及未来智慧城市建设之路。由于时间关系，没有办法向李主任请教更多关于“互联网+”智慧城市的话题，也希望您能常来我们这里做客，和网友聊更多关于新型城镇化和智慧城市的话题。今天的节目就是这样。感谢李主任的做客，也感谢各位网友的收看，我们下期再见。

**李铁：**谢谢。

# 智慧城市将成为房地产业未来发展的方向

2015年8月，李铁分别与一些房地产企业董事长就“未来的互联网+智慧城市+房地产”话题进行了深入交流。李铁认为，目前国内房地产企业的发展已面临相当大的壁垒和瓶颈，迫切需要行业转型，而智慧城市将成为房地产业未来发展的新方向。以下是根据李铁即席发言的录音整理而成。

## 一、“立体城市”的发展方向存在壁垒，房地产行业迫切需要转型

当前社会上关于房地产发展趋势与机遇有许多观点，也有企业家认为房地产可以走“立体城市”道路，并试图按照“立体城市”的发展模式对未来房地产的发展方向进行探索。但事实上，“立体城市”的发展方向存在一定壁垒，并不完全符合当下的国情。表现在三个方面：①与地方政府的需求不一致。地方政府更愿意通过传统的卖地开发的方式来获得收益，如果城市发展单纯着眼于“立体化”，靠卖地谋得收益的途径将受到限制，利益矛盾必然会凸显。②与购房者的需求也不完全一致。如果城市发展片面考虑“立体化”，必然不能满足一部分居民对居住密度的差别化需求，也就是高密度和低密度之间的差别需求。往往高端人口中的白领们更青睐于低密度，这与城市“立体化”是矛盾的。③忽视了人口结构中不同群体消费能力的差异。在城市的人口构成中，有相当大一

---

本文是李铁与一些房地产企业董事长就“未来的互联网+智慧城市+房地产”话题进行交流的观点整理，2015年8月。

部分的中低端人口，正是被开发商忽视掉的群体。倘若只考虑白领这个购房群体，那么为白领服务的中低端人口怎么办？“立体化”发展带来的高密度居住社区，是中低端人口的收入能力无法支撑的。所以中国很难推广“立体城市”这种单一思路的发展模式。

从行业发展形势和长远角度分析，整个地产行业发展已经遇到了瓶颈，面临着转型的迫切需求。第一，传统的粗放发展模式一定要调整。粗放发展模式的表现就是通过占地搞大规模开发，走大空间、大视觉这种模式，这在房地产行业的起步阶段较为普遍。虽然目前中国的发展速度依然较快，但当前城市吸纳人口的增长速度，特别是吸纳高收入人口的增长速度，并没有我们想象得那么快，根本原因在于当前户籍制度改革、土地制度改革仍面临诸多阻碍，仍不能大刀阔斧地推行改革，在一定程度上也束缚了农村人口进城的步伐，故而新环境下的地产发展也会面临很大的局限。

第二，导致房地产供给结构性失衡的、由地方土地财政和房地产商共同快速推进的发展模式亟须改善。目前，大部分三四线城市已经出现了严重的供给过剩。据我们对全国一部分试点城市的调查显示，有的城市商品房积压约三五年，有些城市甚至将近十年，这也是全国很多地方普遍存在的情况。地方城市面临房地产供给严重过剩的危机，迫切要求房地产行业转型。

第三，在新环境下，房地产企业需要在市场竞争中提高比较优势。尽管当前供给结构普遍出现问题，一些城市在一些特定市场环境下，其房地产市场仍然存在大量需求。比如，合肥、南京这类省会城市的房子销售依然旺盛，而北京、上海等特大城市的房地产需求更是强劲，价格仍在攀升。那么，在这类城市的房地产市场，要占有一席之地，就更需要与诸多实力较强的房地产企业开展激烈的竞争。相比恒大、万科、绿地等实力很强、品牌很响亮、规模很大且团队早已日臻先进成熟的企业，大多数地产开发商很可能无法占据绝对优势。所以，在这种综合实力相差悬殊的情况下，若没有新思路、新想法，那些新进入的企业很难处于竞争的优势地位。

## 二、智慧化成为引领房地产发展的新模式

我们在分析房地产发展模式的时候发现，房地产业的发展，在整个产业链结构转型、经济转型、社会发展转型等方面都发生了变化，也出现了新的阶段性机遇。

第一阶段，大空间、形态美观的视觉模式。所谓视觉模式，就是在一个生态空间内，注入一些绿色低碳元素，如绿地和水系等，并把这种简单叠加的视觉形态作为卖点。然而，从近几年的发展趋势看，土地成本越来越高，占地空间也越来越大，对消费者来讲，虽然眼前豁然开朗了，但是大空间却给生活便捷性造成了困扰，出门就得开车，同时，成本过高使得社区内的服务业配套跟不上生活的需求。这种模式已经走了很多年，到现在还有很多房地产企业依然在走这条老路。

第二阶段，城市综合体模式。以万达为领头羊的一批房地产企业，创造了“城市综合体”模式，很大程度上成功解决了当时大量商业需求得不到满足的问题，并且持续发展了将近 10 年。然而，当前综合体的发展已经趋于饱和，一方面城市和人口的数量是有限的，另一方面，不仅万达在推动综合体模式，其他企业也看到了产业机遇，并纷纷挤入市场，争夺市场份额。现在城市综合体已临近全覆盖，甚至在浙江地区的镇级单位都已经建了综合体。因此，在“综合体”模式下开展增量拓展的幅度非常有限，包括万达在内的房地产行业都面临新的转型压力。

第三阶段，智慧化模式。智慧化模式建立在前两个阶段的基础上，是通过房地产跟互联网的有机结合，进一步满足用户多方面需求的模式。此时，社会对住房的关注点更加多元化，而不再是过去仅仅注重空间。过去房地产开发商只负责建筑本身的建造，即便精装修的也仅仅关注家居、洁具、厕具、厨具之类的配套材料，而过去买房的消费者更多关心的是小区里有多少植被、有没有水之类的环境问题。但现在不同了，如果从用户需求的角度来看，不仅要有小区视觉的需求、生活配套的需求，而且更要有生活便捷的需求，其中便捷需求的本质在很大程度上就是智慧化需求。互联网的发展已经给我们提供了这样的发展空间，不足的是

目前智慧化发展呈碎片化状态，未能有效地整合起来并满足家庭、社区全方位的需求。

家庭和社区的智慧化需求有些什么内容？怎样体现生活中的便捷性？从家庭用户体验的角度出发，当人不在家的时候，能否通过互联网操控电视、冰箱、空调、热水器等电器？在既有家用器具的智慧化操控的基础上，能否通过互联网，将居住智慧化进一步提升，满足更高层次的便捷需求？从技术上看，这种智能生活已经可以实现。事实证明，智慧化方式，在大大降低能源消耗的同时，还可增加资源配置的合理性，充分提升用户的便捷体验，其范围覆盖用户生活的方方面面。从社区物业管理的角度出发，智慧化将影响和改变社区管理的方方面面。过去的物业管理由物业公司来负责，物业公司和用户的矛盾普遍存在，而且服务水平参差不齐。另外居住小区的电费、水费、停车费、天然气费的收缴等，各自为政，多头化管理，造成了居民的不方便。引入智慧化手段，将大大节约人力成本和信息收集成本，一方面，有利于让物业公司在花更多精力提升服务质量的同时，降低成本，减少用户的支出，达到物业公司和用户间双向的便捷性。另一方面，通过“智慧一卡通”的模式，降低居民的缴费难度，而且还可以随时在网上查询，监控自己的消耗进度。

综上所述，我们要看到，在视觉模式、综合体模式的基础上增加智慧的因素，可以改变房地产发展的传统模式，更加满足购房者的多元化消费需求。

## 三、“互联网＋”的智慧城市模式使生活发生巨变，成为未来飞跃式发展的重要方向

智慧化应用已经延展到城市管理和居民生活的方方面面。比如，社区网格化管理系统。在今年由中国城市和小城镇改革发展中心举办的智慧城市国际博览会上，展示了北京市6000个社区的网格化管理系统，涉及的内容包括信息统计、社区服务、远程医疗、健康保险等。今后，从内容模块到管理系统的细化环节，都有很丰富的市场空间。又如，在社区服务方面，智慧化社区通过互联网可对大量闲置的人力资源进行动态

管理，使家政服务的闲置人力资源得到充分利用，并解决局部供不应求或供过于求的问题，最终家政服务的费用可以降得很低，甚至很可能不收费。这也是革命性的社区管理。再如停车收费系统，车辆出入停车场，电子信息系统的“眼睛”只需要闪一下，在不到1秒的时间内，不仅记录了车辆的进出时间，而且同时完成了交费过程，减少了车主的停留时间，也节约了停车场的人力成本。还有，在交通出行方面，最好的例子就是滴滴打车和优步，它把社会车辆资源和用车信息全部整合在一起，大大提高了资源配置效率，在一定程度上增加了居民出行的便捷性，同时降低了出行成本。从这些案例可以看出，智慧化是未来飞跃式发展的重要方向。

关于智慧城市的全新理念。现在手机已经突破了只能打电话、发短信的传统功能，开发了APP的智能功能，通过手机上不同APP的操作，可以增加很多与外界服务连接的渠道，可以使用户便捷地享受到生活服务。无数种可能的功能与操作正在改变我们的生活，大大提高了便捷化带来的高效生活。城市和社区也一样，通过互联网的连接，我们可以在一定范围内，增加无数个APP功能，在更高效和低成本的条件下，解决城市和社区发展中人们对市场化服务和公共服务的需求。值得一提的是，相比传统的城市公共服务，智慧化的城市服务内容在面临升级换代时，也将更加简洁便捷，不会带来太大的实体成本。从这里再延伸下去，这种网络化、网格化方式提供公共服务的过程和房地产行业会产生更直接的联系。现在房地产商开发的一个小区，小的等于是一个社区，大的则相当于一个卫星城，甚至是多功能的小城市。可想而知，地产企业的产业链条已经从社区的规划，延展到基础设施供给，甚至城市布局，更乃至覆盖几万人、十几万人的区域内的各种服务业供给。这些内容如果在互联网基础上实现了智慧化管理和整合，就会形成全新的智慧城市理念。它不是简单的替代，但也并不十分复杂，只要在原有存量基础上增加一些新的元素和内容就足够了。

那么，我们更关心的是，“智慧城市”的理念有没有可能实现呢？答案是肯定的。例如，一些欧洲国家、美国、日本、韩国等研究城市发展的机构，现在都在倡导“智慧城市”理念，事实上是以往倡导的“低碳生态城市”的升级版。因为，智慧城市第一个基本目标就是低碳，我们完全可以通过智慧化方式来提高资源配置效率和实现低碳目标，既节能，又节电，还节省了各种资源配置的成本。另外，通过智慧化模式，把市场各种资源跨界整合在一起，进而提升了政府治理能力和社区管理能力。

以日本柏之叶智慧城市的能源控制系统为例，它是一个入住人口为25000人的社区，未来规划的人口将达到20万，围绕降低能源消耗的主要目标对社区服务进行整合。这个社区的住房建筑大量采用节能材料，配有太阳能等清洁能源设备，并且由家庭电器的中枢管理系统、家庭能源管理系统、社区中枢控制系统进行调控，有专门的建筑作为能源储存系统。社区家庭的所有电器都连接到智能控制中心，并由之实行智能化管理。在白天用电较少时，控制系统将闲置不用的电能储存在社区的能源储存系统中，晚上再经过控制系统调节释放出来。此外，通过智慧化的监测系统，可以统计每个家庭的用电量，并根据用电量的多少来发放社区奖励，以此鼓励家庭节电，降低能源消耗，进而通过能源合理分配促进每个家庭降低用电支出。虽然目前中国的电费还没有完全市场化，还带有福利性质，但从长远发展的角度考虑，倘若能源使用能蜕变为纯粹的市场化运作，那么以上的经验是完全可以借鉴的。值得注意的是，日本柏之叶的模式还没有上升到互联网的高度，只是以降低能源消耗为主要目标的。

“互联网＋”的模式推广，不仅是国家战略层面的政治任务，更蕴藏着巨大的市场空间。倘若我们能深化“互联网＋”的理念，在中国尝试建立一些机制，真正实现社会的智能升级，那么以城市发展为载体的“互联网＋”市场将前景广阔。但是，我们要深入研究“互联网＋地产”的发展和盈利模式，与传统地产行业有哪些区别。确实，“互联网＋地产”的发展主体不只一家企业，而是由多家企业共同参与而成的一个企业集群，比如，日本智慧城市的开发建设就得益于25家企业的共同参与。在智慧城市博览会中，日本有两个重要的项目参展，一个是柏之叶项目，另一个是三井地产项目，除了地产商外，还有三菱银行、大型电力公司、大型智能公司等不同行业的企业，共同投入了智慧城市的开发，共同参与总体设计和具体建设。在最后的市场化利润分成中，仍然以房地产为主，其他相关企业获得分包盈利。

在当前国情下，推进智慧城市样板建设是否可行？参与主体是否有积极性？从政府主体来看，①智慧城市的项目符合国家“互联网＋”发展战略，属于顶层设计的一部分。②智慧城市已经过多方论证，还有充分的国际经验可以借鉴，其合理性毋庸置疑。③智慧城市是一个全新的事物，国内尚无成型的案例，塑造发展典范的空间很大。④智慧城市发展很容易与国际接轨，是先进技术与理念优势互补的过程，同时也是促进区域发展的重要机遇。⑤网格化管理模式等属于智慧城市发展的一部分，其本质是维护社会稳定的重要途径之一。⑥智慧城市将在很大程度上提高资源配置效率，减少公共服务成本。因此，出于区域发展、社会稳定、地方政绩需求的多方面考虑，地方政府对此一定会有积极性。

从市场主体来看，①视觉模式和综合体的地产开发模式已经感觉明显乏力，房地产企业面临较大的发展瓶颈，亟须通过一定前沿思维实现转型突破。②在地价不断上涨的大背景下，地产商拿地越来越难，且成本投入不断提高，竞争也日趋激烈，智慧化的房地产开发必将成为招投标的重要筹码。③借鉴日本等国家的企业跨界经营合作模式，中国企业也完全可以转换自身定位，从过去的地产开发商向城市运营商转变，以获得新的收益渠道，其收益必将远远超过单单卖房子获得的收益。④智慧城市的开发创造了非常多的市场机遇，比如，在网格化管理过程中，如果A社区和B社区在标准和系统操作上存在不兼容，那么就给相关企业带来了市场机遇。因为标准化的整合就可以打破传统的设计分割的壁垒，实现更大规模、全方位的社区服务覆盖网络。无论是小米、华为、中兴，还是腾讯、新浪、阿里巴巴，都应该感兴趣。因此，出于企业自身创新与发展的需要，地产企业、互联网企业很容易在智慧城市的发展上，达成优势互补的双赢局面。

当然，智慧城市发展更具有深远的政策意义。同样属于“互联网＋”的行业，智慧城市的开发远比阿里巴巴更具备产业的带动性。阿里巴巴通过改变营销模式，确实做到了业内领先，但是并没有带来新的税收和产能的空间，反而在某种程度上大大损耗了税收，对产业的贡献率并不大。而智慧城市通过地产行业，可带动多个产业的发展，每个产业都在进行升级，比如，收费系统、家用电器操作系统、控制系统等都在不断技术更新。每一次技术更新都可能是一次技术革命，而这种技术革新在全球范围是难以替代的。伴随“智慧化”的不断升级，最终会有什么样的前景？不难想象，一个地产社区、一个城市所具备的相关功能，通过一部手机就足以囊括。根据用户不同的需求，不同的技术中心还将不断地为我们提供智慧家庭、智慧社区、智慧城市的新功能组合。通过数字化运作，各项功能将不断飞速更新换代，提升用户的便捷性体验。可见，智慧城市开发对产业的贡献及对技术革新的贡献是不言而喻的。

然而，中国目前还没有建成一个真正意义上完整的智慧城市样板。就目前时机而言，智慧城市是一个具有相当大潜力、尚待开发的空白市场，现阶段我们正在选择合作企业和合作城市进行项目落地。目前，在合作城市方面，像北京、上海的各大区县等，都是潜在的合作对象；在合作企业方面，我们希望找到有志于长期研究与探索智慧城市样板的企业，而非局限于短期行为的企业。等到长远目标实现，市场自然会向创新者倾斜。

## 四、房地产商应跳出传统房地产开发模式的桎梏，立足长远，开创“互联网+房地产”的智慧城市新模式

不难发现，中国不少的房地产企业正在与时俱进，陆续开始组建研究院，研究课题涉及企业未来的发展，通常研究的是落地的市场需求。具体说，包括研究房地产商应该提供什么样的供给和服务？如何不断为房地产开发提供新的要素？为了支撑未来房地产发展，如何进一步合理配置资源？如何通过对接互联网技术，满足消费者对新功能的不断需求？这类研究将牢牢树立一个企业的市场品质。不少企业的研究院与我们对城市发展未来市场的判断一致，都认为在于智慧城市。

我们认为，智慧城市样板需要建立在区位条件较好的特大型小区，特别是特大城市周边区域。比如北京的西城、海淀、昌平等地的大社区。因为这里对房地产市场的销售价格弹性不明显。在增加不算高的边际投入后，向传统房地产项目注入智慧化内核，再由市场来买单。这不仅可

以直接提高销售价格，而且可以通过智慧化运营来获得增值收益，所谓“羊毛出在猪身上”就是这个道理。初期样板体量不见得很大，建议初期先在特大城市的郊区，建设几十万平方米的社区即可，打造精致化样板，作为典范标杆，待形成可复制推广的经验后，再进行体量扩充。我们希望在北京、上海、广州和深圳郊区以及一些省会城市，选取几万平方米做样板实验，可以引入小米、腾讯、新浪等互联网的大型企业，进行技术研发，并把智慧化元素注入进去，建立控制中心，打造智慧化运营社区，尝试跨界合作，开发真正意义的智慧城市。

如果智慧城市样板能够按预期顺利推进，还可以向地方政府申请提供后续优惠政策，这既是产业振兴政策，又是新型房地产发展政策，还有国家“互联网+”战略的支持。只要各方面政策领先，率先吃螃蟹的企业在市场上也一定会处于领先地位。要打破过去向地方政府简单寻求土地支持的思维模式，过去这种片面的土地支持政策存在诸多弊端：①并不能解决未来房屋销售的问题；②传统模式的房地产商在拿地过程中并不具备绝对优势；③只有通过智慧化社区的理念才可以在竞争初期就占领制高点。

智慧化发展理念，足以决定一个房地产企业的未来走向。在传统房地产开发模式的基础上，注入智慧化新元素，在技术上引入中欧、日本等国家智慧城市建设的国际经验，尝试打造“互联网+房地产”的全新发展模式，树立样板标杆，那么未来将取得不亚于当时万达“综合体”模式在地产界所起到的轰动效应。

# 城市发展需破解对利益的过度追求

“世界城市日”是由中国首次在联合国倡议推动设立的国际日，获得联合国全体会员国的支持。2013 年 12 月，联合国决定自 2014 年起将每年的 10 月 31 日设为“世界城市日”，并指出“世界城市日”的设立对推进城市可持续发展和全球可持续发展事业具有积极影响。2014 年 10 月 31 日，为纪念首个“世界城市日”，联合国开发计划署（UNDP）和新华社《瞭望东方周刊》共同在人民大会堂主办“中国城市未来发展论坛”。李铁参加论坛并作主旨演讲。《第一财经日报》记者秦夕雅专访了李铁。以下是李铁的主要观点。

中国城市发展模式通过卖地发展房地产进行城市建设，导致城市盲目扩张形成粗放式发展方式，中国土地城镇化已经超前于人口城镇化，这成为需要解决的难题。

土地财政给地方带来的巨大压力，城市粗放型的发展必将抬高服务业的成本，这种发展模式跟利益纠缠到一起，使城市发展走上扭曲之路。因为财政压力和招商引资压力，不得不放弃可能的更好的改革之路。因此，要认真反思过去，这种政府官员主导的发展观念到了该进行矫正的时候。此时，提出（城市）绿色发展、低碳发展，需要调整传统观念，进行体制改革。观念的调整和改革的思路要贯彻到工作实际中去，破解对利益的过度追求。

中央召开城市化会议，提出新型城镇化发展规划，其中关键是“人的城镇化”。户籍管理体制改革、土地管理制度改革、行政管理体制改

---

本文是李铁接受《第一财经日报》记者秦夕雅专访的实录，2014 年 10 月 31 日。

革、投融资体制改革等问题随之凸显。

要谋求城市的可持续发展，“智慧城市”为众多答案中的一个。

建设智慧城市，要把国际高新科技、中国互联网发展优势、清洁能源和环保材料等技术，结合到城市管理、治理以及城市发展思路上来。既要解决政府管理模式和治理方式的改变，同时也要针对居民的方便需求，而不是简单的视觉的需求来调整城市的建设模式和基础设施供给模式。

如何运用科技解决居民公共问题及市场需求问题，成为发展并建设智慧城市的出发点。

在中国未来城市发展道路上，既要解决观念的问题和发展模式的问题，也要解决改革问题，同时还要解决发展道路和路径的选择问题。

# 日本低碳智慧城市路径

日本是个能源和资源绝对稀缺的国家，对能源的外部依赖，使得日本社会具有强烈的危机感。据日本经济产业省介绍，自2011年大海啸发生核电站事故后，日本核电站已停止供电，全社会用电供应只能依靠石油、天然气，用电成本因国际价格上涨不断上升，强化了日本的能源危机意识。比如，中央政府严厉推进办公机构节能，在政府办公大楼内实行28度恒温控制，推广公务员不打领带的“凉爽服装”运动，包括在全社会开展的节能激励和奖励机制等。日本的智慧城市建设，基本以节能减排为主题。

从服务和满足家庭、社区需求出发，通过使用各种现代技术减少家庭、社会的能源的消费开支，提高能源资源的利用效率。重点通过可再生能源的开发和利用，推广能源资源需求的智能化、可视化管理。比如，通过用电量、燃气、用水量的可视化图像或数字表达提醒人们节约使用；利用太阳能、甲烷气体、地源热泵发电，开发储存转换系统供应家庭生活应急用电；通过智能交通管理系统帮助人们选择更节能的出行方式等。

## 一、以人为本，满足家庭和社会需求

以人为本，使生活更方便、更舒适为重点。日本的智慧城市建设，很多技术直接针对家庭和人的生活习惯，与人的需求贴合紧密，生活实用性较强。比如，采用能源消耗可视化软件，方便需求管理。通过卡通

---

本文由国家发展改革委城市和小城镇改革发展中心赴日城镇化调研组提供，作者：李铁、黄跃，于2014年12月1日发表于《财经》杂志。

冰块面积的变化显示家庭总用电量，很直接，小孩子都可看懂。通过智能操作系统，实现离开房间后可自动断电，3 秒内自动启用，外出状态下也可提前调控空调。利用 IC 磁片人体感应器控制的办公位空调温度调节系统，人走到哪个区域，相应区域的空调都会自动调节至之前设定的温度。将电动车的充电系统与家庭电网对接，便于人们把车里多余电量供给家庭应急使用。

以民营企业推动为主，更加注重把握市场需求。包括丰田、松下电器、日立、东芝集团、三井不动产等在内的民营企业，在日本能源资源紧张和能源价格市场化的大背景下，基于自身专业技术，均以开发减少能源资源的综合智能解决方案为重点，综合考虑降低成本、实现多样性选择，服务家庭社会需求。比如，松下电器在腾沢市打造的可持续智能城市，丰田汽车在丰田市内打造智能低碳示范小区，以三井不动产为主要代表打造的柏之叶智慧城市等，均是以民营企业为主推动的系统性智慧项目。在柏之叶智慧城市，通过智能终端系统，可以将每个家庭、每栋楼、整体社区的预测用电量和实际使用量信息及时传递给业主，便于家庭和社区的自我管理。对于节约用电量超过一定标准的家庭，按照节能分值发放可兑换社区内商店商品的地域贡献积分，由此提高了居民节电的积极性。

探索智能城市和社区更广泛的服务路径。在柏市提出的智慧城市三大建设理念：环境共生，健康长寿，新产业创造；并细化出地域能源一元化管理、低碳型交通体系、地区医疗养护网络、创造个体价值的社会参与、开发个人创业空间等 9 大具体应用主题，充分体现了政府、企业和社区在环保和公共安全方面的关注、居民在个人健康和创业的利益诉求、学术研究机构对研发空间的需求。这些信息为开发企业建造有吸引力的城区提供了非常大的帮助，使得智能城市的概念从低碳、降低能源消耗转向更多的社区服务内容。

## 二、日本智慧城市建设中的几大特点

除了切入点和核心理念的差异，日本的智慧城市建设在操作过程中也有不少值得我国学习的特点。

注重整合多个企业、多行业力量综合发挥作用。为了提高能源资源利用效率的目标，必须有整体开发和系统性思维，通过每个企业的单打独斗很难实现。在柏之叶智慧城市建设过程中，就极大地调动了包括擅长城市开发的三井不动产、以节能技术为主的日立电器、以精密测量为主的国际航业、以建筑设计知名的日建集团等 20 多家专业企业共同参与，成立了多方参与的“城市设计中心”，其中有千叶县、柏市政府、东京大学研究所、千叶大学研究所、当地居民及参与建设的 27 个企业。以系统整合的方式，从电动汽车、能源、住宅、交通、物流等各种硬件、软件技术，以及智能操作管理系统的综合服务管理功能等方面，全面实现了智慧和低碳的各项技术应用。

通过智能手段的运用，降低使用成本。柏之叶智慧城市在这方面提供了全国首个系统性解决方案尝试，比如，在2.7 平方公里的城区内，建设统一的智能数据收集中心，将城区内所有建筑的用电量、用水量、周边电车运营数据整合，然后将各种预报信息为租房户免费提供。这样，可以统一调配城区内不同建筑物的资源情况，并综合平衡分配用电量，降低租户使用成本。比如，办公楼工作日是用电高峰，居住区和商业区周末是用电高峰，就可以将两者之间的多余电量调剂平衡。通过市场力量形成合力，推动政府改善管理。日本的智慧城市首先是靠市场推动的，在市场运行到一定程度，政府的社会服务开始介入。在柏市，最开始由三井地产整合企业资源，形成了智慧社区的管理模式，下一步政府将介入，把这个模式放大到周边地区，包括东京大学新校区。从另一方面看，智慧城市建立的节能减排系统，也倒逼了日本政府全方位取消能源价格核准机制。能源供应的完全市场化，也为家庭和社区通过智能管理降低成本创造了条件。

## 三、对日本智慧城市的几个判断

从我们考察的总体印象看，智慧城市在日本也仅仅处于试验阶段，关键问题在于成本高、技术需要改进，距离市场化的普及还有漫长的路要走。

比较分散、整体而又系统的推进的点不多。在全国除了一个柏市之外，其他很少有整体推进的项目，基本都不太成形。即使是柏市的项目，也只局限于一个公司——三井不动产下的资产，2.73 平方公里，最多2.6 万人左右。目前也只开发了一部分，仅有几个建筑和一个酒店。不少规划内容大多停留在设计上，还没有达到大规模可推广的阶段。日本的城市化水平高出我国近 40 个百分点，日本的智慧城市尚处于初始阶段，而我国一些部门和城市大规模的推进，是否值得斟酌？

建设和使用成本仍较高。日本柏市的智慧城市成本，包括各种太阳能电池、蓄电池、电路在内，比现有日本的其他城市提高了 15% 左右，企业承担了大约 5% ~10%，政府补贴占 5%，居民也承担了一部分。在丰田集团和松下电器考察的时候，两家公司在介绍经验时也说到，最大的障碍也是成本控制，目前大面积推广还有困难。日本在智慧城市上，明确地考虑到成本因素以及未来如何通过能源的市场化来获得回报。而我们在研究智慧城市时，是否考虑到成本和收益机制如何建立的问题？

推动在企业而不在政府。如前所述，日本的智慧城市主要是企业在发挥作用，而且从家庭和社区切入。在整个调研过程中，根本没有涉及大数据和云计算平台的建立。可是目前我国一些地方和部门，有了新概念之后，更多地把关注点放在政府投入和管理上，已经形成了一种“风”，我们认为应该及早审慎约束，要强化市场机制的作用。

## 四、日本智慧城市对中国的启示

我国人口规模巨大，涉及的城镇化人口也是世界第一，不同的文化背景和资源基础条件差异决定了，我们的城镇化模式不能过多地走欧美模式，而应该更多地学习日韩国家集约、绿色、低碳、高效的经验。

（1）吸收借鉴日本提高能源资源利用效率的技术和服务。日本以促进资源节约为切入点，不仅符合国家的能源战略，也因为接近市场需求，始终与家庭和社会需求相结合，为大批企业提供了进一步拓展市场空间，是长期可持续的。建议在我国的智慧城市建设思路中，应从资源节约利用的角度，充分吸收日本的能源资源节约技术和经验。

（2）智慧城市建设既要针对家庭社会需求，更要考虑如何降低成本。日本从节约能源入手，通过长期降低能源消耗来弥补成本损失。而我国的智慧城市，尚未考虑到政府成本和社会成本，特别是我们的智慧只是从服务入手，还未和降低成本紧密结合，肯定会遇到推广上的麻烦。

（3）要尊重我国国情和互联网优势，建立适合我国的智慧城市发展模式。日本的智慧城市强调能源和低碳，我们当然要学习。但是我国的互联网以及社会服务、公共服务的优势和特点，也应该有效发挥。特别是我国居民在城镇化需求方面的多样性，对社会服务要求的广泛性，可以及早利用互联网更便捷地实施。特别是智能交通、电视娱乐、社区服务、健康养老的概念，已经在一些企业中植入，关键是通过智慧城市的方式进行整合。

（4）从家庭和社区入手，应该是我国未来智慧城市的重点。一方面有利于减少政府成本，防止新一轮政绩工程的出现。另一方面直接针对社会需求，建立市场化的智慧城市模式，符合我国的基本国情。把智慧城市推进的重点放到家庭上来，从社区切入，有利于企业更好地根据社会需求，有针对性地制订方案，反过来也有利于，在家庭和社区完善的基础上，开放技术接口，倒推政府管理方式的改革。

（5）稳步推进，以新的社区建设作为样板，形成示范效应。在国内大城市和旧城，推进智慧城市成本较高，涉及因素复杂，目前推广有一定困难。但是在一些特大城市郊区的新社区开发项目、新园区项目上，可以及早植入智慧城市理念。把过去政府和开发商过多关注的视觉理念，转移到宜居、低碳、方便和智慧的理念上来。既可以尽快地形成样板，还可以探索房地产开发由短期行为转向长期智慧服务的模式。稳步推进，则是由小到大、由新到旧、由家庭向社区逐步向政府的智慧管理过渡。

（6）加强中日民间和企业在城镇化的智慧城市方面进行合作。当前中日关系尚处于不稳定期，但是在日本考察期间，大量的企业并不满意政府和媒体的作为，有特别强烈的合作和交流愿望。我们和日中经济协会、日本海外生态项目推进会进行交流期间，他们希望中日民间以及企业之间就城镇化问题展开交流，也希望以智慧城市方面的内容作为切入点。我们打算，在已经开展的中日城镇化民间交流研讨的基础上，建立市场化的中日城镇化民间和企业推进合作机制，吸取和借鉴日本城市化的经验，引进日本在智慧城市、低碳节能的先进技术，为我国的城镇化发展所用。

第二篇

# 中小城市发展

# 新城新区建设现状调查和思考

近几年，一些地方打着推进城镇化的旗号，纷纷打造新城建设模式，并且有愈演愈烈之势。最近我们利用网络，对全国12个省（自治区）[①]的156个地级市[②]和161个县级市[③]的新城新区规划建设情况进行摸查，主要结果报告如下。

## 一、基本情况

（1）所调查的90%以上的地级城市规划建设了新城新区。我们检索了12个省各城市的政府工作报告、文件、规划和新闻报道等，涉及地级以上城市共156个，其中提出新城新区建设的有145个，占92.9%。12个省会城市全部提出要推进新城新区建设，共规划建设了55个新城新区，其中沈阳要建设13个新城新区，武汉也规划了11个新城新区。在144个地级城市中，有133个地级城市提出要建设新城新区，占92.4%，共规划建设了200个新城新区，平均每个地级市提出建设1.5个新城新区。在我们检索的161个县级城市中，提出新城新区建设的有67个，占41.6%。大多数城市已经将新城新区建设付诸行动，并非仅仅存在于规划。

（2）新城新区规划面积和人口普遍超越现实。在地级以上城市规划

---

本文由李铁、范毅发表于《城乡研究动态》第229期，2013年6月28日。

① 12个省区分别是辽宁、内蒙古、河北、江苏、河南、安徽、湖北、湖南、江西、广东、贵州、陕西。

② 包括湖北恩施州和副地级城市仙桃、潜江和天门。

③ 未包括湖北的县级市。

建设的255个新城新区中，公布规划建设用地面积的共有96个，公布的建设用地面积共计6105平方公里，平均每个新城新区规划建设用地面积为63.6平方公里。根据《2012年中国城市统计年鉴》数据，抽查的12省平均每个地级市建成区面积为115平方公里，也就是平均每个规划中的新城面积相当于现有城市面积的一半多，有的城市还规划了多个新城。比如贵阳城市规划中，提出建设3个新区，规划建设面积为860平方公里，其中贵安新区规划建设面积达500平方公里。5个新城的规划建设面积为407平方公里，新城新区规划建设总面积达1267平方公里，而2011年贵阳市建成区面积仅162平方公里，考虑到贵安新区部分涉及安顺，即使贵阳安顺两个市建成区面积合计也仅198平方公里，相当于要增加6个贵阳和安顺。在145个规划建设新城新区的地级以上城市中，共有121个城市全部或者部分公布了新城新区的规划人口，合计9672万人，平均每个城市新城新区规划人口为80万，而根据《2011年中国城市建设统计年鉴》数据，抽查的12省平均每个地级市城区人口为88.4万，规划的新城新区人口基本相当于现有城市人口。

（3）地方政府把新城新区建设作为城镇化的抓手和突破口。中央城镇化政策的出发点在于解决人口城镇化问题，但一到地方，城镇化往往被理解成城镇建设。比如，广东省在2012年提出要支持粤东、西、北地级市城区扩容提质、聚集发展、率先崛起，并且从省级层面提出了12个新城新区，在省政府的直接刺激下，地级市的热情被高度调动起来，云浮、惠州、茂名等城市启动了新城新区建设和规划，并将新城新区建设写入政府工作报告，作为2013年的重点工作来抓。韶关市通过对新城战略规划和控制性详细规划进行整合，进一步拉大新城框架，将规划面积从37平方公里，调整为60平方公里。辽宁省发文在以沈阳为核心、7个地级市组成的沈阳经济区推动新城新市镇建设，提出了25个新城建设的目标。河北省将北戴河新区、唐山湾生态城和黄骅新城写入了河北沿海地区发展规划中。贵州省提出2013年全省要启动100个城市综合体建设，实现县级全覆盖。

（4）新城新区规划标准高，投资规模大。在各地有关新城新区的文件规划中，一般都提了较高的建设标准，生态城、智慧城、科技城、现代城等比比皆是，建设配置标准大多是国内和国际领先标准。比如，广州南沙新区提出陆地绿化率不低于60%，各方面的硬件设施都是按照国际最先进水平进行配备。河北唐山、陕西西安、江西九江等诸多城市也规划建设各类高端生态城。高标准的规划建设也需要地方政府进行大规模投资配套，广州市2013年计划在南沙新区安排220亿投资，唐山南湖生态城2010年完成投资180亿，2011年完成投资200亿，陕西安康月亮河生态城规划总投资在147.8亿元，作为县级市的江西省丰城市新城区也规划投资160亿等，新城建设俨然演变成为地方政府拉动投资的手段。

## 二、几点思考

为什么新城新区建设模式愈演愈烈，我们认为原因有以下几个方面。

（1）以GDP为导向的发展思路。在工业招商面临激烈竞争的前提下，通过新城投资开发，吸引房地产发展，促进GDP增长。

（2）财政动机。希望通过新城开发，带动土地升值，政府可以获得高额土地出让金。

（3）旧城改造压力过大。老城区面临的交通拥堵、环境污染等问题治理难度大，试图通过新城建设缓解老城区压力。

（4）政绩推动。一届领导一任政绩和发展思路。新城建设看得见摸得着，投资带动城镇面貌焕然一新，政府有干头，容易显效果。

（5）对城市发展规律和经济发展规律没有很好的认识。行政主导、主观决策的意识浓厚，规划专家出于规划收费利益机制的诱导，没有很好地发挥制约作用。

（6）中央层面上也没有明确的政策引导。长期以来对于城市政府的一些违背城市发展规律和经济发展规律的做法，没有有效的制约手段，很少出台过正式的文件进行规范。而一些地方官员往往也因为有了这些政绩工程得到提拔，并没有因为损失而承担责任。

我们认为新城建设不是不可以搞，但是要遵循规律，要走集约型发展道路。目前的新城模式则存在以下几个问题。

（1）过多过大过滥，在竞争条件下很难实现规划目标。我国城镇发展和前30年的区别是，城镇之间招商引资竞争愈演愈烈。在竞争的格局下，有限的投资主体不可能集中到某个新区，投资的分散很难使新区达到期望规模。全国目前所有开发区和新区都面临这个难题。

（2）标准过高，没有那么多可支撑的高素质产业和高素质人口。中国人才短缺是一个不争的事实，同理高水准和高端的投资也一样面临着短缺，因此，也无法吸引这么多以高端作为门面的产业和人口进入。而从各新区规划上看，空间大多是留给富人的，高标准的新城新区规划没有提供适宜中低收入人口和外来农村人口进城居住生活的空间。如此下去，新城新区集聚人口目标必将难以实现。

（3）政府财政压力增加，风险逐渐显现。大部分新城规划都确定了浩大的投资规模，寄希望于未来通过新城开发的土地出让金偿还。但是“遍地开花”的新城新区建设，一旦开发主体不到位，地方政府必须面临投资风险问题。目前一些城市的债务问题、投资浪费问题和新的债务风险问题已经显现，但没有人承担责任。

（4）新城新区建设冲淡了中央城镇化战略的初始目标。各地热衷于新城新区建设，大搞所谓的“城市综合体”，说明地方政府在理解中央城镇化政策上出现了严重的偏差，很有可能影响到未来城镇化有关政策的落实，特别是针对农民工市民化问题、城市发展模式转变等问题。社会上对地方的做法反响也十分强烈，担心又是一轮“城镇化投资大跃进”。如果不及时规范和引导，也必定造成社会的不良反响，加剧大拆大建所引发的社会矛盾。

## 三、几点建议

随着城镇化水平的提高，城镇工作重要性日益凸显。但是，如何遵循城市和经济发展规律，规划城镇发展战略，制定相应政策，显然顶层设计明显滞后。我们有以下建议。

（1）重新研讨城镇化政策的设计，明确改革的思路，规范地方政府行为，引导城镇发展，重点解决人的问题和城镇发展模式问题。

（2）要对各地的新城新区建设和规划，组织综合类的专家队伍进行调查，提出意见，统一清理。

（3）要充分发挥市场配置资源的作用，切忌行政推动，特别是要防止政府的一把手主观“拍脑袋”的决策。

（4）要建立约束机制，通过制度建设和责任追究机制，规范政府决策者的行为。

（5）中央和各地政府，要按照新型城镇化发展要求，精心打造一批试点，总结经验，加以推广。

（6）要加强对城镇政府负责人在城镇管理方面的培训，提高对经济规律、市场规律和城市发展规律的认识。

（7）要加强宣传和引导，推广正面典型，介绍好的国内和国际经验，通过各种形式形成示范效应。

（8）适时召开城镇化工作会议，明确中央的城镇化和城镇发展的工作方针，要求地方认真理解，贯彻落实。

# 新城新区建设存在的六大问题

2013年，中国的城镇化率为53.7%，2020年将达到60%，城镇人口达到8亿人。这8亿人住在什么地方？老城区肯定容纳不下，因此，建设新城新区是一种必然的趋势。但是在目前已经形成的新城新区热中，存在不少问题。

**1. 新城新区怎样才能实现以人为本？**

我看过很多的新城新区规划，特别是大城市郊区的新城新区。这些新区，本来应该更多是为进城的中低收入人口提供新的居住空间，但现在无论是中小城市还是大城市，我们看到的新城新区规划，大多都是豪华的空间安排，这个问题恐怕值得深思。农民大量进城，但是新城新区提供的规划形态，更多是为中高收入人群服务的。它是为了给富人们提供第二套、第三套住房的空间，还是解决农民进城所需要的与他们的中低收入以及就业环境相吻合的空间，这是一个大问号。

**2. 新城新区如何规划地更合理？**

现在新城新区出现了很强烈的扩张倾向，我们要思考新区所规划的面积，到底有没有足够的产业和经济支撑。举个例子，南方某个城市提出建设面积达800多平方公里的新区，实际开发面积300多平方公里，但是提出这个概念20多年了，已经投入1千多个亿，这20年开发了20多平方公里，这意味着原来的投资造成了严重的浪费。而当地还有多个新区，都给自己打造了一个非常耀眼的光环，实际上，在新区问题上，各新区之间已经形成了强烈的投资竞争关系。不像当年建深圳那样，全国

---

本文根据李铁在“2014中国城镇化高层国际论坛”举行的“新城新区发展研讨会”上的主旨演讲整理，发表于《改革内参》，2014年5月2日。

各地大量的投资可以集中到那里。现在各个新城新区都在招商引资，还会有多少企业到你这儿来？新城新区在规划中安排出很大的空间，可是在全国更多同构空间竞争下，想象的招商引资目标是很难实现的。在区域竞争的格局下，对新城新区规模要重新思量。如果把新城新区的面积搞小一点，几平方公里、十平方公里，还有可能实现，几百平方公里就会有问题。还有一个西部省会城市，在该城和另一个中等城市之间规划出一个500平方公里的新城。这座省城与相距近百公里的中等城市，本身的集聚和辐射功能就很有限。而从全省前几十年的经济增长速度以及相关的数据看，都不支撑这五百平方公里的城市化发展，这只会造成严重的投资浪费。

**3. 新城新区到底以什么样的形态出现？**

现在的新区有两种类型：一种是工业新区，以工业发展和扩大为支撑，另一种是以房地产开发为支撑，但两个功能经常叠加在一起，就会产生预想不到的结果。工业新区一定是大量工业集中，吸引大量外来劳动力集中，这种新区可能会为政府创造一定的税收，但往往政府前期投入过大，产生的预期税收不可能抵补投入，只能依赖房地产开发来补偿。两种功能叠加在一起的时候就出现了问题。要想把房子卖好价钱，一定会把新区居住的空间设计搞得比较高档，但这和一大批低收入人群组合在一起的时候，两个功能就出现冲突，在这里工作生活的人买不起房，买得起的人又不愿入住这类小区，结果使新区的发展，走向一种畸形状态。

新城新区是在原有老城区没有办法满足新来人口和老居民的生活改善需求时出现的。因此，在新城新区建设中更多要注重的是服务业的发展，这就与一些地方现在设计的新区房地产发展模式冲突。因为房地产发展模式大多是大尺度、大生态的空间，带来服务业发展成本过高。服务业进不来，这个新区就可能变成死城。除了周末有人住，其他时间都闲置。

**4. 新城新区建设可以解决旧城改造问题吗？**

我们去很多城市调查，发现新城新区建设无法解决老城改造的问题。老城的人不愿意迁到新区或者只在新区买房子而不去那儿住，因为老城的生活非常方便，离就业地近，物价、整个服务业的成本也比较低。老城区的商业网点是新区商业网点的数倍。尽管居民在老城居住，生态状态等水平不高，但老城能够满足最廉价的就业和生活，而且方便，就使居民由老城向新城搬迁的良好愿望落空。最近几年，一些政府当局为了把老城区居民赶入新城新区，甚至出现了大面积拆旧城“毁巢赶鸟”的荒唐举措。

**5. 新城新区以什么样的形式在空间上扩展?**

很多人特别忌讳“摊大饼”的发展模式，“摊”的意思就是人口密度低、粗放，造成城市空间资源的浪费。可是很多城市管理者认为既然要避免“摊”，就以卫星城的方式，在城市不同的方向，建立几个不同的功能组团。这种新区虽然避免了“摊”的浪费，可是新的问题就又出来了。其实城市沿着边界向外扩张的成本最低，因为它的基础设施和老城的基础设施是相连的，相连就会导致服务业的自然蔓延，就不用重新建设线路，也不需要大规模的拆迁。但如果在远离老城的地方建一个新区，或者通过组团的方式建立一个新区，就违背了城市发展最基本的规律。一旦城市不是自然成长出来的，是按少数人的设计建出来的，而且是在远离老城的地方建出来，势必要大规模拆迁，大规模加强基础设施供给，就在房地产开发的成本上又增加了服务业的成本。所以在这种状态下建立的新区，它的成本很高，活力会大大下降。同时极容易更大范围造成居住地与就业的分离，制造新的交通压力。

**6. 新城新区一定要调整行政区划吗?**

例如陕西的西咸新区，原来是西安咸阳的一部分，咸阳和西安都有动力去开发，使两个城市在发展过程中自然连为一体。但当地为了避免“摊大饼”，建立了独立的新区，设立了新的政府机构，反而把两个政府的积极性都降到零，新区很难在发展中得到原来两个城市政府的有效支持。

城市发展规律最基本一条就是城市是在自然的经济社会环境下生长出来的，是沿着原来的城市居民区或生产服务区自然向外延伸的，很少是被规划出来的。只有在计划经济体制下，我们才会动用行政的方式来主导资源，靠主观意志来推动一个个新城新区建设。绝大部分新城新区如果在主观意志下、在行政主导下扩张，只有一种趋势，这必然导致出现“鬼城”。再就是城市要在减少行政成本上下功夫，而不是通过建新区去盲目地扩大城市等级。

# 新城新区发展应调整观念

2015年1月19日，李铁出席在北京举办的“中国新城新区健康发展论坛”并做主旨演讲。李铁在演讲中指出了我国新城新区发展现阶段存在的主要问题，应该通过调整观念和规划来促进新城新区健康发展。以下根据李铁演讲的观点整理。

在新城新区的发展过程中应该注意以下五方面。

**1. 要尊重经济发展规律和城市发展规律**

是否每个城市都要建新区、都要人口大幅度地扩张，这是新城新区发展观念上的一个大问题。在国际上，并不是每个城市都把自己规划人口目标定得过大，城市政府也没有强烈的利益动机，因为他只有公共服务的要求。而对中国来讲，卖地财政是扩大人口规模的初始性动因，而这种卖地财政所形成的城市形态，反而又限制了人口的进入。因为过于视觉化和成本过高会使农民进不来，导致人口不能满足要求，从而出现“鬼城”。

**2. 要选择适合的方式发展新城新区**

近20年来，各方面都在批判“摊大饼”式城市发展，但世界上大部分的城市都是摊出来的，但不是“薄摊”，而是“厚摊”。因为城市沿着边界向外扩张、扩展是最合理的选择，因为基础设施供应链短，服务业成本低。整个城市发展也符合人的最基本的、方便的需求，在饼状沿着边界发展才能满足人口密度的增加。而只有当空间过度饱和的时候，才

---

本文是根据李铁出席“中国新城新区健康发展论坛”的主旨演讲的观点整理而成，2015年1月20日。

会出现卫星城的状态。东京、首尔、伦敦、巴黎等大都市沿着向外的交通线才形成了树枝状的发展轨迹，只有柏林，由于历史和战争的原因没有形成一个过大规模向一个中心城市人口发展的趋势，这是一个特例。

**3. 要严格控制新区的规模**

研究新区新城的发展，既考虑到和城市中心区这种合理的边界，也要考虑到合适的人口规模，越远的时候给的空间、人口规模可能尺度越小。如果是几百平方公里的新区，将会造成资源严重浪费。

**4. 要降低新城新区发展成本**

我国现有新城新区由于采取的是政府低价征地获取资源的模式，所以政府对土地的使用非常浪费，以基础设施按照大尺度空间配套也会造成严重的浪费。国际上的经验表明，应该合理地、珍惜地利用土地空间，因此，建设生态城市，提高人口密度，提高资源配置效率，是最合理的选择。所以降低成本是最重要的一个发展路径的选择，同时也有利于农村人口进城。

**5. 要为服务业发展创造条件**

在城市发展的过程中，比起选择中看不中用的城市，更应该选择一个生活更方便的城市。在城市化高速发展的今天，在极度炫耀“面子”的时候，更应考虑“里子”，就是与百姓生活关系最紧密的内容。台湾的城市和大陆比真的不漂亮，但是更注重服务业发展的空间，而这些也才是城市真正需要的生活空间、就业空间和发展空间。

# “县改市”开闸

随着城镇化发展规划颁布时间日趋临近，有关“县改市”解禁的讨论日趋升温。特别是今年民政部一次性批准吉林扶余和云南弥勒两个县的撤县设市，被很多人看作“县改市”开闸的信号。与此同时，地方上也在积极行动。据了解，目前有上百个县都在酝酿和积极申请撤县设市。这也引起一些人对地方盲目撤县设市、机构膨胀、管理成本增加等问题的担忧。在新一轮城镇化中，“县改市”是否会成为推动县域新型城镇化发展的一个突破口？在冻结多年后，重新解禁的“县改市”究竟应该如何改？以下是《决策》记者吴明华对李铁和张占斌的采访实录。

## 一、撤县设市有望重新启动

**记者**：最近，“县改市”解禁的消息引起了地方上的强烈关注，很多县都在积极申请撤县设市。为什么地方上对“县改市”会这么热衷？

**李铁**：第一，从地方上说，“县改市”使原来的县政府在名分上有了“升格”，叫“市”更好听些。

第二，改市后涉及很多变化。比如，在行政级别和待遇上，市比县要高些；在编制上可以多设一些机构，多安排一些职务和人员；市财政比县财政可以获得更多的周转资金，并且有一笔可观的城市建设费用等。

第三，改市后工作重心也会发生变化。市更注重城市建设，而县的着重点还是“三农”，很多地方希望把工作重点从农村转向城市。同时，借着“县改市”机会，一些发达地区可以集中更多资源搞县城建设。

---

本文是李铁接受《决策》记者吴明华的采访实录，发表于《决策》，2013年第5期。

这样既有名又有利的事，地方上当然很有动力。一旦“县改市”，它的行政权力就扩张了，行政资源就扩大了。所以，大量的城市管理者都希望城市等级和规模扩大，好通过行政等级提高获取更多的公共资源。

**记者：**从目前来看，“县改市”是否会随着城镇化发展规划颁布而开闸？

**张占斌：**受新型城镇化发展的推动，撤县设市有望在全国重新启动。撤县设市是我国改革开放以来主要的设市模式，这一模式与新型城镇化结合，对县级市提升城镇化发展的质量有着重大意义。重新启动撤县设市，可以设计为县域新型城镇化发展的突破口。

目前，有几个信号值得关注。第一个信号是，党的十八大明确提出，优化行政层级和行政区划设置，积极稳妥推进城镇化。城镇化改革用的比较多的，还是撤县设市和撤县设区两种模式。高层对城镇化的重视，使得撤县设市有可能在被冻结多年后放开，成为国家推进城镇化的一个突破口。

第二个信号是，近几年中央高层的一系列讲话，特别是2012年9月，李克强在省部级干部推进城镇化建设研讨班上讲话，指出要把有条件的东部地区中心镇、中西部地区县城和重要边境口岸，逐步发展成为中小城市。李克强的讲话是一个强烈的改革信号，撤县设市有可能随着新型城镇化的推进重新启动。

第三个信号是，在十八大后，民政部加快了对撤县设市、撤县设区的批复。

撤县设市是为了促进中小城市的发展，城镇化的推进需要相应的行政区划调整变更，这是一个规律，人们的热议是有根据的。

**李铁：**“县改市”是否重新启动，这个问题最近还在研究过程中。“县改市”到底怎么改，机构怎么设置，编制怎么确定，需要什么样的条件，这些都在研究。

现在我们有7.1亿城镇人口，可是只有658个城市。这658个城市都是高等级的，县级市、地级市、省会城市、直辖市。还有接近两万个镇，平均人口一万多。这一万多的镇区人口在国外也就是城市，像巴西、美国、德国，三四千人口就可以设市。

所以，中国的城市太少了，这是大趋势。不仅是县要改市，一些特大的镇也要改市。

## 二、传统城市发展导向必须扭转

**记者：**撤县设市与新型城镇化是一种什么样的关系？“县改市”对于推进城镇化来说，究竟又意味着什么？

**张占斌：**目前，我国县级政区中市的数量太少，比例太低，县与县级市的比例约为4∶1，严重制约了城镇化的发展，需要增设一批县级市。无论是整县改市还是切块设市，都是工业化和城镇化发展的客观需要。

在我国的城市体系中，直辖市数量明显偏少，地级市数量适中，县级市数量较少，且分布极不均匀，这是设市城市体系中最薄弱的部分。加快城镇化发展，需要发展一些县级市，这是人们普遍的共识。如果没有县级市的发展，中国城市体系的结构不容易走向优化。

能够撤县设市的县，一般来说都是所在区域经济突出、城镇化发展快、社会文明程度高的地区，也就是说是一些强县、大县、知名的县。这少部分县是农村地区城镇化优良的资源，具备较多的新型城镇化特质，撤县设市有利于加速城镇化进程，有利于城镇发展新型化。

**李铁：**中国有一个非常特殊的体制，就是通过县管乡镇、地管市，把乡镇资源拿到市里来。这意味着，上级政府可以通过扩大权力来发展县级市、地级市，使县级市、地级市快速发展，但乡镇把发展活力给丧失了。

我们设市要经过严格的审批，因为城市都管着镇，大城市管着小城市。如果我们提出城市化，在这种国情下，它就更冠冕堂皇地发展城市。很多市长会动用权力，把自己的城市做大。所以，我们不要局限在设市的概念上，更重要的是城镇化的核心是什么问题。

对城镇化的理解确实有特别大的反差，企业家理解成投资机会，政府理解为更多的项目开展或者把城镇做大、城市搞好。但我们提出城镇化自始至终就一件事情，就是农村人口向城镇转移。我们不能在城市发展基础上忽视镇的发展，镇代表着一部分农村人口就地就近的转移，这是很重要的过程，也是我们重要的目标。

**记者**：当初冻结“县改市”的起因，是防止因盲目改市导致城镇建设热，而大量占用耕地。也有人担心，会增加城市的管理成本，甚至出现“假性城市化”等问题。县改市开闸后如何防止这些问题的出现？

**张占斌**：1986 年，我国正式颁布的第一个系统性的关于设市标准的文件，放宽了对设市条件的管治，提出了整县改市的新模式，鼓励各地根据实际情况，因地制宜，实行整县改市或切块设市。

但是，其后也暴露出一些问题，如指标没有反映整个县域城镇化发育水平，使一些不具备条件的县也改了市。这样导致在一个设市的城市内聚集了大量从事农业生产的人口，混淆了城市的本质内涵，不利于城市和农村的管理。

由于撤县设市引发的设市热，冲击了我国地方以县制为主要特色的行政管理系统，并引发城镇化发展的真实性问题。1997 年以后，撤县设市审批受到严格控制。

总的看，虽然存在一些问题，特别是广域型城市化问题，我们认为这些年已消化一些。因此，撤县设市随着新型城镇化的发展将再次推出，被其他设市模式所替代的可能性不大。

**李铁**：扭转城市发展导向，应该是未来改革的重点。到目前为止，我所认识的绝大部分城市负责人，对于城市的认识还是停留在表面上。也许是传统的政绩观影响着他们的决策，也许是思维惯性或者是利益导向左右着他们的城市发展模式。

但是，不言而喻，如果不站在经济学和社会学的角度分析，认识城市发展必须符合经济发展的规律，目前的城市发展方向，肯定会导致未来一系列问题的发生，如债务危机、征地矛盾的爆发、资源的浪费以及环境引发的危机等，当然更有可能引发外来人口的群体事件。如果我们不解决这些问题，如果我们还遵循地方的传统思维模式来推动城镇化，将会是一个灾难。

未来扭转的方向，主要应该集中在提高人口密度，降低城市发展成本，提高土地利用效率，为低收入人口和外来人口提供平等的公共服务，增加基础设施建设的长期行为，等等。

## 三、设市标准需要重新确定

**记者：**十一届全国人大常委会第十三次会议曾明确提出将积极研究完善设市的标准，如人口、经济、财政、税收以及城市建设规模等。如何确定一个合理的标准？

**李铁：**2010年，中国有657个城市，19410个建制镇。657个城市中，1000万人口以上的城市有5个，400万~1000万人口的城市有11个，200万~400万人口的城市有21个，100万~200万人口的城市有83个。加上镇区平均人口在10万以上的千强镇，中国10万人口以上的城市可以达到近2000个。

按照1986年以前的城市规划法，100万人口以上的城市为特大城市，50万~100万人口的城市为大城市，20万~50万为中等城市，5万~20万人口为小城市。按照目前的城市发展规模，显然这个标准已经失去意义。新的城乡规划法已经废除了这个城市规模标准，但是并没有确立新的城市规模标准。

所以，要改革设市办法，重新确定设市标准，只要镇区人口达到5万以上，可以直接申请设市。另外，设市涉及很多问题，比如，是不是原来的审批方式；设市权在哪里；设市是停留在县域层次，还是一个新的层次；更重要的是城市管理体制到底是什么。

**张占斌：**当前国家要加快出台撤县设市的标准，经过多年的经济发展，许多县域及一些建制镇都得到较快发展，经济实力较强，已经达到了设市的标准，传统的农村型行政区划，已不能适应城镇化发展的需要。

我们认为，具备下列条件之一的县都可以撤县设市：一是经济实力已经达到中小城市规模或接近全国百强县，二、三产业较为发达，农业比重低；二是县城对农村的辐射带动力强，县城已经成为吸纳农村转移人口的主要载体，工资性收入成为农民的主要来源；三是一些重要的边境口岸、重要的旅游区域、历史文化名县等。

**记者：**从过去一些县级市的发展情况来看，还存在不少问题。随着未来可能会出现越来越多的县级市，下一步县级市的发展应该注意哪些问题?

**张占斌：**目前，县级市的发展存在的问题有这样几个方面。

一是市域城镇化水平与经济发展所处阶段不适应。从全国来看，县级市城市化水平普遍高于实际发展阶段，也就是城镇化率统计不实；二是县级市城镇化率提高与公共服务能力提升不同步，表现为没有足够能力提供公共服务；三是城市人口增长和基础设施承载能力不匹配，表现为道路建设、供排水网建设等滞后；四是二、三产业发展缓慢。城市的本质特征就是二、三产业，二、三产业是城市发展的经济基础和根本动力，但一些县级市还存在很高的第一产业。

为此，当前和今后一定时期，县级市要把提高城镇化质量作为城市化的主攻方向。比照新型城镇化的要求，要做好以下工作。

第一，要充分发挥市场的力量，提高城市化质量。城镇化的第一动力是经济发展，而经济发展要靠市场发挥配置资源的基础作用，城镇化要遵循以市兴城、以业聚人的原则。

政府的作用，不是通过行政区划调整做大城市规模，也不是通过统计口径调整来人为调高城镇化水平，而是促进城市产业聚集，促进第二、第三产业发展，加强基础设施和公共服务的规划，提高城市管理水平。

第二，大力推进城市常住人口基本公共服务的全覆盖，提高人的城市化水平。有条件的县级市，城乡发展制度要并轨；条件不具备的，也要提高对农村转移人口的公共服务能力，逐步缩小外来人口和城市户籍人口的福利差距。

# 中国小城镇发展过程中的体制变革

近日，刚刚闭幕的党的十五届三中全会第一次就小城镇发展问题进行了精辟和全面的论述。发展小城镇，是带动农村经济和社会发展的一个大战略，有利于乡镇企业相对集中，更大规模地转移农业富余劳动力，避免向大中城市盲目流动，有利于提高农民素质，改善生活质量，也有利于扩大内需，推动国民经济更快增长。要制定和完善促进小城镇健康发展的政策措施，进一步改革小城镇户籍管理制度。小城镇要合理布局，科学规划，重视基础设施建设，注意节约用地和保护环境。

中国农村小城镇的迅速发展，已经作为20年农村改革的突出成果，载入中国农村发展的重要史册。到1996年，中国的建制镇[①]已达1.82万个，居住人口为2亿人。平均小城镇镇区人口为1.63万人，小城镇建成区平均面积为1.76平方公里。

## 一、小城镇发展的基本概况和特点

根据1997年国家统计局和国家体改委等11个国务院有关部门对全国小城镇进行的自新中国成立以来的第一次抽样调查数字表明，小城镇的发展取得了令世人瞩目的成就，并具有以下特点。

---

本文是国务院体改办中国小城镇改革发展中心主任李铁在“农业部纪念中国农村改革20周年研讨会”上的论文，1998年10月。

① 小城镇，根据国家统计局和国家体改委等11个国务院有关部委抽样调查的定义，一般是指建制镇。实际上，从广义的范围来讲，全国4万多个乡政府和2000多个国营农场的所在地，以及一部分在行政村基础上发展起来的小集镇和乡镇企业集聚地，也处于城镇化发展的雏形，有时也统称为小城镇。

（1）镇区非农人口占主体地位，就业人口的比例大大高于城市。根据抽样调查结果表明，在小城镇镇区，非农人口平均为1万人，占镇区总人口的63%，农业人口占37%（其中，不包括城关镇的建制镇，镇区非农人口占48.8%，这个数字说明了在非城关镇的建制镇户籍制度改革的滞后）。全国平均每个调查镇镇区就业人口达1.15万人，为镇区总人口的71.6%，比城市高出23个百分点（不包括城关镇的建制镇，镇区就业人口为7243人，占镇区总人口的72.4%）。

（2）镇区就业人口主要分布在二、三产业，第三产业已成为小城镇发展的重要组成部分。从抽样调查看，第一产业人口仅占就业口的17%，而第二产业就业比重占44.4%，第三产业比重占38.6%，二、三产业共占就业比重的83%。其中县城关镇二、三产业就业比重占86.9%，非城关镇的建制镇占76.6%，说明了城镇人口密集度和二、三产业比重成正相关关系。在平均每个调查镇经营总收入6.5亿元中：第三产业收入为2亿元，占31%；从镇区企业情况看，平均每镇有企业950个，其中第三产业686个，占72.2%。随着小城镇社会经济的发展，企业和居民家庭对社会化服务业的需求范围将会越来越广泛，需求强度越来越高，第三产业在小城镇经济中的比重也将会逐步提高。

（3）在小城镇的企业类型中，非国有经济占主导地位，从调查镇企业经济类型看，集体经济和个体经济占有较大比重。平均每个调查镇镇区就业人口11800人，其中，集体企业有3310人，占28%；个体企业有2960人，占25%；国有企业有2620人，占22%。值得注意的是，非城关镇就业人口的所有制结构中，集体企业占27.47%、个体企业占27.83%、国有企业占16.41%、民营企业占7.97%，与全国城市就业人口所有制结构统计中的国有企业占64.9%相比，小城镇就业人口主要被非国有企业吸纳。

（4）建成区人均占有土地面积规模适度，耕地占用现象并不十分突出。从调查镇情况看，建成区平均面积为176公顷，占镇域总面积的2.77%。平均人均占用土地面积为108平方米，和全国城市人均占用土地水平相比（小城市，人均占地143平方米；中等城市，人均占地108平方米；大城市，人均占地88平方米；特大城市，人均占地75平方米），小城镇人均占地水平与中等城市持平。建成区布局基本合理，住宅占地最多，平均为56公顷，占建成区总面积的31.8%；工商业和金融为43公顷，占24.43%；公共建筑、交通均为14公顷，占7.96%；市政占地8公顷，占4.55%。

（5）小城镇基础设施发展初具规模。从调查情况看，小城镇拥有各类中专院校、成人学校、职业技工中学、普通中小学及幼儿园。特别是中小学教育已得到普及，平均每个小城镇在校中小学生数达4000多人；平均每个调查镇拥有幼儿园已达6个，每个幼儿园在园儿童数达100人。影剧院、文化站、图书馆、电视台（站）、广播台（站）平均每镇达到1个；平均每个小城镇拥有卫生院（所）8个。技术性基础设施已具有一定的规模，道路铺装率达73%；生活供水，自来水普及率达68%；生活用燃气普及率为51%；平均每镇电话装机容量达5000门。其中，城关镇自来水普及率为86%，生活用燃气普及率为52%，道路铺装率为80.5%，电话总装机达10100部；非城关镇自来水普及率为63%，生活用燃气普及率为47%，道路铺装率为70%，电话总装机达3084部。但总体来看，发展较为滞后。自来水普及率离大中城市95%以上的水平还有很大差距，且上下水不配套；生活用燃气更大大低于大中城市水平。特别是对废水和垃圾处理能力弱，处理率低。每个小城镇废水处理率仅27%，垃圾处理率为47%。其中城关镇垃圾处理率为45%，废水处理率36%；非城关镇垃圾处理率43%，废水处理率26%。特别应值得注意的是，非城关镇的小城镇，垃圾处理和废水处理标准大大低于城市和城关镇的水平，如果按照国际通用的垃圾处理和废水处理标准，这里的废水处理率和垃圾处理率接近于零。

（6）经济总量已达到可喜的规模，居民生活水平较高。小城镇建成区经过十几年的快速发展，经济总量已达到了可喜的规模，平均每个小城镇经营总收入达6.5亿元，拥有固定资产原值3亿多元，固定资产净值2亿多元，每年利税总额达5000多万元。居民收入在农村中居较高水平，镇区居民人均纯收入为3100多元，比全镇水平高出900多元，比全国农村人均纯收入高出近1倍。

（7）工商业已成为小城镇持久发展的最大动力源。调查结果显示，平均每个小城镇工业企业收入为3.4亿元，占镇区总收入的52%，就业人数占企业总人数的一半以上，成为小城镇经济发展的主要支柱。工业的发展及商业的繁荣增加了地方收入，成为小城镇获得持久发展的最大动力源。平均每镇工商业税收达600多万元，占镇财政预算内收入的63%。

（8）集市贸易的发展，给小城镇带来了勃勃生机。集贸市场是小城镇商品、工农商品交换的主要阵地。在生产增长的同时，小城镇集贸市场获得了同步发展。调查镇平均社会商品零售总额为1580万元，其中生产资料为540万元、占34%，生活资料为1040万元、占66%。平均每个调查镇镇区集贸市场4个，年商品贸易成交额达1.9亿元。

## 二、小城镇兴起的城乡分割结构的背景

从普遍的意义讲，城市化过程是人口的相对聚集过程，由于人口聚集之后的生存需要，也就相应的开始了经济要素的聚集过程。而在中国，农村人口和经济要素在小城镇聚集，产生了中国农村独特的城市化进程，区别于世界其他国家，这种独特现象的产生，有其深刻的历史背景和原因。

自20世纪50年代起，国家颁布了一系列的政策和法令，在户口迁移制度、粮油供应制度、劳动用工制度、社会福利制度和农村市镇设置等方面，把城市人口和农村人口通过行政手段分割开来。并通过户籍制度把农村人口强制性地固定在耕地上。国家借此以最大限度地从农民手中获取低价农产品，维持严格限定的城市人口的低工资和低消费水平，以获得更多的剩余价值来实现国民经济积累。

（1）在户籍制度方面。1958年1月，全国人大常委会第九十一次会议讨论通过《中华人民共和国户口登记条例》。该条例第10条第2款对农村人口进入城市做出了带约束性的规定：“公民由农村迁往城市，必须持有城市劳动部门的录用证明，学校的录取证明，或者城市户口登记机关的准予迁入的证明，向常住地户口登记机关申请办理迁出手续。”这一规定标志着我国以严格限制农村人口向城市流动为核心的户口迁移制度

的形成。

（2）在粮油供应制度方面。1953 年以后，随着粮食统购统销政策的实行，中国开始实行粮油计划供应制度。这一制度原则上规定国家只负责城市非农业户口的粮油供应，不负责农业户口的粮油供应。1953 年 11 月，政务院发布《关于实行粮食的计划收购和计划供应的命令》，其中规定："在城市、机关、团体、学校、企业等的人员，可通过其组织进行供应；对一般市民，可发给购粮证，凭证购买，或暂凭户口簿购买。" 1955 年 8 月国务院发布的《市镇粮食定量供应暂行办法》则统一规定了市镇非农业人口一律实施居民口粮分等定量，并按核定的供应数量按户发给市镇居民粮食供应证，居民凭证使用粮票购买口粮的粮食供应办法。与此同时，国家对粮食市场加强了管理。1953 年 11 月，政务院发布《粮食市场管理暂行办法》，其中规定："所有私营粮商，在粮食实行统购统销后，一律不准私自经营粮食"、"城市和集镇中的粮食交易场所，得视需要，改为国家粮食市场，在当地政府统一领导下，以工商行政部门为主会同粮食部门共同管理之"、"城市居民屯得国家计划供应的粮食，如有剩余或不足，或因消费习惯关系，须作粮种间的调换时，可到指定的国家粮店、合作社卖出，或到国家粮食市场进行相互间的调剂。"上述规定基本上排除了农村人口在城市取得口粮的可能性。

（3）在城市就业制度方面。自 20 世纪 50 年代初开始实行的劳动用工制度，原则上只负责城市非农业人口在城市的就业安置，不允许农村人口进入城市寻找就业机会。1952 年 8 月，政务院发出《关于劳动就业问题的决定》，指出在当时的历史条件下，国家还不可能在短期内吸收整批的农村劳动力到城市就业，因此，必须做好农民的说服工作。1957 年 12 月，国务院发布《关于各单位从农村中招用临时工的暂行规定》，明确规定城市"各单位一律不得私自从农村中招工和私自录用盲目流入城市的农民。农业社和农村中的机关、团体也不得私自介绍农民到城市和工矿区找工作。"甚至规定："招用临时工必须尽量在当地城市中招用，不足的时候，才可以从农村中招用。"

（4）在社会福利制度方面。早在 1951 年 2 月，政务院就发布了《劳动保险条例》，1953 年又进行了修改。该条例详细规定了城市国营企业职工所享有的各项劳保待遇，主要包括职工病伤后的公费医疗待遇、公费修养与疗养待遇，职工退休（职）后的养老金待遇，女职工的产假及独子保健待遇，职工伤残后的救济金待遇以及职工死后的丧葬、抚恤待遇等。条例甚至规定了职工供养的直系亲属享受半费医疗及死亡时的丧葬补助等。国家机关、事业单位工作人员的劳保待遇，是以病假、生育、退休、死亡等单项规定的形式逐步完善起来的。至于城市集体企业，大都参照国营企业的办法实行劳保。除上述在业人员享有劳保待遇外，50年代形成的城市社会福利制度还保证了城市人口可享有名目繁多的补贴，在业人口可享有单位近乎无偿提供的住房等。

（5）在农村小城镇——建制镇的设置上，由于60年代初期的农业自然灾害，国家采取了压缩城镇人口、减少市镇数量的措施。1962年，中共中央、国务院发布了《关于当前城市若干问题的指示》，要求审查和撤销不符合标准的建制镇。1963年，中共中央、国务院又发布了《关于调整市镇建制、缩小城市郊区的指示》，对建制镇整顿压缩，到1965年，全国建制镇的数量由50年代初的5400个，下降到2000个左右。可以看出，中国的城乡分割的各项具体制度是相互关联、密切配合而共同发挥作用的。户籍管理体制是实施其他各项制度的前提和基础，后几项制度的相继实施，加剧了城乡社会的分化。各项制度结合在一起及其延续，使中国的城乡生产要素相对分割和凝滞，最终形成了以工业化和计划经济为特征的城市经济体制范畴和以传统农业和集体经济为主要特征的农村经济体制范畴。并使中国城乡人口的比例严重失调，导致了大量农业剩余劳动力滞留在土地上，无法平等地进入工业化、城市化和现代化的进程。尽管在改革之后农村经济体制的内容发生了巨变，农村经济得到了迅速的发展。但由于户籍制度的僵化，使得农村生产要素的流动仍限制在农村范围之内，中国农村小城镇正是在这种体制背景下兴起的。

## 三、小城镇发展的动力机制

人口和经济要素在一定地域范围内的聚集和组合，就构成了城市化发展的前提。如果说农业是生产要素相对分割的产业，工业和服务业是生产要素相对凝聚的产业，小城镇的发展就必然和非农产业的发展、聚集相联系。因此，探讨中国农村小城镇的发展，首先是要研究农村人口和农村经济要素的聚集过程，也就是通常意义上的农村剩余劳动力转移和农村乡镇企业的发展、聚集过程。中国农村小城镇是伴随着农村乡镇企业发展起来的。农村乡镇企业发展的动力基本上来自于以下几个方面。

（1）要素转移。农业的边际收入递减和农业劳动力严重过剩的压力，使社区组织和农民将其收入存量增长部分向非农产业转移。中国农村乡镇企业高速发展起始于1984年。1984～1988年，乡镇企业产值年平均增长达50%以上，年平均吸纳农村剩余劳动力1000万人以上。而1984年，中国由于粮食等主要农产品相继出现“卖难”，农民在农业特别是主要农产品上的收入预期下降，致使收入积累向非农产业转移。

（2）新体制“空间”。在传统的工业中心边缘和沿海开放区内，为回避传统体制的约束和提高企业运行效率，在20世纪80年代初期和中期，城市经济体制改革相对于农村滞后的同时，城市工业向周围的农村辐射地带扩散，外资企业向沿海农村投资，出现了较高的增长势头。

（3）成本优势。农村的大量廉价劳动力和廉价土地资源是降低企业竞争成本的有利的初始条件，也是农村吸引外资和自身企业发展的环境优势所在。

（4）寻求“避税”效应。税收管理体制的薄弱和农村税收政策的优惠，也是农村非农产业降低企业成本、增加资本积累的重要条件。大量的农村专业化的批发市场主要以“避税”效应应运而生，这些批发市场的兴起，在小城镇形成了人口的迅速聚集。

（5）社区收入积累的利益动机。农村改革促进了农民人均收入的增长，同时也促使社区集体经济组织积累的利益动机增强，促进乡镇企业发展，增加集体收入，改善社区环境，加强公共服务、追求政绩、扩大支配能力等，成为社区负责人发展乡镇企业的主要利益动机。

到1996年，农村乡镇企业创造了1.77万亿元人民币的增加值，转移了1.35亿农业过剩的劳动力。农村乡镇企业的迅速发展和农村非农就业人数的增加以及相应的农民人均收入和社区收入的增长，直接转化为农村小城镇发展的内在动力。

首先，农民要求转化身份并享有城市生活的愿望愈加强烈，而在城乡户籍制度的严格限制下，就近向小城镇的迁徙，已成为大多数从事非农产业农民的现实性选择。据统计，在 1992 年全国的“卖户口”热潮中，自愿购买县以下城镇居住权的非正式户口的农民的人数达数百万人，所投入资金达 200 亿元。尽管这一做法已被制止，但到 1996 年底，仅在建制镇实际居住的农民已经达到 2 亿人左右。其次，社区发展的公共需求主要来自于社区政府官员积极改善社区生存环境和投资环境并增加政绩的动机。另外，企业的发展导致社区公共收入的增加，也为小城镇公共设施的发展提供了财力支持。1992 年以后的房地产高潮中，土地的有偿使用扩大了社区财力。在大中城市房地产热的同时，小城镇也在悄悄地崛起。目前的小城镇规模相当一大部分始于 1992 年以后。到 1997 年，以一定非农人口和一定经济规模的小城镇建成区为中心的农村建制镇的数量已经由 1979 年的 2851 个增加到 1996 年的 1. 82 万个，在一些乡级政府所在地和经济发达地区的村，城镇化水平也达到了一定的规模。尽管长期延续的城乡分割体制限制了城乡生产要素的流动，但是，农村改革的成果确使行政性约束所造成的逆向压力转化成小城镇发展的巨大推动力。之所以在中国未出现像印度、墨西哥、巴西等国家严重的大城市过于膨胀等弊病，其根本原因在于农民只在自己的生活空间范围内寻求自身的城市化进程。乡镇企业的兴起、小城镇的发展恰恰是农民追求自身工业化和城市化的最好的体现。这种独特的城市化道路的出现，也是城乡分割体制的设计者始料不及的。

## 四、小城镇发展面临的问题

小城镇的发展过程是经济要素的聚集和组合过程，由于这种形式的要素流动大都带有自发性，并且受到传统城市体制的排斥，因此，在小城镇迅速的发展过程中，存在着以下特点和问题。

（1）城镇的建成区平均规模过小，土地要素的容积率较低，使公共基础设施的修建和服务业的供给不能形成规模效益。按 1997 年国家统计局、国家体改委等国务院 11 个有关部门对全国小城镇进行抽样调查的资料表明，全国有1.82万个建制镇，建成区面积平均仅为1.76平方公里。据1994年我们对60个中上等经济发展水平的小城镇（农民人均年纯收入在1500～2200元之间；镇财政年收入在800万～1500万元之间）所做的调查统计，小城镇的平均建成区规模为4.15平方公里。镇建成区每平方公里容纳常住人口4876人，每平方公里第三产业产值为4886万元；每镇年基建投资为6299元/人（不包括外来人口）。这些中上等发展水平的小城镇与规模效益适中、建成区10平方公里、人口在10万人左右的小城市相比，尚有一定差距。对于绝大部分平均建成区面积在2平方公里以下的小城镇，面临的问题则更为突出。由于这些小城镇投入产出比过低，许多基础设施的投入只能作为社区的福利性支出，进而增加了后续投入和投入后管理的难度，不能形成城镇设施投入的良性循环机制。

（2）支持小城镇发展的中短期信贷资金不足。中期信贷可支持小城镇的给排水系统、供电设施、通讯设施、环境治理和道路铺装建设；短期信贷可支持小城镇的住宅建设、商业区和工业小区的建设等。据我们对上述60个小城镇的调查，近3年平均每镇年城镇建设投资为1.27亿元，其中预算外投资占26%、私人建房投资占30%、社区集资占30%左右、金融性投资不足10%。如这两类城镇建设投资仅靠从农民手里集资和镇级政府的财政支持，势必导致以下几种结果：前期初始投资不足，设施规模过小，而导致后期规模扩张后改建的压力；非规范的资金运作方式使小城镇的发展难以和真正的市场机制并轨；过度依赖于预算外投资，而这笔收入来源主要是土地出让金，会导致土地价格高抬，形成了限制农民进城和投资开发商进入的“门槛”。

（3）城镇的规划和布局受短期利益制约，缺乏长远打算。形成了沿公路干线延伸的城市带、低矮并占地面积过大的住宅群、过宽的镇内街道，加大了城镇基础设施和服务业的供给成本，加大了耕地占用面积，也加大了环境治理的难度，并影响了城镇的整体外观环境。

（4）小城镇的流动人口和暂住人口大于或接近于常住人口。据我们对上述60个小城镇的调查，1994年，平均每镇常住人口为20236人，外来人口为5717人，流动人口为19068人，常住人口与非常住人口之比为1∶1.225。据1997年抽样调查统计，全国小城镇平均就业人口为1.15万人，而来自镇外的就业人口平均占21.7%。这些非常住人口在农村居住和在小城镇就业的两栖行为，既限制了城镇人口的聚集过程，又使非常住人口的长期投资行为以农村为主，不能和城市化的发展相衔接。

（5）小城镇的政府管理功能和财政功能尚不完善。人民公社沿袭下来的大农业的管理体制，城市化过程中的行政等级体制，使政府的机构设置和行政管理权限并未对应城镇化发展和农村经济市场化的要求，形成了以计划经济管理市场经济的态势，机构设置等级较低，功能不完善，强化了传统计划体制的上级政府和部门管理，小城镇政府在事权上，以对部门负责和对上级负责为主，严重弱化了社区公共服务的功能；小城镇的财政功能则面临着对上以向上级财政上缴为主、对下以放水养鱼为主、自身收税和多头收费并行的体制，财政功能的不健全弱化了政府的管理能力，而政府管理能力的降低又弱化了政府长期规划的实施和税收的正常管理，造成小城镇政府管理机制的恶性循环。

（6）产权制度的不明晰导致了两种现象发生。一是企业产权模糊，造成了企业布局的分散，传统的社区所有制使企业的隶属关系受血缘和地缘因素制约，加速了企业的社区化和社区的福利化过程，影响了要素的流动和资源的有效配置。二是土地产权管理的混乱，小城镇政府不能充分利用土地的有偿开发和利用，获取更多的资金投入到小城镇的基础设施建设。这一现象在沿海地区比较普遍，村集体经济组织自行出租和出让土地，土地收益以福利形式量化到集体和个人，农民滞留于土地坐收土地收益，并将这部分收益投入到农村住宅的建设，既影响了城镇发展的统一规划，又使投资方向过于分散，不利于小城镇的发展进程。

## 五、阻碍小城镇进一步发展的体制性原因

事实上，延续几十年的城乡分割体制既是农村小城镇发展的动力所在，又是阻碍小城镇进一步发展的原因。在小城镇已经成为中国农村城市化道路的现实性选择时，必须深入去挖掘影响小城镇发展的体制性原因，才能制定出切合实际的支持小城镇发展的改革政策。

（1）人口要素的聚集是满足城镇发展规模的重要条件。因为收入达

到一定条件的人口要素的聚集会带来投资规模的增长（如人口的生存性投资，包括住房投资、购买力投资、教育卫生投资等；就业性投资，包括兴办工业和服务业以及寻求就业机会等；通过生存投资和就业投资所完成的税收，又为财政的投资创造了机会）。如果在非农产业发展水平已经要求城市化发展的地区，满足一定收入条件的就业人口不能向小城镇自由的迁移，城镇发展的规模就会受到严重的限制。我们曾经对农村劳动力的转移特点进行统计。1978～1993年，农村非农劳动力净增7847万人，同期转移到城镇的劳动力为2210.4万人，平均每年转移138.15万人，占同期农村劳动力转移总数的16.7%。转移最多的1993年，空间转移只占农村劳动力总数的0.418%，而同年非农劳力占农村劳力总数的24.85%。影响农村劳动力转移和人口向小城镇聚集的主要障碍，是户籍管理体制改革的滞后。

（2）资金要素的聚集在于小城镇的投资体制。①中、短期信贷资金不足是体制性原因：一是政府垄断的金融体制向城市和国有企业倾斜政策，使得农村金融的资金流量不足；二是在宏观金融控制规模中，小城镇的资金投入要按计划的数量、很小的规模笼子去落实，这每年10亿元左右的小城镇基础设施贷款，对于亟待发展的大量农村小城镇无异于杯水车薪；三是在农民自有资金相对充裕的地区，金融体制改革滞后，使农民的资金不能有效地组织起来。②预算外财政膨胀，致使小城镇土地价格高抬，是影响投资商进入的另一体制原因。企业要素的聚集取决于企业的产权关系及城镇的土地价格，企业产权的变化和土地产权的明晰有可能促使滞留于社区的要素迅速向小城镇集中。

（3）关于城镇的规划、布局和建设管理。看起来是技术手段和实际操作的问题，深层次原因仍然是体制下的利益机制和政府的管理职能是否完善的问题。在小城镇政府财力不足和财政功能不完备的前提下，以收费和预算外财政作为弥补财力不足的主要手段。为了获取预算外收入，并免缴上级财政，按照短期收益把级差地租较高的土地向外出租，而忽视了长期的建设规划，这就是形成沿海经济发达地区的“马路城市”的体制原因。实际上，政府的财力充足与否，是政府对规划监管的有效保证，无论是规划的制作还是实施，一定要有坚强的财力作为后盾。很难想象，在上级财政不能松绑，对下又“放水养鱼”，对内税收和收费并存的财政体制情况下，小城镇能有效地行使镇级政府的行政管理手段。上级财政控制过紧，镇级预算外财政和收费就相对活跃。财力本身则取决于财政体制。一般情况下，在经济较发达地区，由于财政体制不完善，上缴过多，又不赋予城镇政府增加财源的活力，城建规划的制定和实施都存在一定的问题。

（4）从投资者和人口迁移的选择看，安全和稳定的预期在某种程度上要超过冒险和投机的追求，这也许是中国的一种特定的农村文化特征。因此，对于任何一个企图向小城镇进入的企业或者个人来说，都需要安全上的保障。对于企业，它要求安全的经营和生存环境以及稳定的收益，这需要一个高效、廉洁的政府和与市场机制接轨的相对完善的政府管理体制，在这种条件下，企业可以顺利地完成进入前的谈判和在进入后有稳定的利益保障；对于个人，则要求进入小城镇定居后应享有城市市民的合法权益，更重要的是在就业上不要有后顾之忧。因为，作为原来从事小农经济的农民，只存在就业不足，不存在就业风险。因此，在小城镇的企业机制必须要符合市场的要求，能在竞争的条件下稳定地生存和发展，这是农民进城之后就业稳定的前提。更重要的是，在小城镇还要有相对完善的社会保障体制，这对于在市场经济占主导地位的小城镇，更加符合现代社会的发展要求，更能保证城镇人口的生存和就业安全，尤为重要。

中国小城镇的发展进程受传统体制最严重的制约因素，是与独特的城市化过程伴生的中国传统的行政等级管理体制。这种体制要求基层政府对上负责，经济和行政权力、财政体制以及政府人事隶属关系，与等级制度相适应。上级任命制度使政府负责人追求短期政绩，追求升迁，任期内利益动机加剧了非规范的财政行为，最终导致管理效果的短期化。行政等级管理体制也为不同等级的城市之间的不公平的财政分配关系埋下了隐患。事权划分的不明确，在等级管理体制下通过统收统支的财政体制，使小城镇的财政收入向上级城市流出，相当一部分用于改善上级城市的生存环境，而小城镇生存和发展的环境以及公共基础设施的改善，却面临着资金短缺，进而加剧了小城镇政府扩张预算外收入和增加摊派的动机，由此造成短期行为扩大化。从上述分析中可以看出，体制因素都是相互关联的，并且是解决小城镇发展和建设的前提。可以说，经济体制的变化也就是小城镇投资环境的变化。不能想象，在小城镇的体制环境没有发生变化，会出现迅速的人口要素和经济要素的聚集。同样，即使只解决了某一个体制环节，而忽视了综合配套过程，仍不会从根本上改变投资环境而且即使出现了短暂的要素聚集，也会在一定时期后萎缩或出现后顾之忧。

## 六、促进小城镇发展的政府目标

作为政府政策的目标，发展中国小城镇，是要解决几十年来因政策失误造成的城乡发展不平衡。而其中的关键，是将滞留于农村土地上的大量过剩的农业劳动力转移出来。因此，发展小城镇，在促进中国农村经济发展和深化农村改革过程中，具有十分深刻的内容：

1996 年，中国总人口为 12.2 亿人，其中乡村总人口为 9.19 亿人，乡村劳动力为 4.53 亿人，从事农业的为 3.23 亿人，全国农村剩余劳动力为 2.28 亿人。由于已经在各类乡镇企业就业的农村劳动力为 1.35 亿人，加上每年农村新增劳动力 1000 万人以上的因素，现在农村剩余劳动力仍保持在 1.3 亿人左右。

农村大量的剩余劳动力滞留于土地，已成为制约农村经济发展的重要因素。

如何加快农村剩余劳动力转移的进程？迅速打破城乡分割关系，允许城乡之间劳动力要素的自由流动，是解决问题的方式之一。但是，若使 1.7 亿农村劳动力进入现在的大中城市，排除农村劳动力继续增长的因素，按每个大中城市接纳 50 万人以上，到 2000 年，则需要建立 340 个大中城市。而截至 1996 年，全国 20 万人口以上的大中城市有 267 个。如按新增一个大中城市人口的生产性和生活性投资人均 1 万元计算，则需要 17000 亿元，这是现实中国的财力和物力难以承受的。而且就业问题的冲突，也是矛盾的焦点。目前中国城市的待业人员每年增加 400 万人，加上国有企业的 1000 万富余职工，就业压力很大。如果让农村的人口自由向大中城市流动，必然面临着就业竞争问题，有可能引发潜在的社会矛盾，并导致“城市贫民窟”现象的发生，这是许多欠发达国家城市化过程中的经验教训。

小城镇的发展，既可以缓解人口流向大中城市的压力，又有利于通过农村第二产业的发展，增加第三产业对农村剩余劳动力的吸收能力。根据发达国家的经验，每增加一个第二产业的就业人员，社会就应该相应增加2~3个第三产业就业人员。按农村劳动力产业就业比例来计算，目前的农村非农产业就业比重中，工业和服务业的就业比重为1∶1.55，根据这个比重来推断，理论上的第三产业可吸收农村剩余劳动力的潜力在5000万~1.1亿人之间，也就是说，农村剩余劳动力转移的希望在农村第三产业。同样根据工业化国家的成功经验，第二产业发展的最佳区位是人力资本密集地区，相对于农村来讲，小城镇是农村人力相对密集的地区，在小城镇有利于农村市场的发育和农村第三产业的发展，因此，也有利于农村剩余劳动力的转移。

为了促进中国小城镇的发展，国务院有关部门从20世纪90年代初，就开始协作研究，制定有关政策。1994年10月，国家建设部、国家计委、国家体改委、国家科委、农业部共同颁发了促进小城镇建设和合理规划的文件。1995年4月，国家体改委、建设部、公安部、国家计委、国家科委、财政部、中编办、民政部、农业部、国家土地局、国家统计局11个国务院有关部委，共同颁发了“关于小城镇综合改革试点的指导意见”，并在全国选择了首批57家小城镇作为综合改革试点，1998年初，试点扩大到111家小城镇。1995年10月，11个部委在江苏昆山召开了全国小城镇综合改革试点经验交流会。1997年，国务院批准了公安部制定的关于小城镇户籍管理体制改革试点的政策意见。推动小城镇发展的各项改革开始逐步有序地在有关部委指导下展开。

小城镇的发展也得到了国际上的重视。1995年由国家体改委、建设部、中国农业银行和世界银行、瑞士政府在北京联合举办了中国小城镇发展问题国际高级研讨会。1996年11月，联合国开发计划署支持原国家体改委的“可持续发展的中国小城镇”项目开始启动，并在全国范围内选择了三个综合改革试点，在环境保护、土地管理和规划、财政体制改革等方面进行重点试验。到目前为止，已经取得了明显的效果。

## 七、促进小城镇发展的改革政策

发展小城镇，重点是通过改革的方式打破传统的城乡分割的体制障碍，促进城乡生产要素的流动和资源的合理配置。

首先是促进小城镇经济和行政管理职能的转变，使其符合社会主义市场经济体制的要求。主要涉及以下几个方面的内容。

（1）完善小城镇政府经济和行政管理的职能和权限，加强其协调小城镇经济和社会发展的能力。因此，加快小城镇经济和行政管理体制的改革，首要任务是在确定各级政府事权划分的基础上，完善小城镇政府的功能，将必要的上级管理权限特别是县级管理权限向小城镇政府下放。

（2）在小城镇政府实施机构改革。小城镇政府的功能不同于乡镇政府，实际上已经超出管理农业和农村的范围。城镇基础设施建设、环境治理、社会治安、交通管理以及城市规划和卫生监督等，都在城镇化过程中作为政府职能予以完善。传统的机构设置既要适应城市化功能的变化，又要突破传统的等级界限，向规范化的政府机构设置过渡。因此，要严格按照小城镇、大服务的原则，在不突破所核定的政府人员编制数的基础上，根据实际工作的需要进行机构设置和人员配备。

（3）加快政府管理职能的转变，实现政企分开，塑造企业发展的良好环境。小城镇的发展，中心问题是要通过转移农村剩余劳动力，来解决农业和农村长期发展中的深层次矛盾问题。大量农村剩余劳动力进入小城镇加入非农产业，必须要有一个良好的乡镇企业的发展环境。如果一个小城镇内的乡镇企业产权不清，政企关系不顺，企业负担严重，那么，企业必然要面临着和大中城市国有企业面临的矛盾一样，在日益激烈的市场竞争面前，处于十分不利的地位。只有使进城的农村剩余劳动力处于一种安全稳定的就业条件下，才不至于发生企业大量破产，才能确保城镇化过程的顺利进行。

（4）关于小城镇的财政管理体制改革。一个小城镇，政府的功能是否完善和健全，政府管理人员的行为和决策是否符合小城镇发展的长期利益，很重要的一方面取决于小城镇的财政体制是否完善。小城镇财政体制的不完善也是导致增加企业摊派和乱收费的主要原因之一。目前农民负担过重，在小城镇也同样存在。各个部门都在利用自己的收费渠道满足部门的利益要求，缺乏统一的财政预算约束，各类负担加大，就会形成恶劣的投资环境。一个政府的财政状况和体制因素，决定着政府的功能和行为。财政穷，短期行为就多，富财政就会从长期和可持续发展上考虑小城镇的问题。把财政体制改革和公共财政体制的建立作为小城镇综合改革中一项十分重要的内容，就是因为它是支持政府功能良性运转的基本保证。

小城镇财政体制改革的重点是，按照分税制的原则，建立有利于小城镇财政增长活力的新型上下级财政分配体制。即在保留上年财政上解数基础上，将增长部分的大头留地方，调动小城镇培育财源的积极性，从制度上遏制政府决策过程中的短期利益行为。

在小城镇探索税费改革，通过财政体制的完善，逐步实现清理费种，简化费目，合并费税，向财政并轨的改革方向。小城镇还要完善预算管理的民主和科学的程序，加强监督功能，规范小城镇的财政行为。

（5）关于耕地保护和土地有偿流转制度的改革。改革传统的耕地占用的行政审批制度，在土地流转过程中，确保土地所有者集体经济组织和土地经营者的基本权益，允许集体土地进入一级市场。政府按照市场价格征用土地，通过成本推动，遏制政府扩张耕地占用的动机，加快旧城改造的步伐。在严格加强对耕地保护的立法和行政管理的同时，积极促进小城镇开发过程中的土地利用率的提高，是当前政府政策的重点内容。过去政府垄断土地的一级市场，征用耕地花费很少的代价，可以说是造成耕地占用的直接原因之一。

（6）进行小城镇户籍制度改革的试点工作，国务院于 1997 年颁发了《国务院批转公安部小城镇户籍管理制度改革试点方案和关于完善农村户籍管理制度意见的通知》（国发〔1997〕20 号）。为按照以居住地和现行职业确定落户地点和身份的户籍管理制度改革进行实际的探索，在打破长期延续的城乡分割关系，促进城乡生产要素的合理流动方面，加快农村剩余劳动力的转移，吸引农村乡镇企业向小城镇集中，迈出了十分重要的一步。

（7）在进行小城镇户籍登记制度改革的同时，要配套进行农村集体土地使用权有偿流转制度的改革。在过去没有进行户籍制度改革时，农民进城后，在农村仍保留自己的承包地和宅基地，不利于推进土地的适度规模的经营，这仍然是农业发展的严重制约因素。如果坚持农民仍继续保有自己的责任田和宅基地，则无法解决人均占有耕地过少的农村深层次矛盾，促进农业长期发展的目标就不会实现。同时，农民就业在城，生活在村，自给自足式的消费行为，也不利于推动小城镇的住房建设和房地产市场的发展。农民进城以后，土地使用权有偿转让出去，使农村闲置的耕地向种田能手集中，推进适度规模经营。农民进城转变身份，把自己的长期投资兴趣转向小城镇，既可以在小城镇兴办二、三产业，又可以作为小城镇房地产市场的消费者，推动小城镇的房地产发展。

（8）促进小城镇建设的投资方式改革。发展小城镇，要通过各项改革促进投资环境的改善，必然要涉及如何吸引投资。在小城镇的投资成本低，土地价格低，劳动力价格水平低，没有各项福利支撑的廉价的农村剩余劳动力的充足供应，构成了巨大的潜在投资市场。农民的长期投资趋势是建房，这是中国农民的十分显著的消费特点。在市场诱导下，通过政策作用促使农民将自己建房的习惯转化为买房，减少房屋销售的中间环节，使进城的农民买到价格低廉的住房，以此来促进小城镇房地产市场的开发。投资方式改革的关键，是建立明确的投资回报机制。只有明确了投资收益，才有可能吸引投资，才能建立银行贷款的信心，才能寻求到承担的主体，这是吸引多元化投资的必要保证。这涉及基础设施的管理由政府来管，还是按照企业的方式由企业自己去管；是政府承担管理费用，还是本着市场的办法，采取收费管理，用于维持基础设施的运转。一种按照市场机制建立的基础设施管理方式，能在维持运转的基础上保持盈利，对于开辟多元投资渠道，具有重要的现实意义。

（9）抓好小城镇的建设规划管理和环境保护。一个小城镇的发展给人最直观的感觉是它的外在形态。从一个小城镇的规划管理和环境污染的治理上，可以反映出一个小城镇的文明程度，政府的工作效率和服务水平，政府负责人的观念和能力等。对于投资者来说，一个好的环境和规划会促进他投资的决策。中国农村的小城镇，绝大多数规划落后于经济发展。所谓民族化，房顶加上飞檐，千篇一律，非驴非马，或者贪大求洋，不切实际地搞二十几层的高层建筑，六七十米宽的街道。认为只有这样，才是现代化的小城镇建设规划方式。一个小城镇的发展要特别体现民族风情、地域特点、文化传统，中国具有十分宝贵的建筑传统和风格，如果失去了这些，小城镇也就失去了特点。因此，培养小城镇政府的负责人的规划意识，邀请高层次的专家做规划，建立规划过程中的民主和科学的决策机制，是促进小城镇可持续发展、改革传统观念的重要内容。小城镇的环境污染治理作为综合配套改革的内容之一，因为它是改善小城镇发展环境，提高小城镇生活质量的重要条件。根据最近的全国抽样调查统计，小城镇的污水处理率和垃圾处理率，按国际通行标准，近乎等于零。因此，在小城镇，要严格控制污染企业，把一部分财政支出和收益投入到环境污染治理；改革现行的环境治理收费制度，建立排污收费机制；加强环境意识的公众教育，强化社区公众对环境污染治理和监督的积极参与。通过改革促进中国小城镇的发展还有很多内容，例如，经济结构的转变怎样适应城市化的需求；促进农村第三产业的发展并使其向小城镇集中；培育小城镇的专业批发市场；建立小城镇的社会保障体制；通过小城镇的发展支持农业社会化服务体系，支持农业产业化的经营；打破城市化过程中的行政等级体制，确立公平、平等和事权明确的城镇发展机制，等等。

# 我国小城镇发展现状、问题及综合改革方向

中国进入21世纪，将面临两个战略问题：一是高科技发展，二是城市化发展。高科技发展是提高我国国际竞争力的关键。城市化发展是解决目前内需不足、经济增长乏力的一个重要途径，也是解决我国城乡二元结构、提高国民经济整体素质的关键。党的十五届三中、四中全会，不久前结束的中央经济工作会议和农村工作会议，都提出了“小城镇、大战略”，将小城镇作为国民经济和社会发展的大战略。我们作为小城镇的管理者、小城镇事业的直接参与者，深入领会贯彻这个大战略的精神实质并指导我们的实践活动，至关重要。

1999年以来，从各地的变化我们可以感受到，各省在贯彻中央“小城镇，大战略”的部署中采取了很多的实际步骤。前两天我在浙江省考察小城镇了解到，浙江省的经济增长速度很快，在全国面临通货紧缩的时候，其经济增长速度达到了10%，高出全国平均经济增长速度7.1%近3个百分点，国民生产总值已达到全国第四位。其主要的经验就是：发展县以下经济，尤其是乡镇经济。这是条很成功的经验。安徽作为一个中部省份，这几年经济增长速度也是比较快的，在座的同志们都有体会，发展农村经济，发展民营经济，活跃县域经济，调整农村产业结构、就业结构和所有制结构，小城镇的发展能起到龙头作用。只有深入理解和贯彻中央的精神，才能把小城镇的改革、发展工作做得更好。

今天，我主要讲三个问题：一是如何理解“小城镇，大战略”的精神；二是当前小城镇发展中面临的问题；三是小城镇综合改革试点的主要内容。

---

本文是李铁在“安徽省小城镇综合改革试点工作座谈会”上的讲话，2000年6月。

## 一、如何深入领会、贯彻“小城镇，大战略”的重要精神

我认为，大致可以概括为以下几个方面。

**1. 发展小城镇是解决当前农村经济和农业发展深层次矛盾的一个必然途径**

党的十一届三中全会以后，中央制定了一系列促进农业和农村经济发展的方针政策，带来了农村生产关系的变革，逐步形成了以家庭联产承包责任制为基础的新型农村经济体制。体制的创新，充分调动了广大农民的积极性和创造性，极大地促进了农村生产力的发展。20 世纪 80 年代中期以来，国家采取了鼓励发展乡镇企业、加大农业科技投入力度、发展两高一优农业、推进农业产业化等政策措施，进一步促进了农村经济发展，农民人均收入水平也登上了新台阶。但进入 20 世纪 90 年代中后期，出现了农产品相对过剩、农民收入增长缓慢的问题。究其原因，就是农村人均资源占有量过低。如果我们仅仅靠农业，在人均耕地不到一亩的条件下，使农民收入水平有较大或很大幅度的提高，是做不到的。目前，国内粮食价格已超过国际粮食价格，靠提高粮食价格实现农民收入增长，几乎没有回旋余地。近几年，农业连年丰收，粮食相对过剩，棉花、水果、蔬菜、乳蛋、家禽等农产品也相对过剩。过剩，就意味着农民收入水平必然增长缓慢。从另一个方面来看，即使农产品供给不足，农产品价格大幅度提高，但人均耕地资源过低的现状也决定了不可能从根本上改变农民的生活现状。1992 年，我来安徽进行农业调查，到了大包干的发源地、农村改革的发源地凤阳县，看到包产到户十几年了，当地仍然没有摆脱靠农业吃饭的现状，农民人均收入水平仍然没有较大幅度增长。由此看来，农村人均占有资源过低，是当前农村经济和农业发展面临的一个深层次矛盾，已经成为我国国民经济整体素质的提高、经济进一步发展的重大障碍。

中国怎样发展，农业、农村怎样发展，最大的任务是打破资源的约束。过去，我国国民经济中农业所占比重较大。现在二、三产业有了很大的发展，农业在整个国民经济中的比重由过去的 70%，变成“倒三

七”，可是农民仍然没有从土地上脱离出来，人均占有的耕地面积仍然没有发生很大的变化。怎么办？要想富裕农民，只有减少农民，只有让农民从土地上出来，才是农村改革的根本出路。否则，就永远不能改变人均资源占有水平过低的现状，就不可能从根本上提高农民的收入水平。从另一方面看，不减少农民，就不会增加对农产品的商业需求。现在是9亿人养3亿人，如果改变一下这种格局，3亿人养9亿人，对于农产品的商业需求该是多大！人均占有资源数量增加后，对农产品的需要会大幅度增加，农民收入会不会大大提高呢？这是不言而喻的。所以说，只有解决了人均资源占有过少这个核心矛盾，农村经济才有可能大幅度增长，农业和农村才会有更长足的发展。而发展小城镇，就是一条非常重要的出路，可以有效转移农村富余劳动力，实现城乡土地、劳动力、资金的合理配置，进一步发展非农产业。民展小城镇对于解决我国农业、农村和农民问题，从根本上加强农业基础地位，促进农村经济的全面发展，不断提高农民收入有着重要的现实意义。

**2. 发展小城镇是提高国民经济整体素质，促进国民经济长期稳定发展的需要**

我国目前正处于城市化发展的关键时期，加快城市化进程，成为我国经济和社会发展面临的重大战略问题。从实际出发，走适合我国国情的城市化道路，对于启动内需，促进经济增长，提高国民经济的整体素质，确保国民经济持续、快速、健康发展，具有十分重要的意义。

改革开放以来，我国的城市化步伐明显加快，取得了令人瞩目的成就。尽管如此，仍明显滞后于我国同期的工业化和经济发展水平。1998年，我国工业化率为42.1%，而城市化率仅为30.4%，滞后了11.7个百分点。在国际上比较，我国的城市化水平为30.4%，发展中国家的城市化水平为37%，发达国家城市化水平在75%~80%以上，世界城市化平均水平为47%。1997年，我国的国民生产总值在世界排名第7位，但城市化水平却处于112位。城市化水平明显落后于发展中国家的平均水平，与世界平均水平和发达国家平均水平相比，相去甚远。

城市化滞后，大量农村富余劳动力滞留在农业中，使农村人均耕地面积过少，农业劳动生产率过低，农民收入增长缓慢，农业和农村中的许多深层次矛盾难以解决。城市化滞后，还抑制了消费需求的增长，形成工业制成品相对过剩的局面，影响了第三产业的发展，制约了我国就业岗位的增加。

近几年，我国经济发展中一直面临着通货紧缩的问题。表现为：加工业开工不足，生产能力发挥不足，库存积压严重，库存商品超过生产能力的一半以上，基础工业也同样过剩。市场销售不畅，无消费热点。比如，全国商品房积压面积在 8000 万 ~ 10000 万平方米左右。其中一个要害问题，就是内需不足。而内需不足的一个明显原因是城市化水平低，就是参与到整个城市化消费空间的人口不足，特别是广大农村地区仍沿袭着传统的低水平的消费方式。北京大学曾对广东地区主要家电——彩电、冰箱、洗衣机、录音机的拥有量进行了调查。调查结果显示：城市对彩电、冰箱、洗衣机的拥有率是农村的两三倍；录音机的拥有率城市与农村基本相等。录音机的使用在农村基本不受基础设施水平和消费习惯的限制，在大部分农村都可以收听到。而彩电、冰箱、洗衣机则受到一定的限制，洗衣机要求有供水、排水设施，冰箱要求参与市场消费，而农民的农产品消费，大部分是自给自足的，不需要保鲜。

这个调查说明了一个很重要的问题，广大农村地区的消费需求受农民收入增长缓慢、基础设施水平低、消费环境较差的制约，农村市场进一步拓展面临较大难度。因此，他们提出了“新农村运动”，主张政府应把有限的财力投入到改善农村基础设施中，只有提高了农村基础设施的水平，才可能提高整个农村消费水平，才能扩大市场空间，解决通货紧缩问题。即便如此，如果农村的居住状况依然是绝对分散，一个自然村，百户人家，去搞道路、供水、通讯、有线电视网等，基础设施的投入必然是无效益的，不可能得到相应的回报。这种基础设施的投入会有很大的风险。公共基础设施产业的回报要有一定的规模，至少在万人以上才能形成适度规模。要促进“新农村运动”的发展，促进农村消费水平的提高，起到扩大内需的作用，首先要使农民相对集中起来，才能形成一定的基础设施投入回报效应，怎样才能形成这样的规模，一个现实途径是发展小城镇。

### 3. 发展小城镇是我们国家当前城市化进程中非常现实的选择，也是符合我国国情的现实选择

回顾新中国成立后的城市化历程，经历了新中国成立后到改革开放前和改革开放后两个时期。新中国成立后，为了实现工业化战略，保证工业化积累，从20世纪50年代末采取了严格控制农村人口进入城镇的政策，这对迅速建立起独立的工业体系，曾起到了重要作用。但由此也造成了在相当长时期内城市化发展滞后，城乡二元结构反差强烈。到1978年，工业化水平达到了44.3%，城市化率仅为17.9%，滞后了26.4个百分点。改革开放后，尽管国家对原有的城镇化政策有所调整，但并没有从根本上改变限制农村人口进入城镇的政策。1998年，工业化水平为42.1%，城镇化率为30.4%，仍滞后了11.7个百分点。进入21世纪，我国经济社会发展将跨入一个新阶段。前面曾谈到进入21世纪，将面临两个战略问题：一是高科技发展，二是城市化发展。如果将我国城市化水平提高到与经济发展水平相适应的程度，城市化水平应在45%左右，需转移农村人口2.3亿左右。如何走出适合我国国情的城市化道路，是目前我们面临的紧迫课题。

目前就城市化道路选择问题，在学术界还存在争论，争议的焦点是发展大中城市，还是发展小城镇。很多经济学家提出了“都市圈”，发展中等城市。根据国际上城市化发展的一般规律看，在城市化进入高速增长期，即城市化率在30%～50%左右，绝大多数国家都遇到了大量的农民进入城市没有工作、城市两极分化严重、大量贫民窟的存在、婴儿死亡率增高等问题。我国的城市化问题还有自己的特殊性。改革开放后，随着市场化程度的提高，越来越多的农民进入城市务工经商，已融入城市经济中，和城市产生了密不可分的关系，许多农民已在城市生活了若干年。但由于受延续了几十年的城乡分割的户籍管理政策限制，仍然受到各方面的排斥，无法成为城市居民。这种城乡分割的状况，已经在城市居民和农村居民之间形成了深刻的“等级观念”，在某种程度上也造成了城市居民对农村居民之间的排斥心理，无论在就业、治安、环境上，都可清楚地反映出来。再加上大中城市还面临着管理成本过高、管理体制落后、失业和下岗的职工较多、每年还有数百万新增劳动力需就业、社会福利负担沉重等问题。如果仅靠发展大中城市，来解决我国的城市

化问题，是不现实的。

再谈谈我国小城镇的发展情况。改革开放以来，我国的小城镇有了长足的发展，建制镇数量从1978年的2173个增加到1998年的19216个，居住人口有2亿左右。小城镇的发展是农村改革非常深刻的内容之一，是农民在经历了家庭联产承包制、乡镇企业的发展后，在实现农村城市化进程中的一个创造。小城镇的发展已经成为中国城市化过程中的现实。这种创造是农民在自己的家园内、自己的生活空间内和生活范围内，自己建立的城镇，尽管建设水平、生活水平相对于大中城市低，但不会引起任何社会不稳定，可以避免一些发展中国家因人口盲目涌入大城市所带来的一系列社会问题，符合改革、发展和稳定的方向。

相对于大中城市，小城镇有自己的独特优势。我们曾组织进行了对不同规模城镇（吉林、安徽、江苏、河南、湖北等省）经济社会发展情况的调查，调查显示了以下结果：一是大城市吸纳1个劳动力所需生产性投资是小城镇的3.8倍，城市国有工业企业吸纳1个劳动力所需的固定资产投资是乡镇企业的2.9倍，在相同数量的投资下，小城镇比大城市吸纳更多的劳动力。二是大城市、中等城市和小城镇每平方米商品房平均价格分别为2125元、850元、525元，大城市商品房平均价格是小城镇的4倍，农民进入小城镇，购房成本比大中城市低的多。三是小城镇的基础设施建设水平和投资成本相当于大城市的1/3。

因此，我们认为实现我国城市化目标，应走一条“适当发展大城市，积极发展中小城市，重点发展小城镇，适合我国国情的大、中、小城市和小城镇协调发展”的城镇化道路。发展小城镇，符合2亿农村人口居住在小城镇的现实国情。最大的意义就是可以通过低成本的道路来迅速转移农村人口，加速我国城市化进程。

**4. 小城镇发展有助于农村产业结构、就业结构和所有制结构的战略性调整**

20世纪80年代，农村乡镇企业兴起，每年以50%的速度增长，每年增加一千万个劳动力就业。1998年，乡镇企业吸纳农村劳动力1.25亿就业，创造增加值2.2万亿元。随着乡镇企业的兴起，农村第二产业有了长足发展，也带来了农村产业结构、就业结构和所有制结构的变革。这一高速发展阶段从1984年开始持续了5年，直到1989年。

20世纪90年代中期以后，城市经济体制改革不断深化，城市企业的结构在转变，向资本、技术密集型转变，又对乡镇企业产生了极大的冲击。乡镇企业发展的体制优势、工业结构优势、成本优势等，不断弱化，甚至不存在了。乡镇企业吸纳农村劳动力的能力在逐渐下降，一产向二产转移了一个坎，连续几年乡镇企业就业人数出现了净降低。

乡镇企业发展到今天，面临着战略性调整。农村产业结构、就业结构和所有制结构面临着战略性调整。这些调整，必须同小城镇的发展结合起来，要和人口、企业向小城镇集中结合起来，在更大的范围内实现城乡土地、劳动力、资金等生产要素的优化配置，实现农村经济和社会发展的第二次飞跃。调整的方向是在巩固农业基础地位的基础上，优化乡镇企业结构，提高质量和效益，增强竞争力，同时大力发展第三产业。调整的前提是必须提高城市化水平。只有提高城市化水平，才能克服乡镇企业分散化、小型化经营的弊端，有效解决交通不便、信息不灵、社会交易成本过高等问题，提高乡镇企业的整体素质，促进农村第二产业的良性发展。只有提高城市化水平，才能促进农村人口相对集中，才能提高服务业的规模效应，为第三产业的发展创造条件。第三产业所包括的内容，主要是房地产、金融业、交通业、运输业、邮电、信息等产业，也就是一切和城市发展有关的产业。没有人口的集中，第三产业是不能发展起来的，即使是低水平的第三产业，如市场零售、餐饮等也需要有一定的人口规模。

乡镇企业的发展还面临所有制结构调整的问题，这是当前农村经济结构调整中的一个核心问题。一方面要改变村村点火，处处冒烟的分散布局，同时要打破乡镇企业受地缘、血缘的约束，让要素流动起来，扩大到城市范畴，伴随着城市化的发展，形成非地域化的产业。我国农村的企业大多数是地域型的，生产要素流动不起来，也受到传统所有制的约束。只有在城市化发展过程中，突破所有制的约束，通过所有制结构调整，将生产要素用股份制、股份合作制等先进的方式结合起来，改变资本有机构成，扩大产业规模，提高产业水平和技术档次，形成一种新的体制优势，把有限的资源，通过一种制度化流程连接起来，形成规模性产业，才能增强市场竞争能力，和城市企业真正竞争。发展小城镇是实现农村产业结构、就业结构和所有制结构调整，促进农业和农村经济的整体发展，加快农村城市化进程的一条必由之路。

充分理解“小城镇，大战略”的精神实质，才有可能抓好小城镇的每项改革内容，扎扎实实促进小城镇发展，中央把小城镇作为一个大战略提出来，意义十分深远。

## 二、小城镇发展过程中所面临的主要问题

小城镇发展所面临的问题很多，但在中、东、西部有很大的差别。对东部地区来说，小城镇已发展到一定规模，因此，和中西部面临的问题都不一样的。但总体来说，小城镇发展中面临着许多共性的问题。

### 1. 政府服务的目标不明确

小城镇政府到底是为谁服务的，是为上服务，还是为下服务，不明确，这是现行管理体制的矛盾焦点。举例来说，现在不少地方的小城镇政府都盖了很高的办公楼，出发点是改变政府公务员工作的现状。但对小城镇的财政收入从哪里来，到底该为谁服务，则认识不清，包括小城镇政府主要领导的观念也非常模糊。由于小城镇政府的服务目标不明确，容易造成如下后果：一是政府官员短期行为的发生，在任期内既要完成上级下达的各项任务指标，另一方面又要追求自身的政绩。主要表现为搞个看得见、摸得着的东西，如宽宽的马路、高高的楼房、大大的广场等，而不关注小城镇的可持续发展，长期发展。二是把大量的精力放在吸引投资上。吸引投资被当作目前地方政府考核干部政绩的一个重要指标。吸引投资的确和地方经济增长数字密切相关，但单纯追求经济增长速度，忽视社会居民生活水平的提高，必然导致政府的短期行为。三是小城镇主要负责人频繁调动，平均二年一个任期，每一届政府都没有长期打算，没有把工作目标放在制度的建设上。

### 2. 政府职能不完善，机构设置不健全，功能定位不准确

小城镇政府到底是什么样的政府，如果按我国宪法中所明确的，小城镇政府是我国最基层的政府，就是一级完善的政府。但现实中，小城

镇政府的大部分职能权限被上一层政府和条条部门肢解，职能不完善、机构不健全。许多权限在县级政府和条条部门，这也是小城镇政府对上负责、不对下负责的根源。

（1）功能不定位。发达国家小城镇政府的基本职能包括：创造优美的居住环境和良好的工作条件；发展基础教育事业；建立完善的社区社会保障和社区公共设施体系；倡导开放的、自由的、和谐的、互助的社区文明；营造社区经济、文化发展条件，提供发展的机会。与基本职能对应，财政支出很明确，主要用于城镇规划管理、公益性的基础设施建设、社会治安等公益事业，就是通过改变小城镇的外在形态和内在质量，吸引人们来此居住，使当地居民把这里作为一个安居乐业的地方。

较之发达国家的小城镇，我们国家小城镇的政府职能往往偏向于发展经济。从小城镇统计指标的设置和上级对小城镇的考核来看，也反映了这一问题。主要统计和考核工农业总产值、人均纯收入等。很少有人关注小城镇的排水管道、垃圾处理、绿化、街面的整洁度，而恰恰这些是人们生活中必不可少的。生活环境和生活质量是衡量一个小城镇发展的重要方向。环境的改善，也反映了小城镇人文素质、生活水准的提高。

有些小城镇人均纯收入很高，但生活环境却很糟，看不出生活质量的提高，这些都反映出政府应有的功能没有发挥。

（2）支撑小城镇政府管理功能的现行财政分配体制极不完善。国家体改委等11部委开展小城镇综合改革试点以来，有不少镇通过试点得到的政策，使小城镇加快了发展。体改部门搞的小城镇综合改革试点，主要是通过地方各级政府的支持，赋予小城镇政府一些应有的管理权限。有些试点镇，政策落实的较好，经过几年不懈的努力，使小城镇在形态建设上发生了很大的变化，老百姓也得到了很大的好处。

现在不少地方单纯从追求政绩出发，更关注几百万的项目和投资，这是因为政府的行为和政府一把手的行为是分离的。作为一个政府，它的受益是通过制度性获得的。不少政府热衷于争取一些项目，前一任政府的债务由下一任政府来还，前任政府通过债务得到的政绩，后任政府一方面要还前任政府的债务，另一方面，又要制造新的债务来获得新政绩，这就是我们现在这套管理体制造成的短期行为。

不少试点镇最大的得益，是从县镇财政分配体制上，通过对现行财政体制的改革，形成一个有活力的财政机制，为镇里创造了增加收入的机会。这主要取决于当地上级政府的支持，使财政体制的改革得以落实。现行的县镇财政分配体制，越是发达地区、发展水平较好的小城镇，问题越是严重。不少试点镇都是上级政府财政的支柱，这几年上一级政府通过一些不平等的行政性的财政分配关系，把小城镇社区的公共资源转移到县政府的所在地，搞县城建设，同时恶化了小城镇公共环境，最终导致人才、技术、资金等生产要素的流失，加大了城乡差距。

许多小城镇为了满足政绩要求，都有强烈的兴趣增加企业的规模，大力招商引资。在现行的财政分配体制下这种招商引资会带来什么样的后果，并没有人去考虑。这种财政体制可能会造成公共资源的流失，会带来更严重的后果。政府想获得更多的财政收入，更多的政绩，唯一的办法是让更多的企业到小城镇去投资。要招商引资就要给优惠政策，一是优惠的土地出让；二是在地方税种中，尽量减免税收。

企业进来后，会给地方带来什么呢，一是通过合理的税收，保证地方财政收入的需要，改变小城镇基础设施建设，改善环境；二是通过解决就业，促进收入增长，促进市场需求，搞活地方经济；三是交纳一定的土地出让金，作为政府的开支，解决当地基础设施不足的问题。但把这三项加起来，可能大于企业到地方投资所带来的负支出，如环境污染、基础设施的消耗等问题。按照现行的财政体制，企业所交的税与带来的负支出相比，增值税上缴中央；地方税大头上缴上级政府，镇里能减免的全减免了；就业方面，现在任何一个企业吸纳劳动力不会全是当地居民，有不少是外来的，这使原来预期的收入要下降一半，外来打工的收益被带走了，留下的是各种污染；土地出让金是优惠的，而且是一次性的，结果是这届政府受益，下一届政府没有利益。虽然来了一个企业，在统计指标上产值、利税是增加了，但社会的负担和基础设施供给的压力、环境问题等都发生了负面的逆转，谁来承担，后人来承担。怎么办呢，再去获得新企业，解决前任造成的问题，久而久之，所有的城镇都面临一个极大的环境治理的压力和基础设施供给的压力。从长远看小城镇怎样发展，农民选择居住、投资者选择投资地点肯定要选择环境好的地方。而目前小城镇这种环境是否能吸引高技术、低污染的企业家去投资。大家不去算这笔账，还在不遗余力地去争取投资，不寻求去解决制度上的问题。

在现行县镇财政体制下，小城镇政府获取的收入，以统收统支的方式上缴给上一级政府，意味着小城镇政府不得不把可支配收入目标向预算外转移。目前，小城镇普遍流行的做法叫以地生财，在短期内，迅速出卖价格较高的土地，以获取最大的利益，来满足政府的支出。结果呢，每任都想获取最大的收益，寻求短期收益最快的办法，就是将价格较高的土地迅速出让，有的已为后续的城市化建设造成相当大的负担，形成了一个畸形的城市化进程和带状城市。城市改造、基础设施的供给等成本都永远在增加，这已是发达地区城市化过程的一个弊病。如果土地出让金是一次性的，会导致大量短期行为，因为后任不能得到前任土地出让金的利益。怎样制约短期行为，只有利益的平均化、利益的长期化，才是制约短期行为的最好办法，现在的制度恰恰不是这样的。现行财政体制会加剧政府对企业的摊派，加大农民负担，这也是造成破旧社区环境、投资环境较差的一个重要因素。所以小城镇目前的财政体制是弊大于利，其根还在于不平等的行政性的转移，扩大了城乡差别，最后导致小城镇不得不以短期行为获取有限的财政资源，使小城镇的资源在逐步枯竭。

### 3. 小城镇的布局和合理规划问题

现在小城镇的布局不合理，也是导致资源浪费的一个重要原因，这还是现行体制所造成的。每个行政主体都力图建立自己的政治中心，经济、文化中心，都要去扩张城镇所在地建成区的规模。中国有 5 万多个乡镇，都要建成小城市或小城镇能不能做到？资源的绝对平均化，就会限制所有的乡镇发展。如果允许所有的行政主体去扩张，就会重蹈 90 年代初开发区热的覆辙。当时，全国有 8000 多个开发区，造成资金大量浪费，土地大量闲置，而且都发展不起来，带来大量的行政负担和债务。

行政成本过高，也是当前小城镇政府管理体制中存在的一个严重问题。机构改革搞了多次，每次减了又扩，扩了又减，反反复复，但并没有解决机构臃肿的问题，主要是因为行政主体太多。小城镇的行政体制是从人民公社演化过来的。当时由于受到交通、通讯等因素制约，管理的范围有限，控制范围、控制能力有限，在此基础上形成了现在的布局，有5万多个乡镇。目前，情况发生了很大的变化，几乎每个乡镇的办公设施中，都配备了小车，通讯条件也大大改观，行政控制能力大大增强了，可是行政基础、行政中心，仍然维持原来的状态和格局。这种以地域分割为基础的传统行政格局，导致了小城镇政府扩张的欲望，都力图发展自己，力图减少公务员的公务压力来增加自己的编制。这必然造成两个浪费：一是基础设施建设的浪费。很多镇相距没有几公里，基础设施重复建设，造成大量的资源浪费。二是机构设置、编制重复设置。要从根本上解决政府机构的架构问题。要不要一个县搞那么多的乡镇，大多数县的财政是吃饭财政，压力主要是行政压力。如果能通过另一种方式，调整合并乡镇，扩大行政中心的控制范围，可以减少机构、人员、基础设施的投入，节省行政资源。有些乡镇没有什么实力，还要存在，还要发展，全国到底要发展多少个小城镇，需要去研究。我们反对一个省搞几百个试点镇，抓几十个就可以了，要重点发展一些，剩下的可以不管了，有能力就发展，没有能力就合并。这也是城镇规划体系、城镇布局的问题，根本上还是涉及行政体制改革。

微观的具体规划怎么搞。问题是，绝大部分小城镇都有一个力图使自己行政规模、建设规模、经济规模极度扩张的欲望。有的小城镇规划搞了十几平方公里，人口十几万。小城镇政府管理者，在小城镇发展中，到底要解决什么问题，是急于解决城镇规模的扩大问题，还是急于解决改善城镇素质、居民的生活环境和质量。只有改善了环境，才能使更多的人到城镇来居住。规划怎么制定？现在的规划，如制定一个建设规划或土地规划，我觉得应该重点解决一个规划的思想和观念的问题，合理判断小城镇经济发展的水平、人口、规模，能形成多大的规模，有什么主导产业来支撑小城镇的发展，通过这些产业的发展，能获得多大的收益和政府资源，来改善小城镇的面貌。而不是先急于扩张。另一方面，政府要把自己的主要任务放在制定长期规划上，而不是短期决策上。一个政府能做一个好的规划，这个政绩比修一条马路、盖几栋楼房要好得多。执行了规划，实施了规划，有多少人参与管理，应该管理些什么，城镇要搞成什么样的形态。有些地方有很多鲜明的风格，可在城镇建设中全丢掉了，各地的建筑风格差不多，路很宽、楼很高，建筑风格千层一面——白瓷砖、蓝玻璃。为什么把传统的风格放弃了而模仿大城市。怎样才能树立具有地方特色，又美观大方的外观形态，这也是我们这一代小城镇管理者的责任。传统的东西要保留，是历史、是文化。

**4. 小城镇的投融资体制问题**

涉及如下两个方面的问题：

第一，在政府投资决策中，是否考虑了经济的原则、效益的原则。任何一个政府在制定某一项建设计划时，都应考虑到最大的受益者、最大的受益群体、最大的经济效益。有的小城镇道路很宽，可行人并不多。人口、流量和经济效益的关系要充分考虑，这也是经济学的投资原则。如果修的路有一半是闲置的，效益就不高。投资规划也是合理进行投资很重要的方面。

第二，政府要进行什么样的投资，主要的投资主体是谁。现在小城镇的基础设施都是政府拥有、政府管理、政府投资。投资可以分几类，生活性投资由社会来负担，有收益的公益性基础设施投资，如水、电等也应由社会来负担，公益性的有一部分，也可以转化为社会承担，很少一部分由政府来承担。可现在我们政府的做法是凡是赚钱的都留在手里，不赚钱的都要推出去，赚钱的项目也因为政府经营，变为不赚钱了。要把最能赚钱的卖出去，投入到只能由政府投入的项目，如绿化、污染治理、路面维修等，要把死钱变成活钱，活钱由市场来经营。这就是多元化的投资体制。基础设施可以多元化投资，甚至包括公益性的，如学校、医院等，政府要着重把自己争取投资的精力，放在怎么解决还款的制度建设、怎么建立基础设施有偿使用的制度建设上来，现在政府的精力主要放在争取投入上。不少镇还是停留在计划经济的观念上，只想上面给点钱，却不考虑制度的建设。

关于土地问题，大家都感到土地是限制小城镇发展的重要因素。这也是存在观念的问题。小城镇要发展，首先要解决土地，土地供给问题已经成为当前发展小城镇的重要制约因素。但是应该注意不要人为扩张土地规模，要有效地珍惜土地这种稀缺资源，用土地资本进行盘活和旧城改造进行运营。土地供给上，不要收取一次性出让金，一定要使土地租金年租金化，使利益永远平均化，为后任政府实行可持续发展创造良好的机会。

### 5. 小城镇的户籍管理体制问题

不少小城镇通过户籍管理体制改革，获得了更多的政府支配的资源。户籍管理体制改革与投融资体制改革密切相关，农民只要在小城镇有稳定的住所和就业就可以办理小城镇户口。小城镇的户籍管理体制改革搞的好，是解决投资很好的办法，农民进镇要盖房子、要消费等，基础设施要有偿使用，这为小城镇的基础建设创造了良好的条件。户口问题是小城镇发展中存在的最大的弊病，同时也存在最大的先机，而这些先机我们并没有发现。要把户籍改革向好的方向引导，搞好了能促进小城镇发展，搞不好也是对“小城镇，大战略”的破坏，现在户籍制度只对小城镇开放，如果将来对中等城市户口也放开，小城镇还有什么先机。

小城镇存在的问题太多，我们要对这些问题有个清醒的认识。

## 三、小城镇综合改革试点的基本内容

首先要强调一点，小城镇不仅仅是一个建设问题，更重要的是通过深刻的改革、制度的转换，进而解决小城镇发展中存在的问题，不解决这些问题，什么建设也搞不好。当前改革的任务太多，太迫切。解决小城镇发展，不是解决一笔钱、一项投资的问题，如果解决了县与镇的财政分配关系，解决了政府功能完善问题，小城镇的发展问题也就解决了。小城镇综合改革试点工作主要围绕以下几点进行。

（1）科学规划，合理布局。科学规划不仅是对具体的一个小城镇，更重要的是从全县、全市、全省，乃至全国统筹考虑。要支持一批基础条件较好的小城镇优先发展。要有序、分期、分批去实施，通过政策扶持，扎扎实实地促进小城镇发展。要制定好小城镇社会、经济发展和小城镇建设规划以及土地利用总体规划、环境规划等。小城镇政府的主要功能是什么，做好规划的制定、管理制度的建设，应是政府的主要工作。要扩大乡镇的管理规模，要调整、合并一部分乡镇，以减少行政成本和基础设施建设的浪费。

（2）要切实转换小城镇政府的职能。第一，要下放一定的权限，按照小城镇的实际需求，进行机构设置，不一定要设所，可以根据城镇的规模，作为完善政府职能的要求，尝试一下设局。第二，要切实理顺县镇两级的财政关系和分配关系，能实行分税制的要实行分税制，暂时达不到条件的，要在现行财政体制的基础上，把更多的活力留给镇里，如采取核定基数，超收的大部分或全部留给镇里。第三，进一步转换政府的职能，使小城镇政府的主要精力用于小城镇规划的实施和管理。改变小城镇的投资环境，主要是社区环境和人文环境。

（3）投融资体制改革。按照市场的办法来建设小城镇，实行多元化的投融资制度。小城镇的基础设施可以对投资者放开，而不受任何限制，可允许外资、私营企业投资，政府更重要的是把精力放在投融资管理制度的建设上。允许在乡镇之间建立共享的基础设施，打破地域界限和行政区域。

（4）在土地使用制度上进行改革。允许小城镇在土地转换上，可以在更大的范围内，如省内、市内、县内，相互进行调配；在土地动态平衡上，在省、市范围内进行土地整治，可在异地开垦，当地使用，在时间上也可以进行调整，可先占后补，要更多地加快旧城改造和迁村并乡（镇），来进行土地整治。

（5）加快户籍制度改革。在小城镇放开户籍管理体制，坚持只要有固定住所、稳定的经济收入，就可以在小城镇办理城镇户口。对进镇农民要坚决杜绝收取任何费用。进镇农民的原承包地可以暂不收回，农民可以在一定的时期内保留原承包地，可以有偿出让、转卖、出租、抵押、入股等，但不能强行收回。要把农民的承包地看作农民在农村长期的一种福利、一种特权。

（6）小城镇的改革将从外部政策环境的改革向内部管理体制的变革和完善转化。试点内容从 1995 年以来发生了一些变化，着力点逐步从外部政策的改革，转向提高管理者的素质、管理水平、科学决策能力上来。对城镇进行科学管理，将作为小城镇改革的中心内容，这也是要解决好政府的定位问题，并由此入手来解决小城镇的长远发展问题。

# 在改革中建设和管理小城镇[①]

我国小城镇的发展是改革开放以来的新生事物，是我国农民在自己的生活范围和空间内，寻求自身城市化道路的伟大创举。但是，由于这些小城镇大多是从原来的乡政府所在地演变而来，规模过小，数量过多，小城镇的建设、规划和政府管理中存在着许多严重的问题。例如，低水平重复建设，盲目扩张城镇规模，滥占土地，不切实际地搞大广场、大马路，修办公楼，沿着马路建城镇，城镇形态千篇一律等。

这些问题的存在，表面原因是小城镇政府管理者缺乏规划意识，缺乏长远打算。深层次原因则是政府管理体制落后，追求短期行为，重发展、轻改革，重建设、轻规划，重投资、轻管理。例如，许多小城镇追求以地生财，追求土地的扩张，其主要原因是城镇发展中缺乏资金来源。城镇基础设施主要分为有收益的和公益性的两类。按照市场规律，有收益的基础设施建设，应该由企业介入或依靠银行的中长期贷款来解决。另一类需要政府财政投入建设的是公益性基础设施。但即便是一部分经济发展水平较高的小城镇，财政收入的绝大部分也要上缴上级政府，留给小城镇自身财政的部分仅够维持人员开支，无力进行基础设施投入。因此，政府只有通过从农民手中低价获取土地并高价出让，以土地收益作为城镇基础设施建设的资金来源，从而导致了滥占土地。

小城镇政府管理者频繁更换，每任管理者都追求政绩，搞达标工程，是造成小城镇建设中短期行为的一个主要体制原因。根据调查，全国小城镇政府的主要负责人实际上平均两年更换一次，每一届政府都要追求政绩，都要干几件看得见、摸得着的“样板工程”。于是，关系小城镇投

---

① 本文发表于《人民日报》，2009年9月25日。

资环境、生产生活环境的改善和可持续发展的环境问题、卫生问题、污水处理和垃圾处理等问题，这些需要持之以恒、多年才能见效的环境工程、生态工程被忽视了；关系到城镇长远发展的规划的制定和管理，同时也是小城镇可持续发展的制度性保障被放弃了。城镇居民所创造的少之又少的公共资源被浪费了。

近日发布的《中共中央、国务院关于促进小城镇健康发展的若干意见》指出，小城镇建设和管理要按照社会主义市场经济的要求，改革创新，走出一条在政府引导下，主要通过市场机制建设小城镇的路子。

要改革小城镇政府的管理体制，完善职能，理顺镇级政府和上级政府之间的关系。特别是要建立支撑小城镇政府功能运转的完善的财政体制，也就是做到通常所说的财权与事权相结合，使小城镇政府有能力也有动力，从有利于社区长远发展利益的角度出发，进行公共基础设施建设。要稳定小城镇的管理干部队伍，加强社区的民主监督，使政府管理者能从有利于小城镇长远发展着想，遏制短期行为。

要在小城镇建立多元化的基础设施投资机制。将有收益的公共基础设施出售、出租或转让给非国有企业经营和管理。要通过基础设施的有偿使用，使小城镇的公共基础设施的投资和管理向市场化过渡，形成良好的投资回报能力，以创造银行或各类投资主体参与小城镇建设和开发的必要条件。

为了防止小城镇基础设施低水平重复建设，从根本上减少基层政府管理的行政成本，减轻企业和农民负担，应在具备条件的小城镇探索撤乡并镇，增加小城镇的辐射能力。应在相邻的小城镇之间实行基础设施共享，打破基础设施按行政区划画地为牢的现象，发挥基础设施规模效益的优势。

# 发展特大镇，吸纳农民工

最近在广东、浙江等省开始的“强镇扩权”和“镇改市”等改革引起了社会的广泛关注。这些改革措施的提出，是因为意识到传统的地方等级化行政管理体制已远不适应城镇经济发展的空间格局。但是，如果没有对中国城镇发展的特殊进程有深刻了解，没有站在城镇化发展的大趋势上认识这些问题，而仅从管理权限的再分配角度出发，在各级城镇政府间谈有限的放权让利的改革，是无法破解当前城镇化发展进程中一些根本矛盾的。

## 一、何谓特大镇

特大镇指什么？我们把人口规模、经济实力已经达到或超过设市标准，有的规模甚至达到中等城市标准，却依然执行乡镇管理体制的小城镇称为特大镇。

特大镇镇区人口已达城市规模。据国家统计局的数据显示，2008 年中国有小城镇 19234 个，以镇区人口规模排序的千强镇，镇区平均人口规模达到7.1 万，已接近中国城市设市规模标准，许多特大镇已经达到中等城市甚至大城市的人口规模。

特大镇的经济发展水平也达到了中小城市的规模。在就业方面，2008 年中国财政收入千强镇平均吸纳 4.4 万非农产业就业人员，而县级市平均吸纳非农就业人员 4.74 万人，与县级市水平接近。其中，千强镇平均吸纳第二产业从业人员 2.84 万人、县级市为 2.47 万人，千强镇平均

本文发表于《江苏农村经济》，2010 年第 10 期。

吸纳的第二产业从业人员超过县级市。

在创造税收方面，2008 年，千强镇共计创造税收 4027.8 亿元，而县级市共创造税收 4997.9 亿元。总体来说，特大镇经济集聚能力较强，经济发展规模已达到城市水平。

特大镇主要分布于东南沿海地区，千强镇主要分布于东部沿海地区，特大镇经济已经占据部分发达县市的半壁江山。

## 二、吸纳农民工的挑战

特大镇是吸纳外出农民工的重要渠道。千强镇中，平均每镇吸纳外来人口约 2.62 万人，占全镇人口的 30.3%。特大镇共吸纳外来人口 2625 万人，占小城镇吸纳外来农民工的 49.6%。

2008 年外出农民工中流向地级以上城市的占 63.6%，流向建制镇的占 33.4%。许多特大镇吸纳的外来农民工人口已接近或超过本地人口，在千强镇中，外来人口超过本地人口的镇有 136 个，外来人口占全镇人口比重超过 40% 的有 218 个，超过 30% 的有 330 个。

外来农民工的管理和服务已成为特大镇政府的难题。如浙江东阳市横店镇有 10 万常住人口，财政收入 5.4 亿元，但 2001 年由编制部门核准的行政机构仅 10 个，人员编制数仅为 182 人。又如浙江温州市苍南县龙港镇有近 30 万常住人口，汽车 3 万辆，但在编交警仅 22 人，真正能上路执法的交警仅 7 人。

特大镇政府的财力满足不了对大量农民工提供公共服务的需求。在经济发达地区，特大镇的财政收入有的达到几十亿元，千强镇的财政收入最低也达 1.3 亿元，绝大部分都上缴了。上级政府只是根据镇政府的机构人员办公费用和工资，以及户籍人口的公共服务需求下拨财政支出数额。

根据个案调查，温州龙港镇 2009 年财政收入近 10 亿元，留给镇里的只有 2.1 亿元，除了支付 8000 多万元的教师工资和 8000 多万元的公务人员工资及办公费用，只剩下 4000 万元的资金用于建设。而龙港这样一个拥有近 30 万人口的中等城市，每年所需的基础设施和公共服务支出至少要2亿元，资金缺口显而易见。

特大镇对外来农民工的公共服务支出严重不足。特大镇要负担大量外来人口增多带来的社会治安、环境卫生、义务教育等公共服务与管理费用。例如，广东里水镇治安人员各项费用合计每人每年要2.5万元，镇政府要负担各类协管人员的全部社会保障开支以及人员工资的一半，每年支出超过2000万元。在外来人口子女义务教育方面，里水镇每年为外来人口教育投入达2000万元，也就是说，每一个外来人口子女上学，镇政府要投入2000多元。这些费用只能在预算外寻找。

## 三、前提是农民工落户

2009年，全国有1.453亿农民工进入各类城镇务工就业。中央有关文件已明确指出，这些农民工是未来城镇化政策的主体，要通过有关各项制度改革，解决农民工进城定居落户的问题。

从目前各省所进行的改革看，重点都放在了调整管理权限和利益分配上，并没有把城镇化作为改革的重要目标和重点内容。

如果仅仅解决一些特大镇所需要的权限和利益，仍把外来农民工的管理和服务放在公共服务的重点范畴之外，问题仍不会从根本上解决。

谈到特大镇的改革，不能回避农民工问题。解决特大镇的经济和社会管理权限问题，必须把户籍管理制度改革、农民工定居落户问题统筹考虑，才有助于从根本上推进城镇化进程。也只有在这个基础上，研究设市、下放权限、增加机构和编制等项改革才具有重要意义。

而目前无论是在特大城市、中等城市以及特大镇，还没有把农民工落户问题纳入政策范畴之内。即使已经实施的调整县镇权限和镇改市等改革，也回避了农民工落户问题。这当然和改革开放以来没有及时调整城乡利益结构，没有及时进行户籍管理制度改革，造成了城乡居民成为不同利益群体的格局，有着直接的关系。

从20世纪90年代中期开始，提出城镇化就是打算从小城镇这个薄弱环节开始，通过解决农民工落户来进行城镇化。时隔15年旧话重提，不应该继续忽视有关农民工在城镇落户、其他措施作为综合配套改革这个关键性问题。

如果在已经容纳了大量农民工的小城镇改革都难以推进，那么在各类城市甚至在大城市的困难就更大。如此一来，中国的城镇化进程难有实质性进展，通过城镇化拉动内需、深化农村改革的长远目标何时才能实现?

相关改革要和户籍管理制度改革挂钩，要和农民工进城定居落户无条件挂钩，这才是城镇化政策的重点内容。例如，解决上下级管理权限的再分配、事权和财权的相一致、农村集体建设用地改革、镇改市等问题，要先讨论农民工的公共服务范畴和定居落户问题，再研究其他相应的改革才有实质意义。

# 推进小城镇发展和城市化进程

党中央确定的新时期的城镇化发展方针，把发展小城镇，积极稳妥地推进城镇化进程，作为代表我国城乡社会生产力发展的重要的阶段性标志，要求在指导城镇发展的规划和建设过程中，充分体现我国先进的文化方向，提高城镇居民的文明素质，并从代表我国广大农民群众的根本利益出发，促进农村人口逐步地向城镇集中，解决农村经济和社会发展中的深层次矛盾。

## 一、正确分析阻碍我国城镇化发展的各种体制性矛盾

20 世纪 50 年代末以来，在计划经济管理体制下，为了加强实现国民积累和实现工业化，我国实行了城乡分割的发展政策，通过强制的行政手段，把农民限制在土地上，为国家提供低价农产品，获取更多的农业剩余。同时低价或无偿地获取农村的土地资源，降低工业发展和城镇建设的成本。由于这些政策的实施，是为了社会的公共目标，国家的工业化建设，农民做出了重大的牺牲，并延缓了我国的城镇化进程。

改革开放以后，农村率先进行了改革，家庭联产承包责任制的实行，大大解放了农村生产力。农业出现了剩余劳动力之后，由于城市经济体制改革的滞后，城市工业技术和农村资本在农村的结合，迅速发展了乡镇企业。20 世纪 80 年代中期到 90 年代初，农村非农就业迅猛发展，农民收入大大提高。然而，在农村发展速度优于城市，城乡收入差距逐步缩小之际，出于城市基础设施供给能力较低、国有企业改革进展缓慢等

本文发表于《经济工作导刊》，2001 年第 22 期。

压力，对于农民进城会影响社会稳定的过于担忧，使得城乡分割政策没有及时调整，造成了后来城乡矛盾的加剧。

传统的城乡分割制度，对于国民经济和社会的发展带来了以下不利的后果。

(1) 计划和市场的并存，使农村的稀缺资源以行政转移和市场配置的双重形式向城市流动，而农村最富余的资源，大量的农业剩余劳动力仍然滞留在农村，恶化了农村的人均资源占有环境，直接导致了农民人均收入水平的低下。

(2) 农村土地资源仍然向城市低价供给，在市场化过程中，形成了通过土地增值收益获取暴利的食利者阶层，而农民赖以生存以至获得发展的最珍贵或不可再生的土地资源，在传统的政府政策的干预下，并没有为改善农村的发展环境发挥应有的作用。

(3) 城市居民的利益在改革开放后得到了维护，并由于国民收入二次分配以金融、财政对城镇基础设施投入的形式得到了进一步的固化，强化了城市居民对农民进城的排斥心理，城乡差距不断扩大，城乡不同的利益集团已经成为我国社会等级差别的特殊表象。

改革开放以来，“放权让利式”的改革，使不同的行政主体为了获取自身的利益，强化了利益的格局。这种利益格局不再以服务于国家或社会公众作为目标，而是满足于某些地方政府管理人员、部门群体或者是城市市民的利益需求，广大农民并没有从中获得利益。

在计划经济体制下的金融供给，主要是满足国企和重点工程以及城市建设的需求；在市场条件下的资金流动，主要流向于收益率高的企业和地区，弱势的农村、农业和农民无法得到资金的份额，仅有的农村金融渠道也由于影响到城市的金融环境而被关闭。

现行的公共财政体制在自上而下的行政管理体制下，层层“上解”。由于地方行政管理和城市管理的一体化，上级政府的财政支出除了保障庞大的行政管理人员开支外，还要完成城市的公共基础设施建设，农村乡镇企业所创造的社区公共资源，在统收统支的县（市）乡（镇）财政分配体制下，转移到各级城市建设中去。而农村公共资源向城市的转移，并没有带来农村人口的转移，反而固化了现有城市居民的福利格局。传统的城市管理体制，使得上级政府利用行政手段获取下级城市的公共资源，并利用行政权力限制城镇的公平竞争和发展，最富有活力的城市不得不上缴公共资源维持上级城市的公共福利，最具备吸纳农村人口的城镇没有独立的行政权和财政权进行公共基础设施建设。

## 二、把推进城镇化进程作为代表最广大农民群众利益的根本体现

党中央近些年来关于推进我国农村小城镇的发展和加快城镇化进程的一系列决策已经深入人心。但是，面对四十年的城乡分割体制和日益固化的城乡利益格局，真正地促进农村人口转移，消除各类城市的壁垒，还需要十分漫长的历史过程，还要深化政府的经济和行政管理体制改革，特别是要把这些改革作为战略性任务提出和部署。

从近期看，中共中央 11 号文件已经在促进小城镇发展和推进城镇化进程方面制定了一系列政策。关系到城乡分割政策中最重要的环节——户籍管理制度在县级市以下已经放开，一些地方和有关部门也都制定了相应的支持政策，发展小城镇，逐步放开中等城市农民进入城镇的限制。但是从宏观上看，认识上不尽统一，直接影响到城镇化政策的落实。

（1）把促进农村人口的转移，作为解决农村现代化进程、代表广大农民群体根本利益的重要体现。没有农民的非农化，没有农村的现代化和城市化，没有农民的富裕，就无从谈起全国的现代化。更不能以牺牲农民的利益为代价，换取城市市民的现代化，人为地扩大城乡差距。

（2）应充分认识到我国的现实国情和生产力的发展水平，实现城镇化进程是一个十分漫长而又艰巨的过程，且不可超越现实的经济水平，人为地通过行政手段堆砌城市化的样板，提高城市化的成本，而抬高了城市的门槛，把农民排斥在城市化进程之外，形成局部或少数城市居民的城市化。

（3）通过发展最具活力的一部分小城镇，吸引农村人口转移，发展二、三产业，带动农村发展，实现低成本的城镇化进程。

（4）要把实现城镇化的重点之一放在提高城镇文明的素质上，体现

我国先进的文化方向。防止贪大求洋、铺张浪费、一哄而起、盲目攀比，造成农村有限的公共资源的严重浪费。

（5）既要坚持改革和市场化的取向，又要针对农村现有弱势，发挥中央政府的宏观调节作用。加大转移支付对于农村的支持力度，重点体现在对于小城镇的公共基础设施建设的支持，以创造条件，吸引民间投资，扩大农民进城就业。

## 三、深化改革，扎扎实实推进我国城镇化进程

促进小城镇的发展，推进城镇化进程，重点是要打破阻碍我国先进生产力发展的体制障碍，使我国的广大农村充分地享受先进的文化生活和现代文明，使我国经济社会文化事业的发展能够代表最广大的人民群众而不是部分群体的利益。因此，必须要深化改革，打破现有的利益格局，从我国的地方行政管理体制、部门管理体制的深层次改革入手，取消城乡壁垒，促进农村人口逐步向各类城镇集中，并为他们创造更多的就业机会。

目前，首先应抓好中央11号文件精神的贯彻落实。从科学规划、合理布局，实行多元化的城镇公共基础设施投资体制，财政、土地管理、户籍制度、政府行政管理体制等方面进行改革，稳妥有序地推进小城镇的发展和城镇化进程。

以上有关政策的落实，在很大程度上取决于各级政府职能的转换和事权合理的划分。因此，要从我国最广大人民的根本利益和长远利益出发，在推进城镇化发展和小城镇建设的过程中，对我国的地方行政管理体制和部门管理体制进行深入的改革筹划，要从事权划分入手，改革部门管理的方式，减少政府管理层次；将城市管理和地区管理分开，建立合理的符合社会主义市场化原则的城镇公平发展机制；打破等级化的城市行政管理体制，最终使我国的城镇化发展水平适应我国先进的生产力发展的要求，使我国的广大农民群众在改革中受益。

# 小城镇建设的意义和存在的问题及对策

## 一、小城镇在我国经济发展中的战略地位和作用

### 1. 发展小城镇是解决我国农村和农业发展深层次矛盾的一个必然的途径

连续两三年来，农产品难卖和农民收入增长缓慢问题，困扰着农业和农村经济的发展。虽然各地在农业产业结构调整中做了大量工作，例如，贵州、湖南的万亩茶园、万亩果园、万亩桔园，广东的荔枝、龙眼到水产品等，但从总体上看，农产品仍面临着过剩，价格徘徊在低水平。实际上从1984年以来，至少有三次大的农产品过剩。粮食生产从1984年到1989年是一个周期，1989年到1994年又是一个周期，现在又进入了一个卖难的低谷期。不仅仅是粮食，其他农副产品也都出现过这种问题。这种过剩会直接造成两个问题，一是任何局部农产品的过剩都会导致卖难，导致农民收入下降；二是农民收入下降后，生产的积极性就会下降，就会减少对某种作物的种植，引发供求关系的相对紧张，导致价格大幅度波动，影响农业和农村经济的健康发展，给国民经济带来严重的损失。几年之后是不是还会出现过剩，应引起足够的重视。过剩的原因在哪？最直接的原因是我国农业经营规模过小，调节能力过低，可调节的余地小，在市场的直接作用下容易导致某一产品的价格严重波动。

在这一直接原因的背后是农村尖锐的人地矛盾，农业人口太多，人均耕地资源水平太低，9亿农村人口养活了3亿城市人口，供养能力太

---

本文来源于“北京农业现代化研究报告”会议记录，2000年5月。

强，农产品消费空间不足，随着农业科技水平的提高，生产潜力的进一步发挥，这种过剩愈发不可避免。在市场的直接作用下容易导致某一产品的价格严重波动。实际上，解决农村经济发展问题，无论怎样强调产业结构调整，如果单纯在“农”字上做文章，都不可能回避这个矛盾，也不可能根本解决我国的“三农”问题。根本措施是减少农民。减少农民，才能富裕农民。农民减少了，非农人口增加了，才能增加农产品的商品需求。现在我国农民人口是9亿，9亿农民对农产品的消费基本是自给自足型；减少2亿，才会增加2亿农产品的商品需求。另外就是农民进入城市后对其他工业品的消费也会增加，会扩大国内的总体需求。农民减少了，人均耕地水平提高了，才能提高劳动生产率，提高农业的效益，增加农民的收入。怎样转移农业人口？改革开放以来，直至20世纪90年代初期，乡镇企业的发展曾有效吸纳了部分农村剩余劳动力。1982年，我们提出了“离土不离乡”的概念，并作为经验推广。现在回过头来看，我们错过了一个非常好的时机，当时如果不提出“离土不离乡”，及早地解决城镇发展问题，就可以很早地把更多的农业人口转移出来，就不会再让他占有一份土地，相应提高我国农业人均资源水平，也会加速适度规模经营，这是一个教训。

20世纪90年代中期以来，特别是90年代末，乡镇企业吸纳农村劳动力的能力大大下降。1997～1998年，乡镇企业吸收劳动力净减少997万人。主要原因是随着经济体制改革的不断深化，乡镇企业目前所处的宏观经济环境较之其起步阶段发生了根本性变化，乡镇企业的生存和发展遇到了很大挑战。在20世纪80年代初，乡镇企业起步发展阶段，所处的环境是计划经济体制下的短缺经济环境。那时我国的工业结构失衡，是以重化工业为主的一个工业结构，城市工业和国有企业基本以重化工业为主，加工工业、劳动密集型的产业发展严重滞后。乡镇企业的发展弥补了整个工业结构的一个缺陷，再加上乡镇企业较之城市国有企业，具有机制灵活、劳动力成本低、无社会福利负担等优势，得以迅速发展起来。

1984年，城市经济体制改革启动。城市工业企业的体制变革也拉开了序幕，经历了扩大企业经营自主权、转换企业经营机制、构建现代企业制度等阶段，这些变革为城市工业企业注入了新的活力，再加上城市工业企业较之乡镇企业技术密集度和资本密集度高，在市场竞争中对乡镇企业提出了巨大挑战。随着市场经济的不断发展和完善，市场竞争将日趋激烈。乡镇企业为了寻求自身的生存和发展，必将改变发展初期的粗放经营、低成本扩张的道路，加大企业改制力度，朝着建立现代企业制度方向过渡。同时完成产业的升级换代，由劳动密集型产业向资本密集型和技术密集型转变，而付出的代价是吸纳劳动力的降低。目前，单纯依靠乡镇企业的发展去转移农村人口，已经遇到了严重制约。此外，我国农村每年还有1000万人口增长，农村人口转移的形势非常严峻，是一个大问题。根据社科院在20世纪90年代初的调查，我们国家劳动力就业结构不太合理，工业劳动力的比例要超过第三产业的劳动力。一般情况下，在工业化发展到一定时期，服务业的就业人口应该大于工业就业人口2～3倍。在小城镇，劳动力就业结构不合理的问题更突出。吸纳农村富余劳动力不仅依靠乡镇工业，更多的应依赖服务业，即发展小城镇的第三产业。第三产业发展的前提是提高城市化水平，提高人口的聚集程度，这样可以提高服务业的规模效益。我们讲房地产、交通运输、邮电通信等，服务半径越长，服务效率越低，所以只有加强人口的密集程度才能提高服务业的规模效益。城市化发展就是为第三产业吸收劳动力创造条件。1992年，我们提出发展小城镇，是从这个思路提出来的。解决农村问题的一个途径就是要通过发展小城镇来加快服务业即第三产业的发展，通过第三产业吸纳就业人口来解决农村劳动力的转移问题。1993年、1994年我们一直是这个观点。这是我们国家解决农业深层次矛盾的一个必然途径。

**2. 发展小城镇是国家城市化的一个现实选择**

中国经济面临通货紧缩，一个最大的问题就是内需不足，随着市场经济的进一步发展，经济对外依存度会越来越大，为了有效提高抵御国际上的金融风险、政治风险的能力，扩大内需是我们面临的一个严峻课题。去年国家发行了1千亿债券，用于农村电网改造，高速公路改造，其收效甚微，这是我们国家经济所面临的一个基本的结构性问题，在农村存在的基本结构性问题在城市也存在。第一，到1997年我们的工业增长速度要高于第三产业的增长速度，1992 年到 1997 年工业增加值年增长 7. 1%，第三产业值下降了 1. 3%，说明我们第三产业相对于工业发展滞后。第二，城市化非常滞后，在人均 GNP1000 美元的时候，世界平均的城市化水平是 45%，发展中国家是 37%，我国是 30. 4%。由于我们城市化人口过低，发展滞后，导致了我国对工业制成品需求的不足，最近我们搞 3 个城市化问题的调查，调查中发现城市的彩电、冰箱等耐用消费品已经到了饱和极限，而农村地区的拥有量则远远不足，不解决城市化问题，中国的经济没有出路。只有大面积转移人口，才能解决对于工业品的需求问题，才能解决服务业的发展问题。我同其他一些专家在国务院讨论的时候提出来，21 世纪保证我们国家经济高速增长，一个非常强的动力源是城市化和高科技。

城市化在目前已经提到了一个非常突出的地位。城市化的范围到底是以大城市、中城市还是以小城市发展为重点，这在理论界有很大的争论。有些同志提出要发展大城市，要形成日本的那样都市圈，才能形成规模效益，才能带动整个工业化的发展。单纯这样考虑还不够，因为国家现在有 19216 个小城镇，已经居住了 2. 5 亿人口，它们也代表了我们国家未来发展的趋势。所以选择中国的城市化道路，要从国情出发。最近美国一个获诺贝尔奖的人讲，他说中国目前城市人均收入的水平相当于美国 19 世纪 70 年代的水平，中国农村经济在国民经济中所占的份额是相当于美国 19 世纪 80 年代的水平，而中国大城市的基础设施供给、城市标准相当于 20 世纪 60 年代到 70 年代发达国家的水平，北京、上海，包括张家港都达到了这个水平。

我们现在提出的城市化发展的要求，仍然是按照发达国家现在的水平来做的，比如城市环境污染的指标，城镇的绿化等。即便是发达国家，人均国民收入在 1000 美金的时候，城市化人口在 30. 4% 的时候，还面临着环境污染、婴儿死亡率高等诸多问题。为什么中国在大中小城市能达到这么高的城市化的标准，当然高标准的城市化是好事，但同时也说明我国转移人口成本高于发达国家同时期水平。这种高成本必然限制城市化人口的转移速度。照这样发展，人口转移速度只能放慢，那么，21 世纪经济增长靠什么来支撑呢？如果中国在 2010 年要达到世界平均城市化水平（45%）要转移2.5亿人口，从国情出发，只能走低成本转移的路子，发展小城镇就是一个现实的选择。否则要使2.5亿人口迅速转移是达不到的。

中央、国务院对发展小城镇予以了高度重视，最近把小城镇作为一个战略问题提出。从城市化的角度来讲，发展小城镇一个最大的优势是转移人口速度很快。在任何一个国家，30%～50%的城市化过程，是一个高速发展过程。30%以前是一个缓慢发展过程，50%以后又是一个缓慢发展过程，但是30%～50%是一个明显的加速发展阶段。我国的城市化水平已超过了30%，能否实现加速发展，关键一点是要贯彻落实好中央、国务院关于发展小城镇的战略决策精神，发挥小城镇人口转移成本低的优势，加快小城镇发展，走出一条大中小城市和小城镇协调发展的路子。

**3. 发展小城镇是刺激当前国内需求的一个重要手段**

如何扩大内需？简单讲从两个方面来解决：第一，目前我国农民的消费水平很低，特别是对农产品的消费基本是自给自足的，现金支出和城市居民现金支出相差3～4倍，如果把农村人口转化为城市人口，可以提高消费水准3～4倍，如果2亿人转化，对经济发展是一个很大的刺激。第二，我们一次转化的过程中还要解决进城农民生活居住条件，解决居住条件将会通过房地产的发展刺激经济增长，刺激消费需求。从长期看，转化2.5亿人口，对工业品的需求也会增加，这是我讲小城镇发展的背景，这是第一个问题。

## 二、小城镇发展所面临的问题

在提出发展小城镇这个问题时我们也担心，担心过热导致资源的浪费。很多穷省搞几百个试点，这个是非常不科学的。在小城镇发展过程中存在若干问题。

**1. 认识上的误区**

中央领导担心滥占土地，滥占资源，担心最后导致一哄而起，一边是发展建设占用耕地问题。另一个问题，是经济要不要发展，人口要不要转移，这是一对矛盾。我们应正确认识耕地占用和经济发展的关系，处理好这一对矛盾。发展必须要占地，而且短期占地要解决长期节省耕地问题，作为城镇人口的占地，总比在农村居住占地要小的多。发展小城镇的一个大目标就是要把人口转移出来解决占地问题。对于发展小城镇，许多地方领导的认识并不足或存在片面认识。认为只要中央号召什么他们就干什么，那么到底是不是具备搞小城镇的条件呢？全国19216个小城镇都发展是不可能的。发展，不是盲目发展遍地开花，是重点发展。资源在短时期一定要向最有效的地区发展，如果按照行政命令来发展必然会导致盲目性。我们现在经济的发展处于很关键的时刻，造成资源的浪费对我们国家的国力会造成损失，也会对将来小城镇的发展带来后患。这个认识不解释，怎么把这个战略更好地落实下去是一个关键的问题。

2. 现实上诸多的矛盾

政府管理体制存在严重的缺陷，我们国家小城镇这级政府到底是什么样的政府，目前没有准确定位，它没有一个独立的权力，由于政府主要领导是由上级任命，所以它只对上级负责，不对社区负责，必然会加速它的短期行为。在功能上更多的是以完成上级任务为目的，而不是为社会长远利益着想。另外财政问题作为政府职能的一个重要组成部分如果不解决好，小城镇发展很难。财政问题可以衍生出以下几个问题：第一，向预算外扩张导致了规划的失调，现在小城镇建设资金70%～80%是靠出让土地收入。第二，如何认识小城镇的招商引资，在现行的体制下，招商引资带有普遍的短期行为，破坏小城镇的环境。要招商引资必须给企业土地出让的优惠、税收的优惠，如果你和同等城市竞争，不具备优势，人家凭什么上你这来。企业进入后会带来哪些优势呢？一是增加当地税收，二是解决当地就业，三是领导人的政绩。第三，现行财政收入不足，为了保证基础设施供给，必然会加剧向农民的摊派。

3. 小城镇的规模问题

影响小城镇规划制定和实施的绝大部分是体制因素，也和我们当前对小城镇规划的领导管理制度不健全有关。问题出现在以下几个方面：第一，规划中的短期行为，大部分小城镇只考虑眼前，不考虑长远。第二，规划水平很低。第三，规划人员素质低，缺少高素质的规划人员。

第四，所有小城镇的规划都是大城市的复制，全国小城镇基本都一样。第五，任意一位长官可以修改规划，规划执行中的随意性很大，对小城镇的发展将会出现不利的影响。

**4. 土地问题**

首先，扩张性的规划会导致土地的滥占。其次，为了回避旧城改造成本高的问题，更愿意占耕地。

**5. 投融资问题**

全国 19216 个小城镇是靠农民自己建设起来的，国家没有什么投入，金融单位也没什么支持，地方政府靠一种非规范的办法，靠政府集资投入。小城镇的发展要解决基础设施的建设问题，搞好基础设施建设，关键是改革投融资体制。一是融资渠道问题，决不能搞集资摊派，要通过金融办法予以解决。二是投入的回报问题，现在没有人讲回报问题；不建立起投入回报机制，就没有稳定的投入来源。三是基础设施管理，到底由政府来管还是企业来管。如果不解决小城镇投融资体制问题，小城镇长期发展的目标很难实现。此外，是户籍和其他保障问题。在一般地区，小城镇户口对老百姓已经没什么吸引力，可能在大城市郊区还有一定的吸引力，在户籍改革上相当一部分地区收费，这就限制了农民向城里流动，尤其是北京。我们觉得当前要解决小城镇发展问题，中央应该从战略性角度制定一系列政策。

## 三、解决小城镇问题的对策、思路

第一，科学规划合理布局。第二，解决小城镇用地问题。第三，在土地出让金上要返给小城镇，搞基础设施建设。关于户籍制度，当初我们想法是要转移就要彻底，目前看来绝大部分人反对这种看法。考虑到农村的现实后，你进城后土地可以不交，这样有利于农村的长期稳定，也解除进城人的后顾之忧。在户籍制度上要坚决制止收费。第四，解决投融资问题。一是可以通过中央发行债券，解决小城镇基础设施周转金问题。二是可以通过开发银行把小城镇分散的建设方式，作为总体的项目进行中长期贷款支持。三是要放开在小城镇从事公用设施投资的限制，外商、个人可以介入，重点要在小城镇建立投资回报制度，投融资问题对小城镇的发展是一个重要问题，我们自己要转变观念，包括它的管理。改革现行的政府管理体制，要求政府精简高效，按照城镇化的需要设置政府机构。要理顺县、镇两级财政分配关系，改革现行的财政体制，建立规范稳定的县镇财政分配制度，保证小城镇的财政增长活力。

下面讲一下北京小城镇的发展，目前北京小城镇发展的思维方式落后于全国的发展，北京作为一个开放性的城市仍然按照传统的方式进行管理。

（1）我们应如何定位北京人口的承载能力，北京市的人口承载能力一直定位在600万~700万，这个定位是错误的，因为北京现在有360万流动人口，他们住在北京，吃在北京，说明北京的承载能力是1100万。这种定位，浪费了一个资源，去掉旅客，200多万人口长期吃住，但是他们投资是永远不放在北京的，同样享受着北京城市所有基础设施。

（2）北京城市发展也有问题。对于现代化的都市发展，应该考虑“都市群”的发展。作为“都市群”，就应该考虑到中心城市与它周围的一些“卫星”城镇。就目前来讲，北京的城镇规划，对于“卫星城镇”的规划是不健全的。没有考虑到“卫星城镇”在北京市城镇规划中应具有什么样的功能。如果说市中心不接纳外来人口，应当考虑把外来人口引导到这些“卫星城镇”去。而且，应当看到将来北京市发展到一定程度，城市人口应向郊区分流，而且是自发的。现在法国、德国、英国、美国……很多居民在大城市的城里和郊区都有房子，因为他们的“卫星城镇”发展非常发达。我们这几年的城市建设只限于中心城市建设，“卫星城镇”建设滞后，这是一个大的误区。

（3）对于北京农村把发展乡镇企业、小城镇发展作为一种定位也很少考虑。我们把整个北京郊县全部作为农村来考虑，而并没有把它作为一个“都市群”的“辐射”。例如昌平、顺义、大兴、通州及房山区等，这些小城镇究竟应被列为北京市城镇规划中的一个主体——卫星城镇还是列为郊区区县的一个组成部分？我们原来想北京市周围10~20公里处有一圈“卫星城”，在50~60公里再有一圈相对分散的“卫星城”。第一圈“卫星城”应作为北京的分流区和外来人口定居区，是用以承担分散北京市中心外来人口定居压力的城市群。通过铁路、高速公路连接，解决北京城市发展问题。北京市的城乡差异很大，城市与边远山区如平谷、密云、延庆的反差很大。原因在于没有正确认识到这些城镇在农村经济发展中和在北京市城市发展中有什么样的作用。只有定位准确才能提出相应的正确措施。定位不准会有许多不必要的麻烦。例如，前一段北京的经济适用房，建在离城20公里之外，东一片、西一片，与小城镇全部是分开的。结果还要重新建立街道办事处、学校等。若与小城镇结合，则不必有这样新的建设。小城镇的派出所、街道……都是现成的。这样，造成了重复建设。同时在区县问题上自己把自己限制住了。

大城市郊区“一个地区、两个政府”的现象十分严重。北京市的乡政府过多，分散建设是其主要原因之一。另一个问题是平谷、延庆等县的小城建设，例如密云，县城的发展究竟怎样？我们不能只谈小城镇、只发展小城镇，还要看像密云这样的一个地区的中心城市，它的功能有没有得到有效发挥，它作为中心县城，要达到一定的辐射能力。这里，定位的一个要点在于，对于一个小城镇来说，它是否能够达到中心城镇规模，是否具备一定的辐射能力。这个定位不能站在某一小城镇的角度，而要站在整个北京的角度来定位。在北京郊区有几十个乃至上百个小城镇，这个规划要站在更高的地方，另外要放开很多政策限制。无论对近郊区还是远郊区，要降低进城门槛，让大家把长期的投资和消费兴趣转入到北京来，这样给北京的基础设施长期供给提供一个必要的物质保证。否则，等于是几百万人口在这样的大城市里白白地享受福利而不进行供给。这是政策上的一个最大的失误。

# 移民建镇的九点建议

移民建镇应从实际出发、因地制宜，要考虑到移民就业的稳定，促进小城镇的可持续发展，并按照新体制来解决小城镇的投资、建设和政府管理等一系列问题。

（1）移民建镇应实行“三就一结合的方针”。就近、就市（城）、就线（各种交通干线），要结合吸引外来投资的开发。

（2）移民建镇的基础设施建设、住房建设以及水利设施建设等大型工程，应以使用当地的劳动力为主。除工程中急需的技术人员和技术工人外，非特殊情况，不允许使用外来施工队伍，以便为移民创造更多的就业机会。

（3）小城镇的建设规划要规模适度。杜绝盲目追求高标准和小康标准，搞所谓上规模、上档次、铺摊子，造成资金的浪费，进而降低工程质量和导致占用耕地过多。规划和建筑要充分体现我国传统的建筑特色和地域的文化风格。

（4）移民建镇的小城镇政府，管理体制要新，要面向社区服务，要实行民主和科学的管理。可以考虑在1万人左右的小城镇建立新型的社区自治组织试验。要以原村级基层组织转化的社区基层组织为基本单位，实行民主选举和监督小城镇负责人的办法。

（5）要赋予新建小城镇发展的一系列优惠政策。为给新建小城镇创造充裕的财政能力，确保将来的基础设施建设还款和自我发展的活力，三年内新建城镇所辖区域内各类企业应上交的国税部分，减免权下放给新建小城镇政府。小城镇上级政府和有关部门，不要在新建小城镇进行

---

本文发表于《领导决策信息》，1998年第39期。

各种收费和摊派。

(6) 移民建镇过程中，要加快户籍制度改革。所有从事非农产业并放弃原来耕地的农民，在进镇定居后，要尽快办理城镇户口，按城镇居民供应口粮。应免除移民建镇所在地方移民的粮食定购任务。新建小城镇，要在周围留出充足的菜地，以保证移民建镇的蔬菜供应，并解决一部分农民就业。

(7) 移民建镇，要节省耕地的占用，要充分利用山坡地和非耕地。

(8) 移民建镇的组织实施，要建立强有力的指挥协调系统。

(9) 关于灾区移民建镇的各项政策，应严格限制在灾区实行。

# 中小城市发展模式待创新

当前，中小城市的发展正成为各方关注的热点问题：如何通过体制改革激发中小城市活力；如何进行科学规划，推动中小城市发展；如何转变发展方式，实现中小城市可持续发展？本文进行了深入解读。

## 一、中小城市成为焦点

中国有660个城市，按照行政等级来划分有4个直辖市，280多个地级市，300多个县级市。此外我们还有19881个建制镇，镇区平均人口为10853人。如果按照国际上一般对城市的认定，我们所有的建制镇镇区都可以叫小城市，再加上大多数县级市和部分地级市，我国总计要有2万多个中小城市。由于制度方面的约束，中小城市自我发展能力不足。研究表明，大城市具有无可匹敌的竞争优势，其获取资源机会和人才的能力，是其他城市难以望其项背的，所以它的吸引力远远大于中小城市。当前，中国所面临的城镇化和世界所有国家经历的过程都不一样。首先是大规模人口转移的速度很快，在中国每年有两千万人进入城市。其次是总量大，中国城镇人口已经达到7.1亿人。在世界上没有任何一个国家面临如此多人口的城镇化，因此，中国在完成城镇化的过程中所面临的矛盾也是难以想象的。

不同于国外的城市自治体系，中国的城市实行中央、省、地级市、县、镇五级行政管理，中小城市大多属于县级以下行政等级，这种等级化管理体制严重遏制了中小城市的发展活力：大量重要发展资源如土地

---

本文发表于《经济日报》，2013年9月7日。

指标、优质公共服务资源通过行政手段被集中在地级以上的高等级城市。另一方面，绝大部分财政资源被上缴给上级城市，中小城市自身可用的财力仅10%。既没有充足的发展资源，又不能积累城市建设所需的财力，中小城市当然不可能比地级以上城市发展得快。如何激发小城市的发展活力将是接下来需要解决的重要问题。

## 二、中小城市面临的新机遇

大城市的“城市病”是中小城市发展的第一个机遇，这凸显了中小城市的比较优势。近几年，中国大城市的发展出现了交通拥堵、房价高涨、空气污染等“城市病”，汽车限购的城市不断增加。大城市的这些问题中小城市都没有，这是中小城市的优势。

第一，当前稳增长、扩内需的宏观调控要求，为中小城市发展提供了难得的机遇。中小城市的发展对于扩大内需来讲是一个最好的选择，扩大中小城市的基础设施建设，增加中小城市的就业机会，通过中小城市的发展来扩大消费、扩大投资，从而为“十二五”时期国民经济的平稳较快发展提供强有力的支撑。

第二，中国能不能走出“中等收入陷阱”，进入高收入国家行列，关键在于中小城市的发展。中国城市人均GDP已达到1万多美元，而7亿农村人口人均劳动生产力很低，要使中国人均GDP从目前的5000多美元进入到12000美元以上，关键是使农业劳动力尽快向非农产业转移，农村人口向城市转移。大量的农村人口转移到二、三产业，转移到城市，就可以缩小城乡收入的差距，避免落入“中等收入陷阱”。因此，发展中小城市意义重大，当前面临着难得的机遇。

## 三、中小城市发展模式待创新

当前，中小城市的发展正成为各方关注的热点问题：如何通过体制改革，激发中小城市活力；如何进行科学规划，推动中小城市发展；如何转变发展方式，实现城市的可持续发展？这都是当前亟待破题的诉求，更关系到中国城市整体发展的未来走向。

从数据上看，中国20万人口以下的城市超过2万个，这么多中小城市选择什么样的发展模式和发展路径，是未来新型城镇化政策制定中必须重点考虑的问题。我国中小城市数量众多，在城镇化和现代化建设格局中居于重要的战略地位，中小城市推进新型城镇化，对于我国健全城镇化体系、加快转变发展方式、推动经济社会协调发展、全面建成小康社会具有重大意义。中小城市在新型城镇化过程中需要对自身的政策做出改革和调整，才可能实现绿色低碳的可持续发展道路。

由于中小城市经济发展的总体水平还不高，与大城市相比还存在很大差距，城镇综合功能较弱，基础设施落后，公共服务缺失。近几年，我国大城市在发展中出现了交通拥堵、房价高涨、空气污染等诸多问题。而在国内经济、社会转型的“换挡期”，如何激发小城市的发展活力将是接下来需要解决的重要问题。

中小城市应充分把握国家的政策机遇和城镇化的发展趋势，以下几条是推进新型城镇化的路径。

（1）以科学规划为基础，推进城市转型发展。按照“大中小城市协调发展”的要求，科学规划自身在城市群中的功能定位、产业和人口布局，形成与城市群衔接有序、错位发展、和谐共赢的发展格局，打造城市的自然、产业、文化等特色。对于每个城市来说，首先要看清楚城市发展的格局、态势、区域分工协作，在区域经济社会分工中能够担当的角色，能给周边地区提供什么产品，然后结合自己的资源、环境、文化特点，努力去满足包括生产、消费和服务在内的需求。

（2）加快产业发展步伐，夯实产业基础。坚持走新型工业化道路，依托人力资源、区位禀赋资源，大力改造提升传统产业，培育发展新兴产业，打造特色优势产业，同时以生产性服务业为重点，大力发展现代服务业，激发城镇发展活力。中小城市和大城市不一样，所以最好不要追求综合化的发展道路。中小城市的人才、资本等各方面都无法跟大城市抗衡，最好不要搞小而全、大而全的发展模式，要突出自己的特点和优势。

（3）健全公共服务体系，着力改善民生。加大户籍改革力度，探索收入分配改革措施，推进农村转移人口加快融入城市，提高人民群众收入水平。要在城镇化的过程中注重从数量型增长向质量型增长的转变，从粗放扩张型发展向资源集约型发展转变，要强调以人为本的发展观，强调从“锦上添花”的政绩发展观向“雪中送炭”的民生发展观转变，更重要的是解决中低收入人口和外来人口的公共服务问题。

（4）坚持集约、节约型发展，建设“两型”城市，降低发展成本。要科学地配置城市间的交通体系，为了更好地发挥中小城市吸纳人口的作用，必须在中小城市创造低价住房和消费的空间，这就需要重新配置交通资源，把高速公路改成轨道交通，更好地发挥连接大、中、小城市和大城市的连接作用。与此同时，寻找一个适合中小城市发展的低成本路径，还要建立长期的城市发展机制，遏制短期行为。

# 欧洲城市管理经验值得中小城市借鉴

**《新京报》**：如何评价此次中欧城市博览会取得的成果？

**李铁**：中欧城市博览会历时4天，整个博览会效果比预期好得多。博览会举行几天来，人流熙熙攘攘，观众特别多。中欧双方领导人都对博览会给予了高度重视，张高丽副总理出席了开幕式并参观了展览会。欧洲方面，包括欧盟副主席、欧盟多个委员会委员、丹麦住房城乡事务部大臣等都参观了展会。昨天，爱尔兰大使还亲自在展位上向观众讲解。

城市博览会是一个非常务实的活动。整个博览会参展单位有158家。其中，中方单位有123家，欧方单位有35家，都带来了不同的展览内容。中欧城市博览会就是要给城市之间、城市与企业之间、企业与企业之间大家一个平台。很多参展单位都组织了地方领导干部来参观，许多展台也都接受了各类咨询。这次活动还组织了12个边会，边会有很多签约仪式。当然我们不能指望一次展会立刻形成实际效果，但至少达成了很多初步的意向。城市、企业之间进行了充分的交流，会对推动未来中欧城市化的发展具有务实的作用。

我们也注意到，很多城市展示了一种未来的合作基础。本次展会上，沈阳市与法国勒阿佛尔市签署了下一届"中国—欧洲"投资贸易战略合作协议，襄阳市与法国勒兰西市签订了建立城镇化合作伙伴城市协议。上海市宝山区、广东佛山中德工业园与欧盟有关城市、科研院所就合作建设新型城镇化示范区进行了讨论，这都为未来中外城市与企业提供了空间。

**《新京报》**：国内不少二、三线城市也都参加了此次博览会，这次博

---

本文是李铁接受《新京报》记者张旭专访的实录，2013年11月29日。

览会给二、三线城市提供了怎样的机遇？根据你的了解，大、中、小城市在博览会上的兴趣点有怎样的异同？

**李铁：**中国有2万个城市，其中县级以上的城市只有660个，还有一万多个建制镇。欧洲城市发展经验主要在于中小城市。欧洲的许多城市只有几十万人，这些城市的管理经验、可持续发展模式、生态城市、智慧城市的发展历程，对中国的中小城市都有重要示范作用。

对于欧洲的企业来说，中国中小城市的发展预示着广阔的市场。欧盟的企业特别是中小企业可以在这里发现投资点。大、中、小城市都有吸引欧洲企业投资，引入资金、技术等资源的需求，在展示城市发展成果的同时，国内城市更主要的是给企业展示可能的投资机会。

**《新京报》：**这次博览会为中欧城市以及企业之间的合作搭建了平台，未来还会考虑搭建怎样的平台，会不会有一些门类更具体的展会？

**李铁：**未来平台的搭建不仅是举办中欧城市博览会，我们更多地会推动一种中欧城市发展示范区的建设，在一个城市开辟一个合作的空间，形成技术、经验与市场的对接。类似的基础设施，未来都可能有民营资本、外国资本的进入。中欧之间还会有更多的交流活动，城市之间的合作活动，包括实质性的合作洽谈活动。

# 第三篇

# 城市治理

# 从群体性事件看城市治理变革

近年来，随着城市社会的兴起与市民环境意识、权利意识的觉醒，中国各地因环境问题引发的群体性事件正处于多发期，成为城市政府在城市规划、城市管理中亟须正视的新现象。而2014年5月在杭州余杭发生的“垃圾焚烧发电厂项目引起群众聚集抗议”的事件更是具有极强的典型性，值得从多角度审视，从全局范围反思。

为此，本期《城市会客厅》邀请了李铁与杨禹研究员就相关问题展开了讨论。以下为李铁观点摘编。

杭州余杭垃圾焚烧发电厂项目引起群聚抗议已告一段落，冲突最激烈的阶段已经过去，但这并不意味着其背后的问题已经完全得到解决。可以说，该事件的出现正是我国城镇化进程中各类问题、各种矛盾逐步积累后的一次集中爆发。所以，这次事件涉及方方面面，它所折射出的并不是简单的垃圾焚烧发电厂的选址问题，也不单纯是公民环保意识觉醒的问题。这里面包括社会转型过程中，城市管理基本思维的弊病，城市发展中制度建设的缺乏以及社会心理疏导的需要等。

## 一、垃圾处理是我国城市发展中必须要过的一道坎

在探讨杭州余杭事件或类似事件时，首先必须明确中国城市高速发展中的垃圾处理，是一个不得不去面对的问题。

现阶段，我国有7.3亿城镇人口，每年还有2千万人进入城市。快速

---

本文是李铁在《城市会客厅》与杨禹研究员的对话观点整理，2014年6月12日。

的城市化也带来了城市垃圾的高速产生。我国现在已是世界上第二大垃圾生产国，美国每年的垃圾产量大概是 2.56 亿吨，中国现在大概是 1.43 亿吨，而这一数字在 2030 年甚至可能达到 4 亿吨。这么快的增长速度，这么多的垃圾，要到哪里去?

过去采取的方式是垃圾掩埋。但是我们知道，掩埋可能带来的土地污染，对于环境的影响很大。所以垃圾焚烧场有其存在的必要性，因为这些垃圾总得有出口来处理。而城市管理者们面临的现状是，垃圾焚烧厂无论建在哪里都会有人反对。所以说，垃圾处理是我国城市化进程中必须要过的一道坎。

## 二、效率与民意的抉择

媒体上有很多关于杭州余杭事件的评论，有些声音认为，这件事情之所以最后走向“极端”，是因为当地政府与公众之间的沟通不够充分。人们“天然”地以为，此类问题通过理性沟通及公众参与决策就可以得到圆满解决，但从国外的经验来看，事情远没有这么简单。美国的一些建设项目，甚至会因为几户居民不同意而导致十几年不能开工，在印度也有类似的情况发生。

当然这样说并不是指征求民意、公众参与的过程可以绕过。但现在的情况是，中国城镇化、城市发展的速度太快，而这种速度带来的最大问题就是各方矛盾急剧积累，倒逼城市政府不得不提高解决效率，甚至已经没有一个可以用来逐步适应、学习的缓冲时间了，从这个角度上来看城市垃圾处理，效率才是更为重要的元素。

## 三、群体性事件的发生是社会情绪的释放

作为个体，公众并不会考虑整座城市垃圾处理的迫切需要，而对垃圾处理项目在自己生活区域附近的建立则会表达出激烈的抗议，这实际上体现了一种社会情绪的释放，中国城镇化走到今天，积累下来的大量矛盾的释放。总的来说，这种释放由三方面原因构成。

#### 1. 群体心理释放的需要

这是目前为止，我国各地政府一直没有认真冷静面对过的问题。城市里拥挤的环境、繁忙的工作和巨大的生活压力令人们长期处于压抑、紧张的状态中，容易产生不满的情绪。有负面情绪的人们，特别是血气方刚的青年人聚集到一起，就需要一个能够宣泄施放压力的渠道，抗议垃圾焚烧厂及类似项目的落地建设就这样成为一个宣泄的契机。

如果不从社会心理学角度来考虑，很难解释为什么仅仅一个诉求，本来有着很多种表达方式，但最终却走向街头抗议。

#### 2. 缺乏合理的补偿和搬迁机制

如果一个项目会对周围的环境产生影响，那么政府就要为相关居民建立合理的补偿、搬迁机制。这方面，日本的数字很能说明问题，日本在城市发展过程中，政府收入的90%都用在了补偿、搬迁或类似事项上，而我国城市政府在心理、物质、制度上的准备都不足。

#### 3. 部分城市政府信誉下降，公信力不足

这些年来，受官员腐败、伪劣工程、城管执法等诸多因素的影响，部分城市政府的信誉在公众心里打了折扣。民众对城市政府的施政能力较为失望，同时对相关政策的持续性也持怀疑态度，这导致了部分城市政府公信力的下降，民众对那些城市政府缺乏基本的信任。公信力的下降与信任的丧失也是这类事件爆发的重要背景。

综上所述，若想妥善处理，甚至是避免此类事件的发生，城市政府应注意以下几个方面。

## 四、如何处理群体事件，提高政府公信力

#### 1. 通过公众的参与消除相互隔阂

城市政府在加强宣传，消除公众对垃圾焚烧产生的有毒物质的误解和担忧的同时，应及时公布垃圾焚烧处理标准。还应拿出魄力来，公开焚烧厂的生产、排放、监管等环节的具体信息，彻底透明操作，加强公众参与，让人们都知道这个垃圾焚烧厂到底在干什么。

以现在发达的信息传播技术，政府与民众开展这样的沟通并不困难。但现在我们需要重视的是城市管理者思维方式转变的问题。十几年前，政府对一个决策可能积累的民怨并不了解或者说并不重视。但是现在，公民意识在城市化进程中得到了提高，老百姓要求提高信息透明度，要求政府在 GDP 和生存环境之间做出选择，这是城市社会所带来的必然结果。

因此，城市政府在未来的城镇化进程、城市管理中，需要尽快适应，要转变惯性决策方式；健全完善政府和公众的沟通机制、信息发布机制；要让科学方法参与决策；要加强管理决策的透明度；减少官员的频繁调动。

只有长效机制得以建立和运行，公开透明的决策方式成为习惯，才能消除政府与民众间的隔阂，减少沟通的时间，提高城镇化效率。这也是我们新一届政府在推进城镇化各项改革时的一个重要方向。

**2. 通过全面、专业的治理提高政府公信力**

在城市治理中，还有个现象应得到重视，就是现在很多城市的主要负责人习惯于把自己当成专家，总认为自己的意见就是专业意见，把自己的意见凌驾于各领域专家之上。即便是听取一些意见，也是偏听。

就杭州余杭事件而言，很多人认为所谓的“专业意见”就是所谓环保、环评方面的意见。其实大错特错，所谓的专业远不只这些，还应包含社会学、心理学、经济学、统计学等专业。但在实际操作中，城市政府通常只寻找对其政策支持的专家，这样或许有利于一个决策更有效地落实，但却潜藏了非常多的危险。城市负责人在执政期间认为对的政策，可能放在整个城市发展历史中不见得就是对的，但在决策过程中，没有人可以指出这一点。

另外，城市政府决策的简单化，也是导致许多错误决策得以落实的另一个原因。相较国外一些城市而言，中国城市政府调动资源的成本很低，再加上缺乏制度上的监管和制约，导致部分城市政府在思维模式、决策过程中过于简单。

正是因为上述两个问题，导致现在城市发展、城市建设中出现了大量短期行为，堆积出了一个个注重外表的城市，最后的结果反而是对社会资源造成了极大的浪费，给环境带来了巨大污染。同时，令整个城市的基础设施供给出现严重短缺，城市债务也迅速增加，却没有人去承担这种责任。

这就是前面所说的政府公信力受损的深层原因。这种公信力的丧失，就像击鼓传花一样在每一届政府之间传递着。很明显，杭州余杭的这件事就是公信力受损后，长期积累的矛盾爆发的结果。当地政府认为垃圾处理问题是一个亟须解决的问题，但在处理过程中，却忽视了在多年的城市治理过程中积累下来的矛盾，进而造成了民众在现实中的宣泄。而这种宣泄的出现其实就是本届政府承担了前任所有错误决策的后果。

与发达国家的城市政府相比，也许我们政府这种只考虑短期经济效益的做法在表面上节约了成本，但其实已经积累了很多后遗症。城市政府最终是要为公信力的丧失承担后果的，从这个角度上讲，城市政府的治理模式也要转型。要充分认识到，某一个城市问题的关联面不是狭窄的某一个专业领域的技术问题，而是一个涉及领域非常广的综合的社会问题。政府在征求意见以及决策过程中，应更加谨慎。

**3. 通过市场力量的介入分解无限责任**

还有一个值得城市政府在未来进行探索的问题，就是应该让市场的力量逐步介入到城市的管理中来。这也是未来我国政府在城市管理方面可以考虑的方向：首先是要分解中央政府和地方政府的职能、责任。其次是要让城市政府通过制度改革，逐步释放相关公共设施的运营权、所有权，充分发挥市场中民企、外企的力量，把自己原来本不该承担的包袱卸下来。政府要真正成为一个监督者、管理者，只负责解决公共服务，而不参与市场的运营。

过去很多年，政府的力量在整个城镇化进程中发挥了巨大作用，但现在我们恐怕得换一种视角来看待这个问题。政府在大包大揽的同时也向社会承担了无限的责任，因此，在城市建设与管理的过程中，若出现任何一个“闪失”，都必须要直接面对来自社会的问责，没有缓冲地带，没有人来分散这个责任。长久来看，这并不利于政府在城市管理中发挥应有的作用。

在国外一些的城市中，城市的管理者分为两个层面：负责政治层面的市长和真正管理城市运营的城市经理。这就意味着政府不必把所有大型公共设施的运营管理责任全都揽在自己身上，而是外包给专业的公司或者机构，将来自经济和社会的压力、矛盾转嫁出去。这样不但有利于监管，而且出于利益原因，这些负责具体运营的公司、机构在民意沟通方面往往做得比政府更加细致、灵活。

#### 4. 通过丰富文体活动疏导群体情绪

此外，对于社会心理的研究也是城市治理中需要引起重视的一项任务。城镇化导致大量人口聚集，不同的群体会产生不同的诉求，但在中国，这些诉求往往没有正常的表达机制，时常被压抑。现在通讯发达、交流便利，公众舆论在这样的背景下容易趋于非理性，在某些情况下，一个小火花便有可能引燃导火索，一个平常的事件便有可能触发到社会群体心理宣泄的“痛点”，进而形成大规模的群体性事件。这本来不是中国特有的问题，在世界城市化历史进程中算是必然现象，但问题是，此类问题在中国几乎从来没有被重视过。

回到杭州余杭的这次群体性事件上来，正是因为社会群体没有了正常宣泄情绪的渠道，才导致一件本可以通过理性表达、解决的事件在短时间内转变成了激烈的对抗行为。

其实一座城市积累了几十年的机制弊端、社会成见，在某一个时刻突然爆发是很合理的。就算一些城市没有爆发，也一定会有一个契合点，以另一个形式表现出来，如大型体育运动赛事、大型文化娱乐活动等。

所以，城市政府应及早正视这种宣泄的需求，积极、正面地对社会心理宣泄进行疏导。现在很多城市中有着大量低收入人口、外来人口和青年学生，不难看出，现在的城市并没有留出足够的空间给这些群体宣泄情绪。在这些人中建立情绪释放机制的任务十分紧迫，需要城市政府在未来城市的建设和发展过程中把整个城市的文化体育设施和各类娱乐活动丰富起来，给社会心理、群体情绪更多释放、宣泄的机会。

# 从城市治理模式看地方政府债务问题

国家审计署报告显示，我国地方政府债务问题日益突出，呈现出债务总量大、增长快的态势。2013 年 6 月，中国地方政府债务余额高达 17.9 万亿元，比 2010 年增加了 7.2 万亿元[①]，三年间增长超过 70%。面对不断膨胀的地方政府债务，2014 年，国务院专门发文对地方政府债务进行规范，以期控制风险。从地方政府债务的形成来看，约有 90% 来源于城市市政建设和公共服务支出。[②]地方政府的债务增长不过是中国城市发展模式失衡的表象，要解决这个问题必须首先弄清楚城市的发展模式，才能抓住问题的本质。

## 一、中国式城市发展模式及其产生的原因

与大多数国家的城市政府相比，中国经营城市的理念和方式有着巨大的差别，主要在于中国城市政府可以通过制度收益的形式获取大量资金，从而弥补城市发展资金的严重不足。但是由于对政府行为和资金运作的监督和约束有限，致使资金的运营效率大幅度降低，为日后长期的可持续发展埋下了隐患，目前突出表现为政府债务问题的加剧。

征地和卖地是中国一些地方政府经营城市的发展模式。20 世纪 80 年

---

本文发表于《城市与环境研究》，2015 年第 2 期。

① 国家审计署：《2013 年全国政府性债务审计结果》，中国新闻网，http：//www.chinanews.com，2013 年 12 月 30 日。

② 2010 年底、2012 年底、2013 年 6 月用于市政建设、交通运输、土地收储、保障性住房、农林水利和环境保护等基础设施建设的占比分别为 89.38%、92.14% 和 88.97%，均保持在 90% 左右。

代，中国农村工业化的经验证明，依靠廉价的土地吸引投资是中国各类城镇财政收入增加和积累的基础。政府的行政性开支靠一般性预算收入，而一般性预算收入的来源主要是工业税收，因此，各级城市政府要发展工业，就必须以通过降低成本的方式来吸引投资。工业用地成本包括土地出让金、对农民的征地补偿和基础设施投入，在各类城镇的强烈竞争态势中，招商引资的成功与否主要取决于同类条件下谁的成本低，因此，压低用地成本已经成为各类城镇招商引资的基本前提。但是成本的支付不可能通过预算内财政支出解决，因为预算内财政仅能维持行政人员的基本开支，即所谓的“吃饭财政”。保工业增长的基本前提就是保“吃饭财政”，因此，弥补工业的低成本资金来源只能通过另外一种形式，即靠征地后卖地来获取，那么发展房地产，获取高额土地出让金就成为必然。如此，既能弥补工业用地的负成本，也能有大量剩余资金用于城市基础设施建设，这就是每一届中国城市政府在任期内的城市经营模式。

征地卖地式城市发展模式产生的原因主要有以下几个方面。

（1）地方政府通过招商引资来促进公共财政收入的增长。任何一个城市要维持其正常的运转都需要有资金来源，主要是用来解决行政人员开支、公共服务支出和基础设施的投入。然而在中国现有的财政体制下，城市政府仅靠公共财政预算收入无法完全保障上述各项功能的资金需求。在对地方政府进行调查的过程中发现，中国地方政府行政经费支出①占公共财政预算支出的比重较高，有的城市政府多年平均占比甚至高达80%以上。也就是说，中国地方政府公共财政预算收入仅仅能够维持行政事业单位工作人员的行政开支，在中西部欠发达地区，一些地方政府甚至需要上级政府财政转移支付才能维持行政运转。因此，在改革开放后很长一段时间内，各级政府最大的困惑是如何增加税收来源，以确保政府运转的需要。增加税收来源就必须要促进工业的发展，所有地方政府公共财政预算收入的来源主要都是工业税收。

（2）地方政府改善基础设施供给的支出压力与日俱增。中国属于后发城市化国家，既面临着数亿农民进城带来的解决公共服务的压力，也

---

① 行政经费包括基本支出和一般行政管理项目支出，其中基本支出包括人员经费和公用经费；一般行政管理项目支出主要是指一般行政管理事务方面的项目支出。

面临着基础设施供给不足的巨大挑战。因此，借鉴和参照发达国家经验，增强基础设施供给能力，迅速赶超发达国家的城市公共服务水平，实现所谓的跨越式发展，无论对于各级城镇政府还是普通居民都是一个并不遥远的梦想。高速经济增长和城镇化发展的现实也证明了实现梦想的可能性。在城市改造项目中，各级政府投入和改造城市基础设施，力图在较短的任期内把政府的能力发挥至极限，居民习惯了这种短期累积大投入所带来的城市面貌改变，因此，对后任政府的要求基本上以前任或者国际上的先例作为参照。而对于城市管理者来说如何获取资金便成了他们的压力。在不断的压力推动下，城市的基础设施进行了投入和改造，力图在较短的任期内把政府的能力发挥至极限，城市的基础设施供给就像已经发动的高速机车，在前进路途中，动力的持续供给和预期目标形成了巨大反差，一切矛盾的焦点都集中在资金的供给上。

（3）地方政府承受着保国内生产总值（GDP）增长和政绩观的压力。中国地方政府官员执政的一个基本思维逻辑，就是通过政绩确保升迁的机会，城市的市长只是在官本位体制下的一个环节和过程，而不是一种长期的义务和责任。对于官员考核的基本标准是能否带来经济增长和城市面貌的改善，而且在上级部门考察的过程中还要通过视觉的形式充分展现出来。30 年的经济增长已经证明，保增长的目标既是执政为民的基本要求，也是打通升迁渠道的必要政绩体现。因此，GDP 和城市形象作为双刃剑，决定着每个城市管理者未来的前程。对地方政府来说确实压力不小，毕竟要有足够的资源才能支撑一届政府在两个方面都有较大的改观。

（4）经营城市的理念和制度性差异导致了城市发展模式的不同。在城市发展轨迹中，经济的持久推动力来源于释放市场活力，同时也要充分发挥各级政府调动资源支持增长的能力。在中国，相当长时间里经营城市成为城镇政府的重要理念，但是国际上经营城市的做法和中国却有着根本性的区别。国际上经营城市的方式，主要是政府在财政预算和支出的硬约束条件下管理好政府的预算资金和资产，以确保公共服务供给能力和基础设施配置效率的提高以及政府资金和资产的保值增值。从通俗意义上讲，就是像管理企业一样来管理政府资产，目标是改善公共服务。而在中国的城镇化进程中，经营城市不是如何提高城镇政府资产的利用效率，而是如何通过征地获得政府的财政收入，为此就要靠卖地来维持政府的基础设施建设。只有征地，政府才有一切开支的来源，因此，征地是任何一届政府都必须要面对的问题。所以，深入研究中国城市的发展模式，一定要从征地和卖地两端入手，才能寻找出近几十年中国城市的发展规律。

## 二、中国式城市发展模式的作用

中国式城市发展模式的作用主要表现在以下三个方面。

（1）避免了大多数后发国家在城市化过程中可能出现的城市病。中国虽然是一个后发城镇化国家，但是由于独特的体制条件，很难按照发达国家的轨迹和路径实现自身的城镇化进程。按照世界城镇化发展规律，在中国如此大规模的人口基数下，农村人口向城市的自由迁徙一定会复制拉美国家的城市病①，甚至会更为严重。有鉴于此，中国各级政府官员力图在推进城镇化的过程中避免拉美式城市病。

由于中国具有一系列独特的制度安排，避免了大多数后发国家在城市化过程中可能出现的城市病。比如，通过户籍制度限制了人口的自由迁徙；城市工业的园区化发展，使人口可以集中管理和居住，缓解了进城农民的居住压力；与此同时，进城农民在农村还有承包地和宅基地，在一定程度上能够提供生活保障。

（2）确保了中国工业长期持续的高增长。城市病产生的重要原因是基础设施和公共服务供给能力不足，前提是资金的短缺。征地和卖地正好从两个方面为城市发展提供了资金保障：一是稳定增长的税收来源，二是充足的基础设施资金供给。低成本的土地供给条件，确保了中国工业长期持续的高增长，即使劳动力成本逐渐上升，中国工业投资的势头仍将长期不减。工业用地的宽供应、低价格大大降低了中国工业的发展成本。2006 年全国工矿仓储用地供应占比达到一半，2012 年下降到接近

① 所谓城市病，基本表现就是基础设施条件差、城市环境面貌恶劣、公共服务水平低以及贫民窟现象十分严重等。

三成。值得注意的是，虽然比重有所下降，但供应面积却不断上升，2008 年工矿仓储用地供应量为 9.3 万公顷，2013 年增加至 21 万公顷，年均增加 17.7%。①

在各类出让的国有土地中地价差别甚大。2000～2014 年，综合地价、商服地价以及住宅地价分别上涨了 252.9%、305.7% 和 471.7%，而工业地价仅上涨 67.1%。截至 2014 年年底，商服地价为 6552 元/平方米，住宅地价为 5277 元/平方米，分别是工业地价（742 元/平方米）的 8.8 倍和 7.1 倍。

近年来，中国国内的劳动力成本不断上升，不少人认为这将会影响外资进入中国的规模。实际情况并非如此，2008～2013 年，全国平均工资从 28898 元上涨到 51474 元，年均上涨 12.2%。与此同时，中国实际利用外资从 923.95 亿美元上涨到 1175.86 亿美元，年均上涨 4.9%。虽然实际利用外资的增幅近年来低于 2001 年以来的平均水平（8%），但从全球范围来看仍属资本流入地最多的国家。2008～2013 年，全球外国直接投资总额从 1.7 万亿美元下降至 1.45 万亿美元，中国实际利用外资占比则由 5.44% 上升到 8.11%。

（3）为城镇政府提供了巨额的预算外收入。商用和住宅土地的征用成本和出让收益之间的级差为城镇政府提供了巨额的预算外收入，不但大大弥补了政府基础设施建设开支的严重不足，还可以补偿工业用地低价出让所形成的亏损。

商住用地出让的高收益不仅可以为地方政府补贴因低价出让工业用地而产生的资金缺口，而且可以为改善城市市政公用设施提供支撑。2000～2013 年，中国城市市政公用设施建设固定资产投资总额达 11.23 万亿元，主要资金来源于城市政府出让土地的收入。城市市政公用设施建设固定资产投资总额增幅与土地出让合同价款增幅呈现出明显的同向变动关系。

很多人诟病中国体制对经济发展形成的巨大约束，但中国经济能够保持如此长时间的高速增长，并且快速地完成史无前例的大规模的城镇

---

① 资料来源：《中国国土资源统计年鉴》2006 年、2008 年、2012 年、2013 年。

化进程，恰恰在于制度形成的低成本条件提高了竞争力。

## 三、征地卖地式城市发展模式的弊端

如果仅从一届政府来看，卖地的发展模式可以有很多正效益，但是如果被广泛和不断地复制，产生的后果则远超于预期。

首先，中国地方政府官员大多希望在任期内有明显的政绩。任期内片面追求政绩加剧了城市政府的短期行为，卖地的收益在没有刚性制度约束的情况下，则会促使短期执政行为的放大。因此，基础设施建设中政绩和形象工程的投入在中国城市建设中占有相当大的比重。

其次，中国城市政府官员的流动性很大，继任者必须复制前任的模式来体现自己的政绩，甚至有过之而无不及，因此，招商引资和卖地的模式在前任的基础上会被进一步放大。城市发展的规律是，后任者不可能在同一个空间内还原上一届政府的发展模式，而必须要开辟新的空间。如果无数个继任者都按照征地卖地的经营模式发展城市，其结果必然是城市空间无限地、粗放性地扩张。

再次，空间的扩张源于两个基本需求，即招商引资和发展房地产。在城市争夺投资资源的竞争日益激烈的情况下，必须要压低招商引资的要素成本，不断地通过卖地来进行补偿，同时还要满足居民在经济快速增长过程中不断增长的改善基础设施建设供给的心理预期，为此，房地产的发展成为政府招商引资最强大的动力。但是，每个城市管辖的空间是有限的，各个城市之间对于消费者的吸引也存在着竞争关系，政府为了减轻因提高收入带来的压力，必然要推动房地产供给，结果房地产供给过剩了。这种空间复制的发展模式像击鼓传花，每个接任者在面临压力的同时也都把卖地空间的可能性放大到极致，甚至不惜以增加未来的债务为代价。击鼓传花总是要有终点的，当房子卖不出去的时候，城市债务的危机就会产生，至此，已经被复制了近 20 年的征地卖地式城市经营模式也就走到了尽头。

## 四、征地卖地式城市发展模式造成的后果

征地卖地式城市发展模式造成的后果主要表现在以下六个方面：

（1）城市债务问题日益突出。中国城市政府长期实行的征地卖地城市经营模式虽然极大地促进了城市基础设施的改善，但也大幅度抬高了城市居民对于进一步改善公共服务供给的心理预期，而国际上发达国家城市发展的参照效应也强化了这种预期，与此同时，中国城市政府官员赶超前任政绩的压力与上述预期不谋而合。在多种因素驱使下，赶超和跨越已经成为城市政府加速征地卖地经营模式的助推器。现实中由于受到用地指标的约束，卖地已经远远满足不了城市政府的资金饥渴，于是在已有资金供给不足的情况下，通过对未来用地指标的抵押和多种形式金融工具的运用来增加资金链的供给，成了城市政府普遍运用的新经营模式。另外，我们在调研中也发现，地方政府为了扩大资金来源，使用更为间接的方式获取资金，比如，地方政府通过口头承诺使开发商隐蔽债务行为的问题已经比较普遍，从而造成实际债务规模超过了账面债务总额，致使越来越多的基层政府被债务膨胀问题困扰。虽然引进新的金融因素是近期城市政府经营模式的“转型”，但是作为抵押的基础条件仍然没有摆脱卖地的预期，因此，城市卖地和预期卖地的收入演变成了现实的债务负担。截至2012年年底，11个省级、316个市级和1396个县级政府承诺以土地出让收入偿还债务，余额共计为3.49万亿元[①]，约为2012年土地出让收入总额2.69万亿元的1.3倍。2013年全国84个重点城市土地抵押贷款总额为7.76万亿元，约为2013年全国土地出让收入的1.9倍，同期，中国单位面积土地获得的抵押贷款约为单位面积土地出让平均价格的2~3倍[②]。因此，房地产供给一旦过剩，土地出让和抵押的资金链就会断裂，将直接影响到未来的债务偿还。

---

① 国家审计署：《2013年全国政府性债务审计结果》，中国新闻网，http：//www.chinanews.com，2013年12月30日。

② 2009~2013年，中国单位面积土地获得的抵押贷款分别是单位面积土地出让平均价格的2倍、2.65倍、3.21倍、2.85倍和2.9倍。

（2）经营成本过高的问题。如果一个城市政府希望通过卖地获得最高的土地出让收益，就一定会通过打造视觉形象来提高房地产的价值和发展基础。中国绝大部分城市政府在招商引资和发展房地产时沿袭了这种模式。所谓的以大广场、大马路和大生态公园构筑的城市景观大大增加了城市的运营成本，却降低了城市的包容性，也抬高了农民进城的门槛。以房地产开发为主导的城市建设模式，使中小投资者和服务业经营者必须首先迈过土地出让和购买房地产这第一道门槛，才有资格进入经营门槛，中小投资者只有抬高产品价格才可以逐渐收回这个经营成本，而价格的提高阻碍了消费。

（3）工业主导问题。城市征地招商引资模式的动力是增加政府的一般性预算收入，从而增加 GDP。但是从现有的产业结构和税收结构统计指标体系看，要想在这两项上取得最大收益，只有持续发展工业。在国际城市化进程中，工业化进入中期以后，服务业将取代工业成为城市的主导产业。但是在中国，各地仍在把工业化的目标放在增长的最重要位置，这种发展模式与城市的未来发展预期可能会产生一系列的矛盾。主要表现在三个方面：一是城市政府必须要在传统工业和现代工业之间进行选择，前者可以吸纳较多的劳动力，后者会形成资本和技术对劳动力的替代。在中国工业发展模式的转换中，面对众多人口要从农业中转移出来的压力，政府应该进行什么样的选择？如何实现过渡？二是工业发展的基础是在城镇化高速增长的初期，需要压低要素成本。在竞争条件下如果继续压低土地成本将会导致卖地模式无法遏制，如果压低劳动力价格，则与现有的城市形态不吻合，会失去城市的包容性，因此，政府要在城市的视觉形象和人口结构中做出选择。三是如何解决工业发展带来的劳动力问题，包括社保的缴纳和公共服务的支持以及未来户籍管理制度改革的推进。事实上，大多数中西部地区中等以上城市希望避免沿海地区外来劳动力压力过大的矛盾，而在城市发展路径选择中过早地提出产业转型又会造成城市对外来就业人口吸纳能力的下降。

（4）人口密度不高，土地利用效率偏低的问题。卖地模式导致了以下几种结果：一是为了视觉化的追求，通过招商引资造成了土地的粗放利用。我国工业用地容积率仅 0.3 ~ 0.6。以产出较高的上海市为例，

2010 年工业用地产出为 13.4 亿元/平方公里，仅为 20 世纪 80 年代纽约和东京的 1/3 和 1/7。二是政府用地的效率低下源于土地的国有化。在中国各级城市，园区建设对于土地的浪费已经达到了极致，表现在通过吸引眼球的城市环境塑造以及工业、房地产开发商的介入。在引进投资过程中，给予的土地条件过度优惠造成了土地资源的严重浪费。2000 ~ 2010 年，全国人均城镇工矿用地从 130 平方米增至 142 平方米，城镇工矿用地人口密度从每平方公里 7700 人降至 7000 人，下降了 10%。三是土地的粗放性使用已经是中国城市新城新区的普遍现象。有 193 个地级市新城新区公布了规划建设用地面积，总量达 11654 平方公里，平均每个新城新区规划建设用地面积为 60.4 平方公里，超过地级市建成区面积的一半。

（5）服务业发展严重滞后的问题。国际城市化进入高速增长期后，服务业要替代工业成为城市的主导产业。但是在中国城镇化进程中，服务业增加值占 GDP 的比重虽然超出了工业，但是与城镇化水平相比仍严重滞后。原因是：首先，中国服务业发展滞后于世界服务业发展水平。根据世界银行统计数据，2011 年世界城镇化率为 52%①，服务业增加值占比超过 70%，而中国 2011 年的城镇化水平已经达到 51.3%，但服务业增加值占比仅为 43.4%。其次，中国服务业滞后于世界经济发展水平，2011 年世界中高收入国家服务业增加值比重为 55.6%，中国要滞后 12 个百分点。再次，中国服务业滞后于城镇化水平。从世界不同城镇化水平国家来看，城镇化率超过 50% 以后服务业会加快发展，服务业增加值占 GDP 的比重将不断提高。2011 年与中国同等城镇化水平的国家的服务业比重平均为 60.9%②，而我国仅为 43.4%，要滞后大约 17.5 个百分点。最后，中国服务业滞后于工业化水平。2014 年中国服务业和工业增加值比重分别为 48.2%、42.6%，两者比值为 1.17，而美国为 6.4，英国为 6.94，德国为 3.43，日本为 3.9。

（6）房地产供给出现结构性波动的问题。中国城镇化进程伴随着农村人口进城，势必带来强劲的住房需求。与发达国家曾经出现的房地产

---

① 目前世界银行公布的三次产业增加值数据只到 2011 年。

② 世界银行数据库中各国服务业增加值占比数据只到 2011 年。

泡沫相比，中国房地产供给远未达到饱和。但是在当前的城市发展和经营模式下，因为卖地的利益冲动过早地推动了一些三、四线城市甚至二线城市房地产的过度供给，这种供给的结构性变化使房地产增长仍会出现一段时期的波动。从不同城市房地产投资占全国房地产投资的比例来看，2012 年二线城市房地产投资占全国房地产投资的比例高达 33.5%，而地级及以下城市的比重分别为 30.9%、25.1%。为了获取更高的土地出让金，满足视觉化的中高档房地产供给也出现了相对过剩的现象。在当前发展模式下，房地产提早进入阶段性衰退期，对中国经济增长和经济结构调整都会带来巨大的压力。

## 五、转变城市发展模式，化解地方政府债务

随着城市债务的日益膨胀，城市管理者面临着巨大的可能出现危机的压力。30 年的高速经济增长和城镇化进程，政府官员习惯于复制上级城市的经验或者是国际上发达国家的城市外在表象，而从来未曾认真思考过城市的管理模式问题，以往的高速增长也掩盖了可能会出现的种种危机。当所有的问题和矛盾经过几十年的积累逐步显现时，观念和制度调整的滞后以及利益相对的固化，导致城市经营模式转型遇到了严峻的挑战。如果选择原有的模式继续放大债务，随着房地产供给过剩，可能的资金筹措预期将转变成严重的债务，资金链的断裂就成为城市无解的难题，只能期待中央政府的政策救市，但在目前的执政理念下，却很难实现。如果选择新的模式，在中国又无法复制国外的制度经验，如何建立止损机制，顺利实现转型，仍然需要诸多的新措施，但却面临着较大的阻力。因此，在倒逼机制下，改革、创新和观念的转型是摆在现有城市管理者面前唯一可选择的方式。降低成本，提高资源配置效率，激发各经济主体的活力，应该是城市转型过程中必须重视的现实问题。具体可以采取以下措施。

（1）降低城市发展成本。如何持续地利用城镇化过程中曾经有过的低成本模式，是世界上绝大部分国家必须经历的过程。毕竟进城定居和就业的农民并没有受到过高等教育，他们需要的是和他们的工资收入、

受教育能力相适应的生活和就业环境。这就要求，一要矫正中国城市政府官员的发展观，要正视现实，降低农民进城落户的门槛，增加城市的包容性，解决和改善城镇居民的就业和生活条件。二是要在符合城镇总体规划原则的基础上，允许农村集体经济组织在自己的建设用地上建立产业园区，自行招商引资，吸纳产业。

（2）提高城市资源的配置效率，杜绝粗放型城市发展路径。提高资源配置效率主要有以下三个途径：一是调整城市经营理念，按照企业运营和管理的方法，精打细算地使用政府掌控的土地、资金和资产。二是通过约束机制的建立，遏制短期行为，使得政府资源的配置满足城市长期的发展需要，满足城镇居民的多元化公共需求和市场化需求。三是应在各类城市进行试点，探索城市的商住用地模式，实行小块出让，限制大规模的房地产开发，降低服务业发展成本，吸引中小投资者在小块土地上发展服务业。四是在大幅度提高人口密度的基础上，通过资源配置效率的提高，实现生态、低碳和绿色的城市可持续发展目标。

（3）激发城市的活力。激发城市的活力主要在以下三个方面做努力：一是要打破行政等级的限制，为中小城市创造平等的竞争条件，充分激发其发展活力，促使他们更多地以低成本的方式吸纳就业和新增转移人口。二是要激发进城外来人口和农民工的活力，加快落实中央户籍制度改革文件精神，延长农民工在城镇的就业时间，激发创业活力。三是激发民营企业和中小投资者的活力。通过开放市场，允许他们在同等条件下参与城市开发和基础设施的投入和运营，通过改善城市就业结构和激发产业结构的活力，提高资源配置效率。

# 如何让城市记得住乡愁

李克强总理在今年的政府工作报告中指出，要保护历史文化和自然景观，避免千城一面。这再次引发了人们对城市历史文化传承保护的思考。

其实，我所接触的很多地方领导，并非没有文化理念，只是在他们眼里，无论是古城的再造，还是西方文明的引进，都是大手笔开发的理念。所以，我们看到了无数个“泰晤士”、“芙蓉小镇”、“青砖故里”，浮光掠影地看过去，还真煞有介事。但真进到这些小区，会发现这些好听的名头无非只是一个个因房地产开发项目而打造的概念。如果认为这样的形态能代表中国城市的历史文化，那真是走进了误区。

城镇文化历史的保留主要涉及两个方面：一是对传统建筑和社区的保护，二是对城市发展规律的尊重。对前者，人们已经有了基本的共识，特别是经历过城市建设大拆大迁的扭曲后，一些城市政府管理者逐渐认识到，保护文化历史很重要，至少有利于旅游业的发展。

但对如何尊重城市的发展规律，在建设中保护历史文化，不少城市管理者仍然缺乏清醒的认知。一位市委书记曾经对我说，要在他主政的城市建一个“东方达沃斯”。一问具体做法，就是要给房地产开发商和规划专家设定这个目标，让他们来操作。我告诉他，欧洲的古老城市都不是通过房地产开发来实现其城市形态的。富含历史文化的欧洲古代城市之所以延续到今天，与房屋主人在自己的土地上兴建、传承和保留历史记忆和文化特色有很大关系。正因为房屋主人对自己土地上的自有房屋经过长久的改造、修缮，才赋予了这些建筑以及这些建筑所在的城市那

---

本文发表于《光明日报》，2014 年 3 月 7 日。

么深刻的历史印记。

城市的发展有其历史的延续性，它们是按照历史和经济的规律演进到今天的。在城市发展进程的诸多烙印中，一定不能缺少和城镇居民生活联系紧密的文化象征。只有房子是自己的，建筑历史才能延续，才会有个性化的遗留。如果是自己的房子或者先辈留下的祖产，房屋的修缮和改造就会根据自身实力进行，逐步添砖加瓦，形成富有个性色彩的建筑文化形态。房子之间进行的交易活动，则推动形成了古宅大小院落的区分，给现代人留下了参观旅游的去处。因为这些建筑的集合和群落的保留，我们才有申请世界文化遗产的自信。这些建筑群落绝不是开发商开发的产物，而是在每一个不同规模地块中所建房屋的高低错落的组合，这才是城市建设的历史，才是文化和文明延续保留的经济的基础和产权根源。

了解了城市发展的历史，知道了这些城市建筑的来龙去脉，再审视一下近些年我国城市建设和规划的历程，就会发现，我们正在远离再造文明和历史的基础。当城市被一个个开发商所主导，被一片片房地产小区所分割，乡愁其实早已经远去，所谓的山和水，只不过是开发商眼里赚钱的一番托词而已。随着土地依赖的发展模式越来越陷入困境以及一些城市房地产市场的盲目推动，城市历史文化保护的危机逐渐浮现，对此，我们早就该反思了。

# 公平稳定是城镇化的必要条件

城镇化的发展，带来的是农民大量进城。但城市和农民都还没有做好准备，因此，有人用“回不去的故乡，进不去的城”来描述城镇化的现状。我国的城镇化处于怎样的阶段？面临怎样的问题？应该如何解决？12 月 28 日，《齐鲁晚报》记者陈玮专访了做客“齐鲁大讲坛”的李铁，对我国的城镇化现状进行了分析解读。以下是专访实录。

## 一、城镇化是扩大内需的最大潜力

**记者**：中央城镇化工作会议公报提出，城镇化是一个自然历史过程，要使城镇化成为一个顺势而为、水到渠成的过程，您如何理解“顺势而为、水到渠成”？

**李铁**：城市是自然发展的过程，不是主观人为意志改造的过程。顺势就是要重视城市发展规律，尊重城市自然发展过程，不要人为地强硬改变它，尊重城市空间传统布局。顺经济发展的态势，顺城市空间分布的态势，顺自然景观态势，城市才能走良性可持续发展道路。

可持续发展就要尊重市场规律、尊重城市发展规律。所以不能渴望官员在一个任期内让城市发生翻天覆地的变化。如果发生了这种变化，一定是违背了城市的发展规律，付出的代价要后面多少任来承担。

**记者**：有研究认为，到 2015 年中国城镇化率将达到 58%，您觉得目前中国城镇化发展处于哪个阶段？面临哪些形势？

**李铁**：目前，中国城镇化水平已接近世界平均水平，谈城镇化其实

本文是李铁做客“齐鲁大讲坛”时的专访实录，2013 年 12 月 30 日。

就是一件事：农民怎么进城。为什么国家把城镇化提高到战略高度？我们每年有2080万人进城，相当于一个国家的人口。在国外几百年才能完成的城镇化进程，我们要在几十年内面对、解决。

**记者：** 您曾表示城镇化的核心问题是农民进城，应该如何理解？这次中央城镇化工作会议公报释放出怎样的有利信号？

**李铁：** 农村人口进城刺激消费，2亿多农民进城了，他们可以在城里租房、买房，还会带来相应的家庭装修、家具等，这也刺激了内需，又带来基础设施投资、交通资源的配置等。所以，李克强总理讲城镇化是扩大内需的最大潜力。

农民进城还要注意社会的和谐稳定。这么多农民在城市，享受不到基本公共服务，他们的问题怎么解决？这些人现在的压力大，未来他们一旦对社会不满，产生群体性事件的可能性将大大增加。保持社会公平稳定是必须解决的一系列问题。

中央城镇化工作会议核心问题就两个：一是怎样解决以人为本，要解决农民进城，怎样满足他们的基本需求。这就需要进行户籍管理制度改革。二是城镇化发展的路径。是继续走粗放型的发展模式，还是走可持续的、生态的城镇化发展模式，这确实需要反思，特别是政府决策者。

## 二、二元结构越大，改革阻力就越大

**记者：** 有学者曾提出，我们走得太快了，以致于连灵魂都丢掉了。目前您认为中国城镇化的问题有哪些？会带来哪些隐患？

**李铁：** 第一，根据统计，中国城镇化率是52.6%，但实际按户籍人口统计的城镇化率才35.3%。这就意味着我们城镇化质量并不高。有将近1/3甚至更多的人没有享受到城市的基本公共服务，这是中国城镇化的大问题。户籍制度是法律规定、宪法规定，这个政策怎么破解？需要中央来打破现行户籍制度的障碍，这个政策恐怕要进行改革。

第二，土地城镇化快于人口城镇化。从北京到全国各个城市，十几年发生了翻天覆地的变化。可是我们感觉到，每个城市生活不方便，城镇空间扩张的粗放式发展模式会带来大问题。

第三，城市的公共资源并没有解决所有居民生活相关的问题。比如就业问题、生活便利问题、基础社保问题等。

**记者：**为什么会出现这些问题?

**李铁：**首先，我们对城镇发展规律的认识不够。城镇发展是个长期过程，是综合性功能不断完善提升的过程，城镇发展是不同层次人口向城镇聚集的过程，很多城市制定落户政策的时候条件极为苛刻，只允许硕士研究生、博士研究生、高级职称、劳模落户，可这个城市如果没有中低收入人口，没有低端产业，这个城市还能不能生存?所以，在制定策略的时候，得考虑城市是不同人口的组合，不能想象一个空间是纯粹净化的。

其次，参照系水平过高，提高了城市发展成本。面对几亿农民的进城需求，要解决基本的公共服务。在城镇化的过程中，一方面要学习欧美发达国家的经验，另一方面又要避免巴西、墨西哥城市的贫民窟现象。进城农民不是富人，他的收入只够租房，而我们没有考虑他们，把他们排斥在外，结果就是城市水平越高，我们的二元结构越大，改革的阻力就越大。

## 三、建城市，不要把农村搞没了

**记者：**中央城镇化工作会议公报提出，要让居民看得见山，望得见水，记得住乡愁。乡愁有怎样具体的含义，如何让居民记得住乡愁?

**李铁：**“乡愁”是包含多种含义的。建城市的时候，不要把农村搞没了，不要把农村的村庄集中搬迁。村庄有村庄的文化、特点，所以在尊重农民自愿上楼的基础上，进一步探索村庄的模式。

农民迁不迁移，愿不愿意享受城镇化发展，要尊重他们的意愿。这次城镇化工作会议，中央也提出不许再大规模拆迁、搬迁。

在城市发展过程中，更合理的模式是不要把城市像摊大饼一样“摊”出去，在城市过渡地带，绿化带不一定都是森林，农村村庄的保留，也代表一种绿化的形态。村落式的发展也有它的发展前景，最重要的是，它与农村有着天然的联系，有非常大的潜力。

**记者**：有数据统计，每天有80个村庄因为城镇化而消失，有人说村落的传统文化正在消亡。城镇化是否必然带来村庄的消失？

**李铁**：推进城镇化，农村人口减少，村庄肯定会减少，这个规律是永远不可回避的，但农村文化的消失倒是不见得。城镇化率到了70%以后，农村还有5亿农民，还是新中国成立初总人口的数量，这个是不用太担心的问题。

**记者**：保护村庄文化传统，就地城镇化是不是一个好的做法？需要怎样的条件才能实施就地城镇化？

**李铁**：就地城镇化要鼓励农民返乡创业，鼓励在当地中小城市因地制宜加大招商引资力度，创造特色的产业城镇发展模式，鼓励农民更多地转向本地就业。村庄也要保留，在保留文化传统、保留文化特色、保护产业传统上，有很多内容。就地城镇化是针对大量人口流动状况中鼓励的一种新模式，但它不是一元的，我们还有很多新的探索。

## 四、社保不应是户籍制度改革的前置条件

**记者**：在解决进城农民户籍制度改革问题上，您提出要实行差别化落户政策，应该如何实施？

**李铁**：城市发展是不一样的，有的城市外来人口多，有的城市外来人口少。外来人口多的城市，突出的问题就是人口太多，城市压力大。这要在整个户籍改革力度上有所考量。比如，对大城市外来人口设置年限要设置得长一些，对于外来人口少的，设置的年限可以短一点，有些地方甚至可以不设置。

我认为，年限的限制应该在就业年限或者居住年限上，而不应该有其他的限制。比如，现在很多地方推出就业岗位的限制，有的还实行人的教育素质的限制，这个我觉得就有点误区。这边在进行户籍制度改革，那边还要增加现有居民的福利政策，这样的改革就会越来越难。

**记者**：有些地方推行以社保缴纳年限作为落户标准，这就将一些外来个体户排除在外，这些个体户如何解决落户难题？

**李铁**：社保不能作为前提条件，将来无论对城镇居民还是进城居民，

都要统一进行强制性缴纳。现在中国有一亿多灵活就业人口，这些灵活就业人口中就有个体户，没地方交社保。

还有些地方政府为了招商引资，为了留住企业家，不去强制地方企业缴纳社保。这样的话，压力就放在了农民身上，农民户改很难实现。我一直反对把社保作为户籍制度改革的前置条件。

## 五、山东省应在调整产业结构上下功夫

**李铁：**山东省城镇化发展水平基本跟全国水平相当，产业结构还是以二产为主、三产为辅，农业地位比较低。山东省处于经济发展中上等水平，但服务业发展不起来。

首先，山东省工业化发展比较快，带动作用强。工业发展过快，城镇化水平不高，这与农业人口过多有直接关系。其次，山东省基础设施配置比较好，城际间各种道路配置比较好。此外，山东这一年，在城市基础设施建设上大量投入，城市面貌发生了比较大的变化。

下一步要重点在“雪中送炭”上下功夫，在调整产业结构上下功夫，在调整城市发展路径上下功夫，在降低城市发展成本上下功夫。

# 驱赶低端人口不利于特大城市发展

## 一、人口向大城市集聚是城市化的普遍规律

人口向大城市、特大城市聚集，是中国城镇化进程的必然过程，也是世界城市化进程中的普遍规律，不可回避。全世界只有德国的人口因为东西德分治没有向大城市聚集，但是其城市之间交通的联系非常紧密。法国的巴黎，英国的伦敦，美国的纽约，巴西的圣保罗和里约，韩国的首尔，日本的东京，俄国的莫斯科，都没有例外。为什么人们要到特大城市？因为会产生就业的规模效应，会形成更多的服务业就业机会，会降低生活成本，这是规律。通过户籍制度排除外来人口的政策，违背国际规律。

中国是等级化的城市体制，政府通过行政手段来调动资源保北京发展，当北京有了优越的等级化的体制支撑，公共服务远远优于其他地方的时候，无论是行政的因素还是市场的因素，都会使北京越来越大。北京曾经严格限制中央国家机关新增事业单位设立，可结果还是控制不住。不仅仅是北京，各个省会城市也是如此，通过行政手段调动资源集中到省会城市，其发展远远优于省内其他城市。

人口均衡布局是不可能的。北京从20世纪80年代提出了600万的人口控制目标，到后来的1000万、1300万、1600万、1800万，再到现在的2100万，就没控制住过。北京800多万的外来人口占全市总人口的三分之一，打着控制人口的理由不提供公共服务，这个问题很严重。外来

本文根据李铁与人民日报分社社长的对话整理，2014年6月13日。

人口和北京生活已经密切相关了，离开他们北京会瘫痪。在控制人口的理由下不给外来人口提供公共服务，这也和中央提出的城镇化改革政策相悖。

北京应该从增量上解决人口过度膨胀，把增量控制住，把职能外迁。不是说完全放开户籍，而是应该按照就业年限定，对满足一定工作年限的外来人口应该为其提供公共服务。美国隔十几年就会对所有移民大赦，欧洲也有大赦。香港的居住证没有行业的限制，只要外来人口在某个岗位上有七年的工作经历，说明这个岗位对外来人口有需求，七年后这些外来人口会成为熟练的工种，会把工作干得更好，所以就给解决长期的居留。北京应该有一个过渡性的政策，比如居住证，不一定是户口，可以让外来人口享受相关福利。

## 二、正常的城市人口结构既包含高端人口也包含低端人口

把服装批发市场外迁是行政的决策，理由是北京不能允许低端产业。但世界上所有国家的城市，人的流动是自由的，哪儿有机会、有条件，人就会在那里生存下去，这是天经地义的，没有一个城市说要把低端产业迁出。这些人一走也会影响北京市民，他们租房子的支出是本地居民的收入，产业链断了会直接影响到北京市民的生活水平，还会影响到北京的旅游业。从农村或边远县城来的人到北京旅游也要批发商品回去，有了批发市场一次就完成了。市场能定人的去留，比如房屋租金成本提高后，人就不来了，这些事不该政府管。20 世纪 90 年代的时候曾经管过一次，当时要把大红门的整个温州村全部迁走，理由是治安问题会影响稳定，跟河北政府商量要迁到燕郊，北京市各级政府动用了大量的浙江人去做工作，开始都不愿意迁，因为在北京赚钱很容易，后来好不容易动摇了。河北政府认为这是好事，很欢迎，在燕郊设立一个新的浙江村，欢迎北京大红门浙江村到燕郊落户。开始浙江村有 4 万人，迁走 1 万人的时候，发现大红门经济变萧条，整个北京都受影响了，产值也下来了，然后就没再继续，迁的人自动回来了，后来再也不说迁的事了。

国外情况也是如此。巴黎是世界上最发达的城市，巴黎十三区有相

当多的北非人口，没人赶，只要守法就行。以影响城市形象驱赶外来人口，其实是对城市形象最大的损害。城市高端人口需要低端人口的服务，低端人口也需要相应的生活服务，形成正常的城市结构，城市离开了低端人口没有办法维持，但很多城市制定人口政策的时候，往往只引进博士、高级职工、精英，这会自动带动低端人口进来，因为高端人口有这种需求，高端人口和低端人口共同组成一个活生生的城市。

## 三、引导市场而非行政力量解决人口膨胀难题

北京人口并没有完全膨胀。上海有 2400 万人，但是面积比北京小得多。关于北京水资源的承载力，20 世纪 80 年代，北京有 1000 多万人口，用水量是 41 亿 ~45 亿立方米，2013 年是 2180 万人口，用水量是 35 亿立方米，这说明在城市化高度增长过程当中，当人口高度密集的时候，用水的集约性会更强，会更节省。另外，北京水资源不是独立的，整个华北的水资源全部短缺，但河北有 7000 多万人口，天津有 1400 多万人口，北京有 2100 多万人口，都是在同一个水资源体系下，华北用水更浪费，这种时候考虑京津冀一体化，不只是要考虑北京的问题，而是看整个华北地区范围内的水资源供给，所以不能仅仅说北京水资源短缺，河北用水比北京更浪费。水的问题可以通过市场解决，提高水价，就会有一部分人、一部分产业自动外溢，地铁、公交提价也会造成产业自动外溢。

等级化造成了北京的公共服务有绝对优势，并造成北京资源的稀缺，房价必然会上涨，因为面对的是 13.4 亿的人口，还有台湾人、新加坡人、海外华人，都会到北京买房。如果不限价，房价上涨，资源成本上涨，也会有一部分要素自动外溢，向周边疏解，这是规律。为什么不顺势用这股力，反而通过行政手段过度干预呢？城市地下室一个房间内住多个人，政府为什么要管？群居、群租为什么要管？只要从消防、安全的角度，加强服务就行。对于现在整个治理城市的方式，好像除了行和不行就没有别的选择，没有细节。城市化发展到一定程度的时候，需要管理方式发生根本变化。

# 加快转型，走不一样的城市发展道路

2014 年 7 月 3 日，应蓟县县委、县政府邀请，李铁带队前往蓟县考察调研。本文是根据李铁与县委书记肖松座谈和实地考察的主要观点整理而成。

## 一、蓟县如何从京津冀协同发展中受益

京津冀协同发展，就目前来看，主要包含四个层面的内容：资源的再分配；交通网络架构的建立；行政体制关系的调整；市场作用。

资源的外溢是一个长期的过程，而对于优质资源的再布局，北京自身就可以消化很多，向天津、河北外溢的可能性不大。2013 年，北京第二产业占比为 22.3%，服务业占比为 76.9%。北京的工业产值不如天津、河北，工业外溢不太现实。产业外溢最大的可能，是来自北京服务业自身增长的外溢。北京有 2200 万人口的消费需求，特别是旅游消费需求，已不仅仅局限于北京本地，也可以辐射到北京周边地区。

蓟县离北京城区只有一个半小时的车程，处于北京消费圈内，远离雾霾区，旅游资源丰富，有山有水，有长城有古城，具备发展旅游的基本要素。从京津冀协同发展的角度来看，发展消费式旅游来承接北京服务业外溢，对于蓟县是一个机遇。

当然，与北京的交通对接也很重要，如果能争取轨道交通过来，对于蓟县的发展能够产生更为积极的作用。因此，在京津冀协同发展的交通网络配置上，要有所准备，结合未来的交通规划建立有利于自身发展

---

本文是李铁带队前往蓟县考察调研时发表的主要观点整理，载于城市中国网，2014 年 7 月 11 日。

的对应机制。

## 二、蓟县旅游该如何发展

蓟县如何有效承接北京服务业外溢，发展旅游业恐怕是重点。旅游业发展和城市发展的规律是一样的，旅游资源高度集中、人流密集，才能形成规模效应。旅游人群分为两类：一类是以购物消费休闲为主，需要在较短的时间内去看更多的事情，高度密集才能使更多的旅游产品在一个点上体现，满足这类人群的消费需求，如果一天半天看不完，还会促使他们停留下来。第二类则是参与式旅游，要求提供多容量、多组合的消费形式，需要下功夫去打造。

蓟县发展旅游的理念需要改变，需要完整和系统的策划，不能停留在主观意念上。蓟县有山、有水、有长城、有寺庙，不缺旅游资源，缺的是如何打造与众不同、独具特色的旅游景点来吸引北京游客。而打造一个好的旅游景点，一要概念好，二要成规模，三要各种功能齐全，能深入人心。

有了好的概念，才能吸引旅游人群去尝新。比如北京密云县古北水镇，能让北方人体验到江南水乡乌镇的感觉，填补了北京旅游此种类型的空白，自然吸引了不少游客前往。旅游景点要求密集并形成规模，才能方便游客在尽量少的时间内游览更多的旅游景点。比如，广州番禺长隆欢乐世界、成都国色天香，每年1000万~2000万的游客量，它们最大的特点是景点密集分布在较小的区域内。

旅游景点的服务配套设施也非常重要。搞旅游开发的人首先想的不是投资多少，而是分析游客为什么会来，是否能来多次，试图用最低的成本、最合理的投资来获取最大化的经济效益。蓟县有盘山，但北京并不缺山，就得分析北京游客为什么要来盘山，盘山有哪些与众不同的地方。爬完盘山之后，还得有更充足的理由让游客留下来进一步消费，这就需要丰富游览的内容，延长整体游览时间。有了盘山的旅游要素，还得增加其他的消费要素，打造高密度形成规模的旅游组合，不仅能留得住人、让人记得住，还能满足不同消费群体的需求。

总体来看，蓟县旅游点多，但都不够亮、不成规模。在今后的旅游资源开发中，要做到：第一，不能多；第二，不能小；第三，不能分散；第四，所有要素聚集在一个点上。可以先集中力量做盘山这个点，将建筑、生态等旅游要素高度集中在一个点上，形成叠加式的点状效应，以点带面，剩余的随之就可以带动起来。当然，这个点的内容还要与北京的旅游景点有差别，能够有足够的魅力来获得投资，吸引旅游人群。

## 三、蓟州新城人从哪里来

建设蓟州新城，人从哪里来，城市人口规模多大合适，值得思考。单纯搞房地产开发，如果是置业人口，需要建设更多的房子来满足购房需求，但外地人在这里买了房有可能不会居住，容易形成空城。如果是旅游人口，就不需要开发过多的房地产，只需要满足游客住宿需求就行。从产业发展来讲，发展工业可以带来产业工人，增加城市税收，但未来所负担的基本公共服务成本也会较高，长期来看会给城市财政带来压力；而发展旅游业，旅游人口流量的增加，不会增加城市财政在基本公共服务上的负担。

促进旅游人口流量的增加，需要旅游服务设施和服务能力的支撑。旅游服务设施，要考虑多样化的特点。从世界范围来看，一类是服务于白领以上人群的酒店公寓，一类是民间服务设施，比如小的民房、零售店、餐馆等，而后者往往是最具活力、最旺盛的载体。不同的服务类型创造不同的服务形式，服务设施的多样性能够延长旅游人口的停留时间，而各种分散但以个体作坊为主的服务设施，能够提升一个城市的活跃程度。通过小规模的服务设施投资，带动中低收入人群的消费，拓展消费人群和消费空间，从而使城市更具发展活力。反过头来看，人口置业形式的变化，也让城市形态发生了根本性的变化。

## 四、蓟县要成为什么样的城市

目前地方政府热衷于建设视觉城市，大搞绿化带、水系建设，发展高层建筑和各种功能性设施。在这个过程中，征地、投资、维护成本都是由政府来承担，政府投入的资金巨大，为了做到资金平衡，就会逼着政府去开发房地产，而且是开发高端房地产，一旦房子卖不出去，城市发展就陷入了恶性循环。这样的城市建设是不可持续的，因为没有那么多的资金能够支撑如此大规模的城市开发。像中国这样的城市发展模式在世界上都不多见，因为城市政府没有这么大的权利，集中调动各种资源，用计划经济手段去建设一个城市。

我们需要什么样的城市，是花园式的城市，还是便捷的城市；是一个水泥森林的城市，还是建筑高矮错落、街道相对紧凑的城市。比如国外的一些城市，干净漂亮，充满活力，商业、服务业氛围非常发达，会给人以强烈的欲望去消费、去多停留。而在国内，除了老城区还具有这样的形态，新城基本上都失去了这种形态。如何让城市回归到既传统又具有活力，需要对城市形态进行一次根本性的调整，但这对地方政府来说是一个很艰难的选择。

蓟县的城市发展，要走与其他城市不一样的发展道路，要有鲜明的特色，在一些方面要有突破。不要走当前视觉城市的老路，城市不是让人来看的，而是让人来用的，更要避免简单复制其他城市的发展模式。对于蓟州新城，要思考哪种理念能让其发展得更好。从发展旅游的角度来讲，也许方便消费、不压抑的城市形态更为合适。蓟县的城市经营模式，要做一定的试验和调整，发展多种消费组合和模式，满足不同人群的消费需求。

在蓟州新城的开发模式上，可以先选择一个小区域进行试验。改变大规模出让土地的模式，将土地划分为更小的地块进行拍卖，吸引中小投资者来买地，并按照规划好的功能进行建设。区域内道路相对紧凑，微循环畅通，由不同独立的主体来形成不同的个性建筑、体现出不同的经营形态，各种服务类型琳琅满目。住户因为有了完整的产权，在自有房屋内经营又不用交租，便会长期经营下去，久而久之就凝聚了商业氛围，形成了发展活力。而这种形态，在当前的高大上的房地产开发模式中是无法形成的。投资者购买和出售物业的想法，取决于租金和房价的变化，而只有城市形成了一定规模，才符合购买者的意愿。通过一个点的开发，带动服务的发展，政府也能够有税收，周边的地价也能够提升，更重要的是城市逐渐有了内涵。

对于蓟县老城区的改造，一定不是大规模的拆迁。可在现有城中村的基础上，允许住户自行改造或者置换。在建筑外形上，由政府来补贴进行改造，做出独具蓟县特色的形态来，经过一段时间之后，慢慢就会形成活力。这种改造模式可以去尝试，但前提是要认同这种理念。

对于蓟县的城市交通配置，首先要看城市人口规模是多少，其次是要看交通与服务业之间的关系是什么。路不在宽，在于微循环；路网密度高、主干线不宽，道路两旁的服务业才有机会发展起来。交通不仅只有通勤功能，还是促进城市服务业发展的重要纽带。

## 五、蓟州新城应融入智慧城市理念

在城市发展中，特别是社区建设中，需要新的概念，过去的人文、水系、绿色概念，都已经过时，大家都觉得买的房子，用起来并不方便，因此，必须在使用方面多下功夫，使我们觉得生活更方便、更舒适。而智慧城市的概念，值得尝试。

日本的智慧城市，是从家庭开始的，在家庭引入智能系统，同时要求降低能耗，通过降低能耗的支出来弥补使用智能系统的费用。家庭通过以人为主的智能电视与未来的智能中心相连接，智能中心可以了解每个家庭的需求，而家庭可以通过智能电视享受各种社会化的服务。每个家庭增加的成本只是电视的成本和服务的成本，按照中国的房屋销售价格，不会贵多少。

在社区建设中加入智慧城市理念，改变了生活方式，使生活更为方便。未来通过家庭社区，也会促进政府管理的改变。在实现全部联网之后，政府不用投入，直接通过智能系统就可以管理整个城市了。

蓟州新城还处于初期建设阶段，可以尽早融入智慧城市的理念，这样即可以领先，又可以与其他城市不一样，建设成为样板城市。通过互联网技术，也可以大大缩小与北京、天津空间上的距离。当然，城市的形态、开发模式，也必须发生一次根本性的改变。

## 六、要有迎接困难的思想准备

改革和调整观念，说起来容易，做起来难。要做一个不一样的城市更是如此。首先，要面对的是上级领导的要求，他很可能习惯于传统的发展思路，要求尽快地做出政绩和成果。还有可能更关注形态的变化，更关注视觉效应，更习惯大手笔的空间改造。如果他们经常来视察，如何应对他们的质疑，则是需要认真面对的事情。特别是在我们这种管理体制下，观点和想法上与领导不一致，也许带来的麻烦会比较多。

其次，要面对的是部下，干部们是否能够适应？因为调整观念意味着管理方式的改革，要增加工作内容，增加难度。原来做一个项目谈几个开发商就可以了，现在则要细化成小块土地拍卖，还要涉及种种复杂的利益关系。原来的工作可以从上面拍板，准予暗箱操作，现在则需要透明化管理，多了监督，少了随意和好处。更重要的是习惯的改变，也许对于很多干部不适应。

第三，自身是否能够坚持。遇到了困难和阻力，各种说法纷纭而来，无论是上下级压力和人际关系遇到的挑战以及可能遇到的困难，还是工作期限的延长等。经受不住这些，估计从思想上会产生动摇。

我相信调整工作方法，把好处更多地给群众和社会，让更多的人在城市改造中受益，创造出更多的机会，居民、农民和社会应该会给予更多的支持。关键在于我们自身，能否敢于应对挑战，塑造一个真正方便宜居、和以往不一样的城市。

# 尊重城市发展规律，改革不适应的体制

## 一、研究城市问题要研究市场、成本、价格，强调制度分析

新中国成立初期，国家156项大的重工业基地建立在全国各个地方，带动了好多城市的发展，这是计划经济的特征。但在另一种情况下，像南方很多镇，由于等级体制的管理，它受到严格的约束。现在的廊坊、燕郊也是这样，中国这种等级化的管理体制导致资源的不恰当配置。

实际上，最有活力的城市在于市场的选择，长三角、珠三角是在中小城市的基础上带动城市的发展，东莞840万人口中，仅有180万本地人口，另外660万是外地人口，外来人口不在主城区，而在镇里。在虎门镇近100万人口中，本地人口只有11万。怎么认识城市的发展，是很多人没想过的，人为规划副中心，不会有人去，这是一个市场选择的过程，居民会根据公共服务、就业偏好、居住环境等一系列情况进行选择。当把交通等公共资源配置好的时候，会自然形成一些大的机会和市场。

河北白沟是自然生长出来的城市，城市成本最低。但是上级突然决定在白沟设立一个副中心，划个开发区给它，再给弄一个地级的架构，意图按照行政体制来确定白沟的发展。结果白沟发展成本增高，做了五六十平方公里的规划，不但需要大量投入搞基础设施，还要解决新增行政人口的成本，导致本来一个很有活力的、完全按照市场方式发展的城市，被行政体制破坏了。

为什么燕郊发展得快，因为北京北边经济相对活跃，尤其是东北方

---

本文根据李铁与人民日报分社社长对话整理，2014年6月13日。

向，是北京最活跃的地区，很多白领、外国人全部集中在东北区域，相对而言，燕郊距离北京近，成本也就低。研究一个城市的发展，不是机械地看城市东西南北几个走向，而要看经济重心、人口结构和消费收入水平确定的自动延伸路径，这是市场决定的，不是政府规划的。

## 二、沿边界向外扩张是城市经济社会低成本扩张的自然趋势

很多人批判“摊大饼”的模式，但在国际城市化的规律中，很多城市就是“摊”的，不过不是“平摊”，一种是沿城市边界直接向外蔓延，另一种是在周边形成一些卫星城市，比如韩国首尔，以30公里为边界，每一个新城都离主城30公里，20万左右的人口规模，东京也一样。沿着边界“摊”是因为成本低，基础设施、服务业可直接延伸出去，这是规律。很多国家制定了一系列政策防止“摊”，都不起作用，日本做过六次国土综合整治规划，最后没有起作用，这个规律谁也挡不住。不是不能“摊”，要看怎么摊法，不能“薄摊”。经济学讲，城市发展是经济社会综合地在城市的企业和人群中寻求最低的成本和最高的收益的过程。如果按市场规律选择的话，一定会“摊”。

所以规划界把“摊大饼”拿出来批判，就忽视了城市发展的过程，只认为在空间上星罗棋布的合理布局是理想化的。城市实际发展过程当中一定会受到经济规律的制约，经济规律制约使它不得不向外蔓延。批判“摊大饼”，其实应该防止“薄摊”，防止土地利用率不高。

## 三、工业推动转向服务业主导是城市发展的一般进程

城市发展的一般进程，先是工业化推动，然后工业退出，服务业主导，城市规模和人口比重确定这一规律什么时候实现。产业化无外乎是工业发展还是服务业发展。当前绝大部分城市还是处于工业化推动的过程，不是所有的城市都适合服务业发展。比如京津冀都市圈内的城市，除了北京边界地区的消费和辐射点，或者是像北戴河这类特殊的有固定旅游资源的地区，其他绝大部分城市都是靠工业推动。

工业化中期以后，城市发展哪类工业是有选择的，有的工业对整体环境造成很大压力，这个需要调整。转型不了的话，另一条路从就业入手，解决服务业的发展，实现就业增长，但是对财政的影响力不大。这又面临一个矛盾，城市发展速度会下降，在大拆大建中形成的社会对城市发展速度的高预期，会对政府官员产生特别大的压力，降低发展速度后需要政府对市场要有容忍度。例如，我们给张家口市张北县做规划，提出建立止损机制，不再扩张，之前他们12万人口的县城已经规划了70平方公里，太浪费。但地方政府说这样就不知道怎么干了，第一，不去招商、不去卖地就不知道干什么。第二，从简单的招商引资转化为社会管理，和市民、企业家打交道，政府觉得麻烦，不适应。第三，向服务业调整得增加城市的包容度，地方政府觉得会对城市形象带来破坏。第四，上级政府要求GDP增长，达不到怎么办？

## 四、顺应规律，推进户籍、土地、行政体制等方面改革

需要从观念上转变，从利益上否定自己。比如，房地产出现问题了，赶快改革户籍制度，推动放开、取消户籍制度都可以，户籍限制一取消，买房子的肯定有，户籍制度改革对拉动内需非常重要。土地制度也得改，宅基地的流转涉及好多问题，比如小产权房，城里人可不可以去农村买房？国际上是可以的。这涉及农村原来集体土地的福利分配制度要发生根本变革。十八届三中全会也提出来，但是很多人的思想观念不适应。土地不能完全是私有制，但是可以通过权利的再分解，释放一部分活力，整体推动增长和改革，不然城市成本太高了。城镇的活力需要在土地管理制度上给予相应的改革，调整土地指标的分配方式，促进农村要素和城市要素进一步流通。

释放活力还面临等级化行政管理体制的挑战。在等级化的管理体制下，行政配置资源起决定性作用，使大量优质资源集中在高等级城市，中小城市拿到的资源很少，发展的机会就越来越差。江浙、珠三角一些小城市发达，最初不是靠行政而是靠市场力量，当年大量的工业企业在中小城市，管制比较松，使这些中小城市和小城镇迅速得到发展。但是

20 世纪 80 年代中期以后，这些资源基本转移到地级市以上、县级市以上城市，因为税收要交给上面，比如东莞、江浙等地，镇级财政的 70% ~ 80% 要交给上级政府。上海最典型，只发展中心城市，形成弱郊区、强市区的状态。上海的土地指标不给郊区，放在浦东，但郊区的财政收入又大部分上交，像安亭镇，十几万外来人口，没有人解决的了户口。在国外，独立的城市拥有足够活力的话，能发展成很好的中等城市。由于上级城市拿钱都是白拿来的，不是自己挣来的，白拿的不珍惜，就浪费，一浪费城市成本就高了，高了之后结果就是债务很多。

在等级化的管理体制下，所有的决策精英、影响决策精英的基本都住在高等级城市，他们有足够的话语权来左右政府的决策。很多人想一届任期内就把所有问题解决，这不太可能。首先，中国经济高速增长期已经过去，两位数的增长时代已经过去，经济增长速度在放缓。第二，区域竞争格局在加深，城市之间的竞争也在加深，这会导致资源的分散，弱化聚集作用，延长城市的发展阶段。可是每一届城市政府都认为在执政期间要发生变化，河北搞三年大变样，大量的精力资源投入了地产，城市的大拆大建大大抬高了城市成本。回头看，真正有活力的像白沟等城市，成本很低。在城市边缘或者一个点上自己长出来的城市，需要时间的培育，需要降低成本。可是现在各级政府，提出中心城市发展的路径，往往走一个抬高成本的路，搞大马路、大框架、大功能，可是工业企业没有办法支持所需的税收增长。想跨越式地增长，这是违背城市规律的。

# 城市运营商如何突围

房地产开发与城市运营始终是紧密联系在一起的，一方面当前的城市运营模式困局待解，另一方面房地产在未来城镇化中仍有大量需求存在，那么房地产如何在其中成功突围？

## 一、城市运营困局

中国经济持续增长，成为世界最大的经济体，主要原因并不仅仅在于中国的市场化过程，而在于政府和企业的双重作用推动，这是中国经济区别于世界其他国家的一个根本性规律。反观中国这 30 年市场化的高速增长，政府在其中发挥的作用不可忽视。如果没有政府去调动资源，又通过政府手段降低要素成本，很多企业的盈利是难以实现的。

举例来说，当年促进中国经济增长三个最大的低成本要素就是劳动力、土地和环境：20 世纪 80 年代土地是没有成本的，从农村获取土地的成本也很低，虽然现在中国世界工厂的角色有所变化，但毫无疑问，土地仍然是中国最大的竞争优势。劳动力成本近年来上涨幅度较大，但是全国平均社保交纳率只有 20% 左右，正是政府对于企业的容忍，没有过多地监督企业去交纳社保，在实际上降低了企业成本。过去发展经济几乎不考虑环境成本，现在大家虽然对环境问题越来越重视，然而在大城市的边缘地带、远郊区甚至很多中小城市，一些高排放企业对环境的污染仍然没有得到足够重视，所以中国的环境成本和土地成本仍然在支撑着企业的成长。

---

本文发表于《中国房地产业》，2014 年 7 月 30 日。

当然，政府在推动经济增长的时候也有它的利益驱动。正是政府利益驱动导致了城市发展模式演变成一种中国经济增长和中国经营城市的规律，而这种规律几乎不可逆转，导致目前城市运营以及房地产的发展困局。

我们调研了无数城市，见了很多市长，发现地方政府最关心的只有三件事情：一是如何确保财政预算内的收入增长，即如何通过税收解决政府每年的基本运转；二是怎样实现政绩工程，这更多是用土地创收来解决开发性收入；三是招商引资，全国各地政府都在不遗余力地招商引资，提出各种五花八门的新区建设目标。

地方招商引资在竞争的激烈程度上已经远甚于过去。现在城市与城市之间的关系不是协同发展一体化合作，而是变成了竞争对立。那么，怎样在招商引资的激烈竞争当中取得成功？全国各地最大的表现就是通过降低招商引资成本来降低企业成本，所以尽管中央政府制定了一系列严格控制土地出让的规定，各地依旧在土地问题上为招商引资做出了最大的让步。

各地政府都在通过压低价格来获取投资机会，那么形成这种投资驱动的支撑在哪里？地方政府财政是解决不了的，所以一定是通过房地产开发来弥补。开发房地产意味着会有更多的土地出让，巨大的土地财政收入既可以弥补招商引资的亏空，又可以解决一大部分基础设施建设和发展问题，公共福利的文章就可以做得很漂亮。这种开发模式不仅存在于大城市，甚至小县城都是如此，这成了整个国家层面的问题。

可是中国政府基层官员只有两年到三年的任期，大城市也不过四五年的任期，而每届政府都要干新事，上届政府如果已经在这块地上完成了招商引资和开发，下届政府就会去开新地、建新的房地产项目，并且不仅要和上届政府有相同的空间开发水平，甚至还要超出上届政府，导致的结果就是城市摊子越铺越大，基础设施建设支出压力陡增，地方债务大幅度上升，粗放型发展模式成为城市发展的基本规则。

如果中小城市按照这种发展模式继续下去的话，未来的房地产开发成本一定会越来越高，而且其销售的范围、需求的支撑一定会越来越低，房地产一定会遭遇困难。

## 二、房地产需求仍旧强烈

在这种情况下如何看待房地产的发展前景?

现在，大家由过去一段时间关注房地产的价格，转为现在更多关注房地产是否存在泡沫。中国的房地产形势确实出现了问题，但是问题不是出现在大中城市，而是出现在三、四线的靠行政手段极度扩张的城市。也就是说，相当一部分三、四线城市依靠行政手段来推动的城市空间扩张，房地产规模膨胀必然会导致出现危机。由于行政覆盖面过大，这种不计成本的行政手段推动方式必然会导致城市出现边际效益下降。

我们前段时间去河南的一个城市调研，他们要在高铁站旁边开发新城，当地领导跟我们讲只要建得好就一定会有周边县城的人来买房子，而实际上在竞争的情况下资源出现分割，周边县城的居民不可能过来买房子，所以这种主观主导、行政扩张的房地产推动格局一定会出现危机，这是一种泡沫，但是和国际上出现的泡沫有本质的区别。

在中国研究房地产问题要具体城市具体分析，不能一概而论。等级化的城镇管理体制使得资源过度集中在高等级城市，因为他们可以更多地截留上级分配的指标，我们可以看到北京、上海和其他城市的差距，省会城市和地级城市的差距，等等。这些差距体现在高等级城市吸引了过多的优质资源，但是土地供给有限，那就意味着资源价格一定要上涨。

而事实是，我们在整个资源的配置上还有相当一部分是通过福利供给的方式来提供的，比如，北京房价上涨，其中很重要的前提不仅仅是优质资源集中在这里，而是大量的优质资源价格过低了，比如，地铁两块钱、公交四毛钱，这种公共服务定价在全世界都是非常便宜的，而水价、电价以及天然气的价格甚至比周边的河北省其他城市还要低。大量福利供给的原因使得北京的土地价格一定具有升值潜力。

很多人说房价上涨是规律，全国人到北京来买房，房价肯定上涨，现在全国一、二线城市房价成交量都出现大幅度下跌，不过是因为限购。所以，研究中国的房地产发展形势一定要研究中国资源的空间分布状况和城市之间的分布状况，有些资源的稀缺性是独有的，有的是自然禀赋，但更多的是社会禀赋，是等级化的差异。就像2008年北京申报奥运使很多资源都投在了北京，所以由于公共服务的差距而决定的土地资源的稀缺性导致一线城市房价一定会继续维持上涨趋势。

与此同时，未来城镇化一定会对房地产产生巨大的需求，对此我坚信不疑。7000多万人口在各大城市飘荡，上海2300万人口中就有1200万外来人口，深圳更甚，1300万人口中包含了1000万外来人口，如果我们能够解决他们的长期落户问题，提供公平的公共服务，那么他们一定会需要在城市拥有自己的一套住房。当然城市之间有辖区，他们会在辖区之间根据价格进行合理选择，但无论是租赁性住房需求还是购买性住房需求都会长期存在。我们需要注意的是需求只会产生在人口集中且在不断流入的城市，这是分析房地产形势时的一个非常重要的判断依据。

我们特别要注意媒体对舆论的影响，实际上导致我们对房地产的发展形势做出错误判断的基本都是媒体的影响。媒体希望通过政府干预来影响市场化进程中房价上涨的自然规律和趋势，中央政府迫于舆论压力也制定了一系列政策，当然加大中低收入住房供给之后，形势也会发生一系列逆转，但是由于经济增长下滑，各种政策尤其是限购限贷政策的出台，也会导致一些地方政府的债务危机，进而导致整体经济形势的不稳定。两方面的事情都是政府不愿意看到的，所以政府政策就在两者之间左右徘徊这已经影响到未来长期的经济增长。这样的形势下，我们可能会看到政府政策出现一些变化。

## 三、房地产转型思路

房地产开发与城市运营始终是紧密联系在一起的，那么面对目前的城市运营困局，房地产将如何成功突围？我认为大概有这么几个方面。

（1）关注城市中低收入人口和外来人口的住房问题。这些住房一定是低价格的，相对于建筑的高标准，他们需要更方便的城市社区配套设施，其实我们可以想象在城镇化高速发展进程中会有不同类型的城市出现。现在很多中央政府官员多以欧美国家城镇化发展为参照系，希望回避开新兴国家出现的贫民窟现象，实际上能够和这些低收入群体的基本素质、生活习惯、收入水平以及消费能力相匹配的居住社区就是贫民窟，应该有这种空间让他们存在。

（2）房地产要走集约型发展道路。美国房地产协会会长来中国的时候谈到，生态城市其实是资源配置效率最高的城市，就是不需要开车，在步行范围内就能解决问题，因为这样才能极大降低资源消耗成本。所以房地产开发不能局限于“视觉效应”，要通过集约型发展方式，更好地实现城市未来发展的人口密度指标，更好地节省基础设施资源的成本，从而提高基础设施的配置效率。

（3）房地产开发要促进城市功能完善。要知道，房地产目前的封闭社区开发模式对中国交通拥堵的影响是不可忽视的。封闭社区实际上是把整个城市的微循环系统堵死了，毛细血管不畅通，大家就都跑到主干道上去了，交通拥堵是必然的。未来的房地产开发要和整个城市功能进行更好的衔接，我们是否可以考虑到创新社区管理模式，要维护社区安全有没有其他可能的方式？我想这不仅是未来地产开发，也是城市经营管理要积极探索的内容。

（4）房地产要改变单一的视觉模式，提供社区全方位的文化、体育、娱乐、休闲等低成本空间。城市不同年龄结构的人群有不同需求，我们说中国足球为什么上不去，很多人说足球管理体制出现了问题，我认为是因为我们没有给足球足够的空间。我们国家在七八十年代时，随便大街小巷就可以踢球，到巴西也是每个角落都可以踢球，可是现在哪个城市的社区还提供踢球空间？孩子只能待在家里打游戏、看电视。所以，全方位的文化体育娱乐休闲空间要针对不同的人群，才能提高全民素质和全民文化，也才能带动整个文化产业的兴起。

（5）房地产开发商要向城市运营商转变，把短期卖房机制变成长期服务机制。毕竟，长期的市场化需求和社会公共服务需求存在于城市的每个角落，而这些需求大部分要通过收费机制来完善，这其中就包括基础设施运营。这次中央城镇化工作会议和城镇化规划都提出基础设施的融资、运营管理系统要向外资、民资领域改造，那么，开发商就要考虑是否可以通过相关政策向基础设施运营商转化。一方面可以减少房屋销售带来的资金压力，另一方面金融资本的介入也可以解决地方政府对土地财政的过度依赖。

此外，房地产要和智慧城市发展相结合。中国城市化和高科技的有机结合就是智慧城市，这是我们当前非常重要的切入点。我们最近成立了包括房地产企业、金融企业和网络企业在内的智慧城市发展联盟，跨界经验和跨界合作在其中有非常大的生存和发展空间，我们也试图在这方面进行试点，智慧城市不是奢华的政绩工程，而是试图改变政府传统的运营管理模式，通过各种市场化手段促进市场化服务在城市社区内的有机结合。

我想，目前房地产行业所面临的可能更多的是困局，如果我们能够真正理解新型城镇化所提出的“以人为本”、“可持续发展”以及“低碳绿色”的理念，并且能够及时调整发展模式，我相信在经历了转型的痛苦之后一定会迎来未来发展的春天。

# 中国大城市不是太多而是严重不足

随着雾霾和交通拥堵等问题在中国一些大城市日益凸显，逃离“北上广”等大城市一度成为热议话题。国家发展改革委城镇化问题专家李铁日前在瑞士达沃斯解读新型城镇化时指出：中国大城市不是太多，而是严重不足，在中国未来城镇化进程中，人们应该更多地去大城市或特大城市。

李铁在“达沃斯论坛”举行期间接受记者专访时说：就容纳人口来讲，大城市在未来城镇化进程中是一个非常重要的承载空间，它吸纳了更多的优质资源，有责任去承担更多人口。

## 一、中国大城市不是太多而是严重不足

我不认同对于大城市不能够再容纳更多人口的观点，当大城市容纳了众多优质资源时，骨子里有一种排斥效应，即不希望更多人来分享这种优质资源，这是目前存在的一个比较大的经济结构调整的问题。

中国总人口为13.6亿，其中城镇人口已达到7.3亿，这些人口到底去哪里是个关键问题。更多人选择大城市是因为大城市有更多机会和更多福利，或者能提高工资收入，这是市场的选择，不是政府规定的。

## 二、城镇化进程不应主观地控制人口

在城镇化进程中，应按照市场规律来决定人口流向，而不是主观地

---

本文是李铁在“2014年冬季达沃斯论坛”接受新华网专访的实录，2014年1月27日。

控制人口，要更多地考虑应该如何按照市场方式、行政方式以及合理的规划调整来引导人口流向。

对于备受瞩目的国家新型城镇化规划，包含两方面的含义：首先是解决好数量型增长和质量型增长之间的关系。只有解决农民工城镇化，通过户籍制度改革解决他们的基本公共服务问题，我们的城镇化率才是真实的城镇化率，而不是伪城镇化、半城镇化。其次是城市的可持续发展。随着中国经济高速增长，城市面貌发生了很大变化，但也出现了雾霾、交通拥堵以及城镇发展用地特别不集约等问题。

## 三、未来的改革，每个城市应获平等机会

2000 年，中国城镇人口人均用地为 130 平方米，超过了住建部提出的人均 80 ~ 120 平方米的合理区间。即使在严格的耕地保护政策之下，人均用地面积在 2012 年仍然达到 142 平方米。

这种城市粗放型发展、用地不集约的方式一方面导致耕地被大量占用，同时也导致城市基础设施大幅增加，使城市资源浪费现象非常突出。新型城镇化要从以人为本的角度解决人的公共服务问题，解决可持续发展问题和集约利用资源配置的问题。

由于城市发展模式、规模大小在每个国家都有不同的特点，因此，中国的城镇化没有一个参照模式。政府应该在未来的改革进程中给每个城市提供平等获取资源的机会，当大家都有平等的发展权的时候，那么人口的流向可能会更合理一些。

# 破解特大城市人口控制困局

推进以人为本的城镇化，作为行政等级最高、发展速度最快、吸纳人口最多的特大城市应该放下自己的身段，更好地调整自己的人口政策，加快解决外来人口的基本公共服务问题，加快推进户籍管理制度改革。

中国的城镇人口到2013年已经达到了7.3亿，平均每年新增城市人口2000多万，这是世界上在一个国家内最大规模的人口城镇化进程。

与此相伴生的是中国的城市规模，到2013年年底，中国超过1000万人口的城市有6个，超过400万人口的城市达到21个，100万以上人口的城市已经达到127个。同时我们还有平均镇区人口在1万以上的小城镇近2万个。

从现在起到2020年，如果城镇化率按每年增长1个百分点计算，城镇人口要达到8.3亿多人，到2030年将超过9亿人。这些新增城镇人口进入哪一类规模的城市，特大城市未来在城镇化进程中承担着什么作用?已经是政策研究部门和学术界十分关注的问题。

## 一、什么是特大城市

在20世纪80年代以前的城市规划里，中国对于特大城市的定位不是十分明确，大概是超过100万以上的城市都应该算作特大城市。由于新的城市分类标准还没有出台，但是从中国的城镇化现实出发，400万以上人口的城市称为特大城市应该是最低的标准。

可是，在界定特大城市的人口规模之前，还要了解我国城市和国外

---

本文发表于《财经》杂志，2014年5月4日。

城市的区别。

我国的城市是行政辖区，既包含了下辖的低等级城镇，也包括了农村。在国外，城市明确在主城区范围之内，城市并不管理行政辖区和农村。因此，在统计城市人口时，我国的概念比较模糊，而国外的相对准确。例如，北京市的人口是2100万，其中包括了300多万的农村人口和800多万的外来人口。在空间分布上，北京市辖区面积1.68万平方公里，辖区内的建制镇和相对独立的区县政府所在地的非农人口，都被统计为北京市城镇人口。

相比之下，美国纽约市人口和纽约州的人口有着明确的区分，纽约市人口有817万，而纽约州人口为1943万。日本东京都市圈人口和东京市人口分别为3667万人和1316万人。

在国际上其他国家，400万人口以上的城市不会很多。许多发达国家只有一两个，但是在中国，由于城镇人口数量的巨大，按市辖区人口计算，仅400万人口以上的城市就有21个，所以特大城市在城镇化进程中的地位就显得十分重要。

需要说明的是，在研究人员的概念中，还有超大城市的提法，意指1000万人口以上的城市。因为没有明确的统计依据，特大城市和超大城市往往混为一谈。

## 二、中国特大城市的特点

国际上特大城市一般都是首都或者是全国的经济中心。

例如东京、伦敦、墨西哥城都是首都，除了伦敦有829万人口，其他大多在千万以上，有的甚至超过2000万。而纽约、圣保罗和里约热内卢以及孟买则是所在国最大的经济中心。

中国的特大城市当然也具备以上特点，但是，与世界上其他国家不同的是，中国的特大城市基本上在行政序列里最高等级的城市，基本上是直辖市、省会城市和计划单列市。

由于中国的城市也是行政区，在行政等级的序列下，资源的配置方式带有强烈的行政主导色彩，高等级的城市可调动资源的能力远远超于其他等级相对低的城市。

一方面，上级下达的指令性资源分配显然更有利于高等级城市的截留，另一方面，由于高等级城市可以通过财政上缴和行政区划调整，把下级城市的资源集中到自身，因此，导致大量的行政资源流入到高等级城市，而市场资源自然跟进，特大城市的发展机会就远远优于其他城市。

特大城市的公共服务水准较高。由于特大城市的高等级地位，使得大量要素纷纷集中到这里，因此，政府的财政收入和土地出让收入也远高于其他城市，人均财政支出和投资支出的优势，加快了公共基础设施建设，并带动了市场的投资，全面抬高了公共服务水平，因此，会吸引更多的优质资源和要素到这里集中。

这种发展态势形成的良性循环，对于特大城市人口规模的增长起到了巨大的推进作用。

特大城市的“城市病”也比较严重。在我国城镇化高速发展期，30年的时间城镇化率大幅度提高，城镇人口巨量增长，特大城市数量持续膨胀。但是城市治理能力严重不足，对城市发生的各种病态现象应对不足。特别是由于体制的原因，大量的短期行为也加剧了“城市病”的蔓延，例如交通拥堵、雾霾严重、基础设施供给严重滞后、抗灾能力弱、房价高涨、城乡接合部治安和环境问题突出等。

特大城市的话语影响力大于其他城市。由于更多的人口、社会精英集中在特大城市，而且特大城市等级高、地处大区域的行政中心、媒体集中，社会的舆论在特大城市造成的影响远远超出其他人口规模的城市，无论是从社会稳定的角度，还是从精英决策者的利益出发，事关城市发展的更多决策思路，基本上源自于对特大城市的考虑和担忧。这也是中国的特殊国情所致。

特大城市进入的门槛高，这是由中国特殊的国情所致。世界上其他国家因为没有户籍管理制度，人口的迁徙是自由的选择，因此，人们向大城市涌入，过度集中到特大城市，是城市化进程的一种必然的趋势。无论是发达国家的过去，还是目前的新兴国家和发展中国家，在城市化进程中，人们到特大城市寻租的机会很高，就业机会也多，已经是普遍规律。这些国家的城市政策是外来人口进入后，在城市解决他们的公共服务问题中产生的。

在中国，因户籍管理制度，无论是农村人口进入城市，还是中小城市人口进入大城市，都面临着落户的门槛。但是正是因为有了户口，城市的公共服务有了差别，而且，这些差别表现在城市规模上，所以特大城市的落户门槛就特别高。在中国大陆，户口能对换的特大城市中，北京只可以和上海对换，其他城市都不够资格。而特大城市之间，对换的标准也取决于公共服务水平的差距。所以城市越大，户口的含金量就越高，落户的准入门槛也就越高。

## 三、特大城市的房价高

因为特大城市一般都是地区或者全国的行政中心，而且，有很好的公共服务，有就业机会和寻租机会的优势，会吸引本地辖区或者全国的人到这里来通过购房等方式购买公共服务。特别值得提出的是，这里的土地资源空间有限，有公共服务支撑和财力担保，土地升值潜力预期强，所以房价的上涨趋势也比较明显。

很多人期望经过政府的政策措施，使特大城市的房价下跌，至少短时期内没有可能。因为行政等级和公共服务格局没有发生变化，政府对于土地升值的预期不变，经济还在稳定增长，高收入人群还在增加，特大城市的房价也不会下跌。

## 四、特大城市是否要实行人口控制

首先看国际上的特大城市，从国家层面上控制特大城市人口似乎没有先例，因为城市是自治的，国家对城市的发展没有干预权。国际上的城市发展规律，人口迁徙是自由的，人们去哪个城市定居或者就业是个人的选择，政府只有解决人口在城市提供公共服务的责任，没有干预的权力。

实际上，从欧洲中世纪开始，城市的传统之一就是一旦农奴进入城市，就可以宣布自己为自由民，即自行脱离了和原封建领主的人身依附关系。即使是在城市经济遇到严重困难、就业遇到严重压力时，城市也是通过商业行会来限制每个人的就业时间和产品产量，也不会限制农奴进入城市成为自由民。

在国际上调节和控制城市人口规模是市场的行为，人口向大城市集聚形成特大城市也是城市发展进程中的必然规律。毕竟在特大城市，由于人口的规模化促进了基础设施和服务业的规模化，提高了投资效益。人们在特大城市享受到的就业机会和公共服务水平远高于其他中小城市，当然在文化生活和各类文明熏陶方面，特大城市也有着十分明显的优势。

随着人口的进入，导致特大城市的生活成本抬高，房价上涨，也会使一部分人逐渐逃离特大城市到中小城市，可以降低生活成本。

无论是人口进入还是迁出特大城市，这在国外的一些特大城市是一个长时段的过程，毕竟发达国家几百年城市化的历史，已经通过基础设施的改善，公共服务水平的提高，城市治理的完善，大大缓解了特大城市的病态化状况。而在新兴国家正在经历着城市化高速发展过程中的阵痛期，城市病在特大城市极度蔓延。

中国的城镇化进程与其他国家有着共同点，就是在城镇化高速发展时期，人口向大城市，特别是特大城市高度集中，符合城市发展规律。毕竟这里承载着太多的优质资源和要素，可以提供更多的就业机会，可以受到良好的医疗和教育服务。区别在于，中国的户籍制度是世界上绝大多数国家没有的，因此，进入城市就业的人口在特大城市享受不到城市居民同等的公共服务。

所谓特大城市的人口虽然很多，但是有很大一部分并没有该城市的户口。例如，北京 2100 万人口中，有 800 万的外来人口；上海 2300 万人口中有 900 万外来人口，深圳外来人口是本市人口的近 4 倍。从中国的国情现实出发，这些人口因为没有得到城市政府的公共服务提供，而大大减少了政府财政的压力。而城市政府也通过这些外来人口的就业获得了收益，转而把公共服务提供给户籍人口，提高了户籍人口的公共服务的水平，并拉大了户籍人口与外来人口的公共服务差距。

因此，在特大城市虽然有着如此众多统计上的城镇人口，但户籍人口只占一部分比重。与其他国际上特大城市相比，我们要解决的是如何给外来人口提供公共服务的问题，而不是控制人口进入。

从我国城镇化发展的现实需求看，特大城市吸纳人口，也应该是必须承担的责任。到2020年，至少还要解决2.5亿农民工、7000多万城镇间流动人口的存量，来落实市民化政策和改革问题，同时还要有新增的1亿多增量城镇人口。到2030年，可能还要有1亿多的增量城镇人口。

如此众多的人口在空间上的流动，既要符合市场的规律，又要按照就业发展的空间格局进入不同规模的城市。而且从目前的资源分配走向看，特大城市还是承载了更多的优质资源和要素，更有责任和义务接纳更多的外来人口。而不是以所谓控制的名义，继续将他们排斥在城市的公共服务之外。

从资源承载力的角度出发，特大城市也有着足够的容量来接纳外来人口。理由如下。

（1）外来人口已经在这里就业，说明城市对他们就业岗位的刚性需求，而且更好地提高了公共资源的利用效率。

（2）城市越大，资源的利用效率越高，资源的承载水平越高，资源的投入回报也就越高。

（3）我国的特大城市都是行政区，辖区空间上还有很大的调节余地。

（4）人口调控本身就是反市场的，这么多年来北京控制人口，只是控制了落户人口，总人口还是刚性增加。所以应该尊重市场的作用。至少对于承载力来讲，当资源无法承受时，价格和成本会发生作用。

## 五、人口调控的出发点在于消除利益结构的藩篱

等级化的城市管理体制造就了中国特大城市的产生，由此而形成的利益结构的反差，在户籍管理体制的维护下，形成了固化的利益格局，也影响到特大城市人口发展思路上政策的制定。

在中国城市发展战略上，经常有一种观点，就是限制大城市、适度发展中等城市，积极发展小城市和小城镇。

这是按照计划经济思路制定的城市发展路径，但是在现实的城市发展过程中，却走着完全相反的道路。就是因为等级的关系，实际的资源

通过行政的路径集中到高等级的城市，结果是大城市发展成了特大城市，小城镇发展至少在吸纳人口的作用上显然不如特大城市显眼。

中国的城市发展的规律是，按照等级分配计划资源，市场的要素跟进，人才的要素向高等级城市集中，最后形成了特大城市的发展趋势。

如果没有户籍制度，特大城市人口的公共服务水平就会趋向均等化，外来人口的问题也就不会存在。而有了户籍制度，则使户籍人口的利益相对固化，政府的管理者更多地要顾忌户籍人口的利益，毕竟所有的城市社会精英如官员、企业家、学者和媒体人都集中在这里，他们在社会的影响力和政策的制定上有着更多的话语权。

值得注意的是，当优质资源和社会精英结合在一起，并有了户籍制度维系的时候，对于生存环境净化的优越心理，自主地引发了户籍人口对于传统制度的维护。他们把产生“城市病”的原因归咎于外来人口，他们担心户籍制度改革致使财政的蛋糕被切出给予新增城市人口，而影响到自身公共服务和福利的持续改善。他们认为外来人口的素质比较低，会影响到城市的环境和文明等。

而对于城市政府的管理者来说，外来人口毕竟流动性强。而城市发展和多年辛辛苦苦的建设成果，就是为了早日赶超发达国家，实现“生态”和“宜居”的城市。如果城市里出现了大量的农民，大面积的城中村、社会治安问题和环境脏乱差问题会影响到自己的政绩等，他们也不愿意进行相应的改革，放开外来人口进城落户，以保持城市对于所谓高素质人口的纯净环境。

当然，最重要的理由是，要吸取南美和南亚国家特大城市贫民窟的教训，走具有中国特色的城镇化道路，希望这些新增的城市人口尽量到小城镇去，那里才和他们的身份、素质以及就业水平相称。

问题是，长期以来的政策一直鼓励农村人口到小城镇去。可是发展的权利却在高行政等级的大城市里，如果这些小城镇没有土地指标，没有就业机会，所有的发展权都需要通过上级政府审批，而自己创造的财政绝大部分要上缴到上级城市，这些小城镇拿什么去容纳更多的就业机会，用什么来改造自己的基础设施和公共服务水平？横亘在各类城市之间、城乡之间的利益藩篱，最终导致特大城市的人口政策从利益结构出发，限制外来人口的进入。

因此，调控政策几乎成为所有的特大城市户籍制度改革的最重要的借口。然而，当所有的优质资源集中到这里，大量的就业机会云集在这里，特大城市根本无法挡住人口的进入。以北京为例，从 20 世纪 80 年代末开始，北京一直在通过各种政策限制人口的进入，但是人口却上升到 2100 万，持续增长的趋势根本无法得到逆转。

## 六、如何认识特大城市的人口结构

无论国内和国外，城市发展的规律是多层次人口的组合。任何一个城市的绝大部分人口应该是中低收入人口，他们充填了城市所有满足最基本消费需求的工作岗位。试想，无论多大规模的城市，如果离开了清洁工、保安、各种服务员、建筑工人、家庭保姆、快递员等，这个城市还能生存吗？其实一个城市实际已经拥有的人口结构，就直接反映出这个城市对于就业岗位的需求。

从另一个角度看，在很多特大城市有极少数的乞讨者、社会闲杂人员和犯罪者，这也是城市社会发展的正常现象。作为城市政府的责任就是要长期打击犯罪，治理城市环境，改善基础设施供给。而不能把这些人的存在作为人口控制的前提，而且只有在人口规模大的城市，治安和环境问题才能得到有效地集中治理，也只有大城市的文明熏陶，才会逐步改造这些人，使他们变成社会的良性劳动者。

认识城市人口的结构，了解了城市的发展规律，我们应该知道，城市人口的构成不是单一的，不是唯精英的，而是要面对广大社会大众，面对更多的中低收入人口。城市可以利用自己的优质资源，可以利用自己的文化设施，吸引更多的农村人口，把他们纳入城镇化进程，这是中国城镇化战略中“以人为本”的基本要义。

而推进以人为本的城镇化，作为行政等级最高、发展速度最快、吸纳人口最多的特大城市应该放下自己的身段，更好地调整自己的人口政策，加快解决外来人口的基本公共服务问题，加快推进户籍管理制度改革，才能带好改革的头，带好矫正城镇化发展模式、实现可持续发展的头。

## 七、建立特大城市人口的市场化调控机制

所谓特大城市人口要实现调控，主要是从增量考虑。即减缓特大城市人口增长的压力，改善特大城市的基本公共服务，推进存量改革，重点解决已经举家迁徙、长期在城镇就业的外来人口的落户问题。为此，不能为特大城市可以通过人口调控政策，而不进行户籍管理制度改革。

特大城市的户籍管理制度改革因为涉及人口较多、比重大、总量高，可以稳步有序地推进，在设计改革的具体政策时，根据人口的总量、就业和居住的时间和年限，确定分期分批的改革方案。但不能继续通过居住证制度，设置过多的限制门槛，例如年龄、学历、职称等条件，继续限制对外来人口的公共服务。

特大城市在实行居住证制度时，也要对暂时无法解决户籍的外来人口，根据就业和居住年限，逐步增加公共服务的水平，提高公共服务标准，并改善他们的就业和居住条件，降低他们的就业门槛，使他们尽早地融入市民化社会。

在特大城市推进户籍管理制度改革、完善人口落户政策时，也要逐步减少对城镇居民的福利供给，把原有的各种城市居民特有的福利待遇，尽快纳入基本公共服务范畴，或纳入市场化渠道。特别是不要新增福利供给范畴，继续抬高城市公共服务的门槛，要稳步减少未来改革的障碍。

特大城市要加快基础设施供给市场化的范畴，加快推进阶梯价格政策，在城市市民生活成本充分市场化之后，价格和生活成本的市场化调节，也自动会导致人口分流。

要特别说明的是，针对外来人口进城落户或逐步享受公共服务的标准不要制定得太高。许多城市把公共服务和教育医疗等标准制定得过高，因而抬高农民进城的成本。

实际上，进城的农民在就业和基本公共服务水平上，应该有适度的过渡期，有适应他们就业的工作条件和居住场所，子女就学和医疗服务满足他们最基本的条件就可，他们可以在城乡接合部租赁当地农民的出租房，政府做好服务就可。

特大城市人口调控，还可以充分考虑到辖区空间。在特大城市辖区内还有许多中小城市和小城镇，它们也可以在吸纳人口和吸引产业方面发挥积极的作用。许多特大城市制定了人口调控政策，包括了所谓的辖区，等于限制了辖区中小城市和小城镇发展的机会。

如果改善基础设施供给，统筹交通设施的安排，完善主城区和周边中小城市和小城镇的区域发展规划，遵循市场的规律，允许在规划范围内，更多地赋予这些小城市发展权力，它们可以在分流主城区人口，减缓中心城区各种压力中发挥更积极的作用。

如果从控制人口增加的速度来调控特大城市人口，最重要的政策是，减少产业和优质资源的过度集中。由于特大城市良好的公共服务条件，在吸引产业方面相对于中小城市有着足够的优势。如果允许优质资源在政策引导下外移，对增量的优质资源限制进入或者在辖区以及更大范围的空间内进行再配置，可以大大放缓新增人口进入的速度，甚至可以引导一批外来人口流出。

关键是要用市场的办法，要通过政府的投资政策和土地的指标政策来引导，要遵循要素的流动规律，要使得更多的中小城市获得资源分享的机会。尽量减少行政指令性和反市场的拍脑袋的安排。重要的是政府要提供城市间交通设施配置的条件，人口和资源自然会主动分流。毕竟中心城区房价的压力、交通拥堵的压力也给就业和居住带来严重的困扰。

特大城市要下放管理权限，要减少行政管理层次，逐步打破等级化的城镇管理体制，才能给予中小城市和小城镇更多的自主发展权。要支持特大城市中心城区人口分流，也要改革传统的土地指标等行政资源计划分配方式，改革传统的财政上缴体制，按照人口的流向和未来的可承载能力，给予中小城市发展的机会。只要全国的中小城市和小城镇发展了，特大城市的人口压力自然会减轻。

要建立特大城市和周边地区城市协调发展的机制，重点在于分清政府和市场的责任，统筹安排城市间的基础设施供给，这些都需要更高层面的政府推动。要打破行政封闭的地区公共服务体制，开放公共资源的供给，通过区域之间公共服务的均等化，促使要素和资源真正地按照市场规则进行配置。只有这样，人口在大范围的空间内调整才可能最终实现。

# 城镇化背景下台湾地区的社区治理

2014 年 11 月 14～18 日，国家发展改革委城市和小城镇改革发展中心调研组到台湾地区就城镇化与社区治理问题进行了调研。调研组与有关方面召开了座谈会，并先后走访了台北市文山区忠顺社区、桃园县观音乡保生社区、桃园县观音乡树林社区、宜兰市宜兰县梅州社区、宜兰县冬山乡珍珠社区。现将有关情况报告如下。

## 一、城镇化背景和社区发育

回顾历史，台湾地区的城镇化可以分为两个阶段，第一阶段是 20 世纪 50 年代到 80 年代的高速发展时期，只用了 30 年的时间城镇化率就从 30% 提高到 70%；第二阶段是 20 世纪 80 年代至今，城镇化进入稳定发展阶段，2013 年城镇化率达到 85%。台湾地区的社区治理也分为两个阶段，第一阶段是 20 世纪 60 年代到 90 年代，这一时期，社区治理主要由政府部门来推进；第二阶段是 20 世纪 90 年代至今，社区治理开始由政府推动转向由居民自发推动。

20 世纪五六十年代，台湾地区的社区治理是由政府以行政方式来推动的。1968 年，台湾颁布了首部《社区发展工作纲要》，开始对社区治理进行统一管理，在省、市县、乡镇各级先后推广设立“社区发展委员会”、“社区福利中心”、“社区理事会”。到了 90 年代，台湾地区进入经济社会转型时期，一方面，经济增速放缓，1951～1993 年，台湾地区的

---

本文是国家发展改革委城市和小城镇改革发展中心调研组的调研报告，成员有李铁、许景权、李德芬、徐勤贤、魏劭琨；执笔是李铁、魏劭琨，2014 年 11 月 27 日。

GDP 平均增速达到 15%，而 1993 年以后 GDP 平均增速只有 4.8%。另一方面，城镇化进入稳定阶段，90 年代城镇化率在 75% 左右，城乡间人口呈现稳定的态势。两方面的原因就使以前积累的很多社会问题凸显出来，包括生态环境破坏、人际关系转型、人口流出、地方传统文化消失等。面对这些问题，传统的自上而下的社区治理无法解决这些问题，“社区发展协会”这种由居民自发推动的社区治理模式开始发挥重要作用。例如，保生社区发展协会从 1995 年建立以来就一直致力于本社区的环境保护工作；珍珠社区发展协会从 1994 年成立以后，对本地传统稻草文化和竹园历史的保护成为其工作的重要内容。

当前，台湾地区的城市社区和农村社区在社区治理上涉及以下几个方面内容。

从组织机构来看，每个社区都设立有相应的发展协会。在城市里，社区发展协会的活动范围一般为里，在农村地区社区发展协会的活动范围为村或里。不管城市还是农村，社区发展协会都建立有完善的组织机构，社区发展协会下设会员（会员代表）大会、理事会及监事会，由于工作需要还可以聘请顾问、总干事和设置各种内部组织（见图 1）。

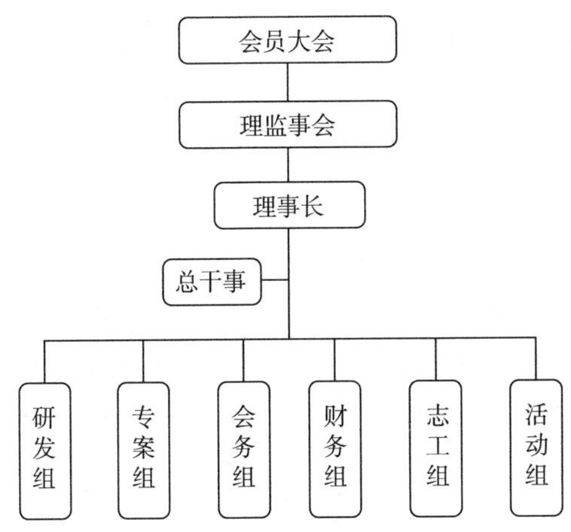


**图 1　忠顺社区发展协会组织结构图**

从资金来源来看，社区发展协会的运营管理资金主要来源于捐赠收入，包括社区志工（志愿者）的劳动、社区领导人的贡献以及居民、企业等的捐助等；政府补助只占很少的部分，如忠顺社区发展协会运营资金中政府补助只占10%。而社区发展资金的主要来源则是政府补助、基金等。其中，政府补助的项目涉及不同等级政府和不同部门，例如，树林社区发展协会的农村社区生活环境的改善得到水保局农村再生计划的支持，社区环境美化得到了环保局社区环境改造计划的支持等。

从工作内容来看，社区发展协会的工作主要包括公共设施建设（社区环境、绿化、道路维护等）、社会福利（社区托儿所等）、文化建设（交通、社区公约、敬老、治安等），等等。例如，每个社区都为照顾区内老人而设置老人组，针对老人开展送餐、电话问安、定期体检等活动。同时，由于发展情况不同，每个社区发展协会的工作重点不同。例如，由于经常发生洪涝灾害，梅州社区组建了防灾救灾巡逻队，并为居民统一购置了救灾包；保生社区为了保护区内藻礁而设置了护礁队。

从参与人员来看，每个社区发展协会的工作人员并不多，一般在几个到十几个，而绝大部分工作都由志工来完成。志工的数量相当多。例如，树林社区有志工50多位，忠顺社区仅巡守志工就有130多位，珍珠社区的巡守队也有志工100多位。

## 二、社区治理的效果

由于社区发展协会的积极运作，很好地提高了台湾地区的社区治理水平。

（1）改善了社区环境。据忠顺社区发展协会理事长曾宁旖介绍，以前，忠顺社区的环境也存在着“脏、乱、差”的现象，道路、绿化等公共设施也不完善，而通过社区发展协会十多年的努力和广大社区居民的积极参与，现在的忠顺社区已经成为一个美丽、安居的社区，很多人被吸引到社区来定居，房价也得到不少提升。

（2）增进了社区居民间的感情。在现代社会里，城市居民之间由于封闭的环境而显得更加冷漠，人与人之间的感情交流在减少；在农村由于人口减少，大量空巢老人和儿童渴望得到关照。而通过社区发展协会的积极工作，对社区中弱势群体（高龄老人和儿童等）进行了特别的照顾，提高了居民对社区的感情和认同度；同时，大量志工的积极参与，也增加了社区居民之间的交流机会。在忠顺社区和梅州社区，我们都看到很多爱心妈妈，她们都利用休闲时间到发展协会进行义务劳动，不仅帮助了别人，也扩展了自己的交流空间。

（3）提高了资金的使用效率。台湾地区各级政府每年都要设立相关的社区发展预算，每个社区发展协会要根据本社区的实际情况来编制相应方案和计划到不同部门进行申报，并通过与其他社区进行竞争来获得相应政府资金。通过这种方式，避免了“撒胡椒面”式的资金拨付，政府资金的使用更有针对性、更有效率。

（4）促进了农村地区经济发展。台湾地区一些农村地区的社区发展协会根据本地实际情况（如文化传统、产业资源等）引导居民发展特色产业，推动了本社区的经济发展和就业提升。如，珍珠社区利用本地稻草文化推动稻草面具、稻草雕塑等的发展；还建立了水稻博物馆，吸引了很多游客前来旅游，间接带动了本地民宿业的发展，创造就业岗位超过 50 个。

此外，社区发展协会还在环保、传统文化维护、治安等很多其他方面发挥了积极作用。例如，保生社区为了保护本社区内的藻礁资源，十多年来一直积极推动政府和社会各界对藻礁的重视，终于在 2014 年 7 月 7 日由政府建立了“观新藻礁生态系野生动物保护区”。

## 三、社区治理的特点

（1）民间组织的主导。从调研的 5 个社区来看，每个社区都是通过民间组织——社区发展协会来进行管理和开展相关工作。民间组织由于是公益性组织，不以营利为目的，同时也没有受到政治体制的约束，更能直接反应社区的实际需求。

（2）社会精英人士的带动。在所调研的 5 个社区发展协会里，理事长和总干事都发挥着至关重要的作用。其中，忠顺社区和珍珠社区发展协会的建立和成长完全得益于两个理事长曾宁旖和李后进的努力。可以说，没有理事长和总干事就没有社区发展协会的成长。

（3）居民意识的提升。随着收入水平和教育水平的提升，居民对社区治理的要求不断提高，居民参与社区治理的积极性也在不断提升。在忠顺社区调研时发现，尽管是周末，很多志工都还是很主动地来到社区活动室进行工作，很多居民也都将社区活动室当作自己的家一样来娱乐、学习、就餐。

（4）政府的有效支持。一方面，台湾地区早在1968年就出台了《社区发展工作纲要》，先后进行了三次修订，通过法规、文件对社区治理进行规范。另一方面，台湾地区各级政府每年都要制定相应的社区发展预算，对社区发展进行项目和资金上的支持。

## 四、对我国大陆地区的借鉴

当前，我国大陆地区经济发展速度正逐步趋缓，同时，到2030年我国城镇化率也将达到70%。可以预见，未来10～20年，我国也将进入到一个转型期，过去发展中积累的社会问题可能会集中爆发，当前一些社会问题已经在逐步显现。这一情况与台湾地区20世纪八九十年代非常相似，台湾地区的社区治理经验对我国有很好的借鉴意义。但是，大陆和台湾地区在城乡社区管理体制上有较大的区别，大陆的城镇社区以街道居委会为主，大致相当于乡级政府的功能，而农村社区与现有的行政村体制接近，农村社区村民自治选举已经在20世纪90年代就开始实施。因此，对台湾地区社区治理经验的借鉴需要切实结合我国的实际国情。

城镇社区组织面临着功能的再造，但是基础单元如何在街道居委会下一个层面具体设置，还需要进行深入探索。居委会目前管理的人口过多，重点是如何细化到三五千人的社区管理，目前已经有的房地产开发小区业委会的形式可能是一个过渡的探索。

农村社区的发育当然是以农村村委会作为基础，但是从基层管理的角度，社区如何从集体经济组织的功能向社区治理转型，要在土地管理制度、户籍管理制度和集体财产管理制度等方面进行深入的探索，否则必将会发生组织上的重叠，也不利于新的社区管理机制的形成。

要看到，台湾地区社区组织的发育是在城镇化格局相对稳定之后产生的，也就是说20世纪60年代到80年代城镇化高速增长过程中，有一个社区组织发育的迟缓期。利益格局的稳定、居民对于社区塑造的心理支持以及城镇化文明的熏陶需要一个稳定的成长期。因此，社区管理和自治的发育，不是一蹴而就的，而是随着社会的需求逐步形成的，随之而来的才是政府的引导。

在台湾地区几个社区的调查中，最大的感受就是社区自治管理最重要的是社会功能，而不是经济功能。社区治理资金一部分来源于社区义工和成员的就业能力的挖掘，最重要的部分是来自社区成员的捐助，少量的是来自政府的支持。在借鉴台湾地区经验时，一定不能忽视社区管理功能的区别。只有这样，才能促进社区自治组织的良性发展，同时防止权力的渗透，防止社区腐败行为的发生。

社区自治也孕育着一批社区精英的产生，而社区精英的产生一定要满足以下几个方面的条件：一是有强烈的社会责任感；二是有一定家庭收入的来源保障；三是有相对充足的业余时间；四是有良好的教育水平。在台湾地区调查时，所有的社区发展协会理事长，无论年龄大小，不分性别，基本上具备了以上几条，否则在选举中一定会败下阵来。因此，在城镇化发育过程中，人才的孕育也是需要时间和社会上的认可，两者缺一不可。

法制社会是社区自治组织发育的最基本的前提。没有可靠的法律制度保障，就无法想象一个社区自治组织能够完善社区管理，协调社区和政府之间的关系，处理社区成员之间的关系。反观大陆地区具有社区管理雏形的社区业委会，往往溃败于没有法律意识和制度保障的社会大环境。

借鉴并不是简单的照抄照搬，关键在于承认我们发展中的社区组织缺失和发育不良的现状，同时需要各类配套的改革来支撑。如果户籍管理体制不改，社区一部分成员处于流动性，社区组织的形成肯定是一纸空谈。如果土地管理制度不改，社区管理更多看重经济功能，社区自治就无法抗拒各类对权力的追逐和来自各方权力的侵蚀。如果地方行政管理体制不改，作为社会最基础的社区单元的建立，可能会遭遇到上级政府的种种挤压。最后是法制社会的建立，才是社区自治逐步完善的制度性保障。当然这是需要全方位的改革来支持的一个过程，也需要时间，需要一个稳步的制度成长的空间。

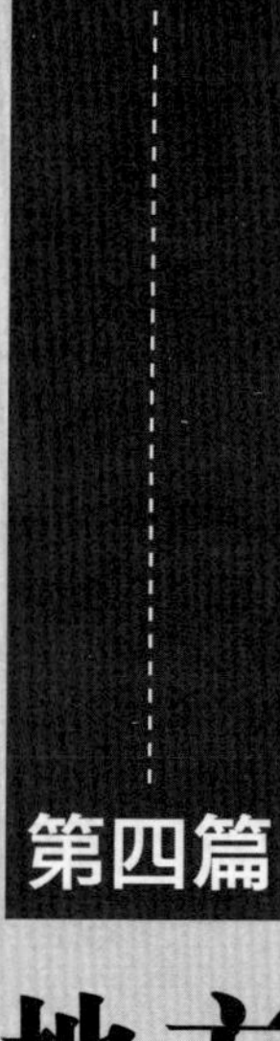

# 第四篇 把脉地方城市

# 浅析吉林省“十三五”经济社会发展战略

## 一、吉林省发展背景和当前面临的问题

当前，东北三省经济严重下滑已经成为国家发展改革委甚至国务院十分关心的问题，因为这直接影响到接下来的经济指数。2014 年东北三省 GDP 增速均低于全国 7.4% 的水平，其中黑龙江仅 4.1%。在中国宏观经济下滑和结构调整的大背景下，如何制定吉林省的发展战略，同时兼顾东北整体的发展战略，是艰巨的任务。

我仅就个人的一些理解谈一些见解，不一定是谈“十三五”规划该怎么编，而是谈谈吉林省的发展思路。关于吉林的发展，首先要研究清楚几个大问题。

（1）吉林经济滞后的原因是什么？不能简单地站在吉林省的角度去考虑。实际上，从经济发展规律来说，任何一个地区的发展或滞后都既有内部条件，又有外部因素，还有区位的影响。回顾一下，吉林省发展到今天，基本是 20 世纪 50 年代几个工业基地奠定的基础，现在的格局没有发生根本的变化。如果对这个问题没有清醒的认识，就很难判断吉林省未来的发展方向。

吉林内部的优势是当年投资的工业形成了现在的产业链以及丰富的农业资源，但是除此之外，其他新增的优势资源是什么？能否在外部竞争、交换过程中获取增量利益？要有人来投资、消费、购买产品，才能有超出其他地方的增长，这是核心问题。内部的优劣势问题要认真

---

本文是李铁在“吉林省‘十三五’规划基本思路咨询会”上的讲话整理，2015 年 3 月 14 日。

考虑。

（2）外部可以给你什么？中央能给你什么？涉及提出的各项发展战略是不是建立在一个非常客观的基础上。比如说，原来提出长吉图的通道和东北亚经济区建设，但是20多年了，咱们研究国际形势就知道，朝鲜的影响更多是制约，不能当作有利条件来提出。在当前国际环境和利益格局下，日本出口方面不可能有大的突破。俄罗斯的影响还要看其人口和经济能否带来足够的需求。因此，不能一厢情愿地放大周边国家的经济影响。当时作为发展大战略提出图们江区域发展，集中进行过大量的基础设施投资，但是这些投资基本上闲置了。如果现在我们对外部环境判断有误、对发展大战略定位不准的话，一定会导致基础设施投资的失误和闲置，会浪费很多机会。

（3）国际和国内的投资到底是什么？有哪些人愿意来这里投资和消费？为什么来这里，这里优势是什么？如何与内部资源嫁接？成本是什么？区位条件是什么？吉林铁路基本上是单向的运输，资源和产品运出来，但是输送回来的是什么？现在没有大量的货物运进来，这样铁路的效益不高，铁路建设就有瓶颈。

（4）区位条件对吉林省的影响也和内外环境有直接的关系。要研究整个产业通道和大的区位以及通过什么方法来改善？

（5）如何认识体制环境？是不是简单的权力下放？从东北出来的人，绝大多数都很好。但为什么在本省的环境下，优势没有得到发挥。有很多南方的投资者去吉林后，说“关起门来打狗”，政府政策不兑现，几个亿的投资就扔在那了，官场环境不是很好。当年公主岭、四平、长春等城市吸引了很多投资，但后来都发生了问题。如果不去深刻地思考这些问题，痛定思痛地改变，再想发展是很难的。

（6）为什么人会流出来？我们研究全世界和全国的城市发展规律就知道：其一，移民城市是发展较好的；其二，哪个城市外来人口多，哪个城市发展就快，哪个城市的房价就高，这是一般的规律。北京、上海、深圳、佛山、广州，外来人口多，房价高，增长速度快，投资也快。吉林省的人口趋势是净流出，根据全国第六次人口普查数据，吉林人口净流出约92万，虽然和中部省份比，流出量较小，但确实是净流出，就更不要说留住人才、甚至吸引人才了。这里体制环境也是很大的问题。

（7）未来改革的方向，城镇化重点是什么？户口改革在吉林省不是问题，吉林省的适度规模经营、农村多种经营比别的地方大很多，农业收益也比别的地方强很多，所以不是主要矛盾。

（8）吉林省处于工业化发展的中期，面临的所谓结构调整怎么调？首先是产业结构，工业、服务业和农业间的结构如何进行调整？是调整存量还是需要通过增量来进行改变？是不是转变工业化主导的发展模式？如果老工业基地不继续工业化的发展模式，还能凭借什么吸引人口进城、解决进城农民的就业？在工业化中期以后，全省服务业将处于什么位置，这些都是需要考虑的问题。

## 二、吉林省未来的发展思路和目标

前面这些问题研究不透，我们无法做切实可行的“十三五”发展规划。

（1）未来发展思路和发展目标。“十三五”规划文本已经体现出了“调整 GDP 增速，实现稳步发展”的目标，但是我觉得胆子还不够大，速度还应该再降低。考虑到东北未来可能有大量投资进入，按照现有常规增长的趋势，定 5% 的 GDP 增速比较实事求是。现在文本中的目标还是有 GDP 导向，这是第一个目标。

（2）调结构中，就业导向应该是重点。现在规划的侧重点是产业导向。以就业为导向才是真正体现以人为本，能解决城乡居民收入增加的问题，还可能增加未来的产业发展空间。不要盲目追求高大上的产业，现在提出的“新能源”、“页岩气”等新型产业和其他地方也差不多。

在吉林省工业化中期阶段，我们要考虑到两种趋势并存：一是要积极大力倡导创新型产业，吉林省已经有足够的人才储备和科研机构；二是对于增加劳动力就业的传统产业，只要不带来严重的污染和破坏，仍需要提供一定的空间。我们这几天在讨论中国的劳动力问题，我认为中国的劳动力过剩是长期趋势，所以不去解决就业、不把就业作为非常重要的目标来考虑，可能是一个很大的问题。

（3）怎样来提高资源配置效率。2014 年全国出现了普遍的问题，由于土地等资源配置效率过低，对房地产过度依赖，造成地方债务大幅度增加，已经成了尾大不掉的问题。提高资源配置效率的重点是基础设施和城市资源配置效率的大幅度提高。

（4）在当前发展阶段，不能盲目抬高发展成本。由于我们对自己所处的发展阶段没有清醒的认识，对于城市的要求过高，提出了很多不切实际的发展路径和目标，导致城市发展成本过高。这个在未来的发展导向中要给予充分的重视。

（5）吉林旅游业发展是重点。我想不能站在吉林看吉林。全国具备四季旅游的地方没几个，除长白山外，还有云南、河北崇礼，河北崇礼是我们帮着推出来的。分析这几个地方，云南的旅游特点是景色四季如一，没有可变性，而长白山的冬夏两季有不同的特点、不同的体验、不同的刺激，是中国唯一的不同季节有不同体验的、可持续的、符合现代旅游消费的重要旅游目的地。但长白山旅游业也存在问题：一是“远”，离北京远，离更多的高消费人口远；二是“单”，长白山夏季旅游内容相对单一，冬季旅游受自然保护区所限，优势难以释放。

未来旅游的发展路径应着重考虑两点：一是打通交通通道。哈尔滨至牡丹江的高铁已经开始修建了，如果从“哈尔滨—牡丹江—雪乡”的这条高铁线路通了，可以一直延伸到长白山，进一步从牡丹江再辐射到漠河。这样，加上通向长春的线路，就有两个通道可以直达长白山。二是打造养老休闲的旅游产品。大量东北人到三亚买房子，数量多达几十万人，因为一些高血压、心脏病患者冬天不适合在寒冷的东北居住，所以去三亚。可是，东北还有凉爽的夏天，能不能形成“长白山—三亚”候鸟式的旅游养生带？如何建立一种对接关系，比如，夏天到长白山来，冬天去三亚。要以哪个城市为依托，建立怎样的一种联系，制定一些什么样的政策，这些都可以延伸。还可以进行符合市场化的战略设计，其实目标群体可以覆盖整个南方，南方想避暑的都可以来北方，并可以提供充分的条件，这样也可能会带动东北地区的发展。

旅游对吉林省的作用，一是人流，不只是全省的、国内的人流，而是全世界的人流；二是信息流；三是要素流。

要坚定不移地将旅游作为一个引领的产业。旅游业是大战略，这个大战略在于如何通过交通设施、基础设施的改善，大胆想象，符合市场规律地推进吉林省的地区发展。作为“十三五”规划，这是非常重要的参考内容。

## 三、规划征求意见稿中有些内容还要更切合实际

“产业发展竞争不断加快”部分，那产业优势到底在哪里？文本里说“服务业增长是最快的，是2010年的1.5倍”，但是到底是哪些服务业发展比较快？恐怕要给予明确的说明，是现代服务业发展快，还是传统服务业发展快？而且要结合省情要进行分析。

“对外开放取得突破性进展”，这部分写了很多这个区那个区，但没分析外贸和外商投资增长幅度有什么变化？是下降了，还是增长了？这恰恰是对外开放的核心问题。

“城镇化建设比较显著”，明确地说应该是“城市基础设施水平有明显提高”，这里涉及基础设施有很大的投入。但是在城市人口的增长上，大城市的发展和城市结构到底有什么变化？哪个地区是“十二五”规划中规定的重点地区，在产业、人口各个方面取得什么明显的突破和进展？不应仅仅是虚写一个基础设施的状况。城镇化的三项内容为以人为本、可持续发展、实现城市创新，怎样进一步体现这三个内容？要写得更实际一些，针对性更强一些。还有在低碳、生态、绿色、智慧城市建设方面，吉林取得了什么进展？城市管理体制上有什么创新？城市的人口规模是不是有所增长、效率有没有提高？这都是城镇化的重点问题。

“重点领域改革扎实推进”这部分，只强调了审批制度的改革。吉林省的行政管理体制改革是下放审批权限，但这只是一个方面，在机构改革、提高政府管理效率等方面，特别是在促进和改善投资环境的管理体制上，有没有什么突破？文本虽然写了一些，但还是觉得不太过瘾。

在“发展环境”部分，提到了国际和国内两大环境。这两大环境中国际环境的变化对吉林省产生的影响是什么？这应该直接写进去。国际

的金融状况、外贸环境、整个产业结构调整对吉林省带来了哪些影响？和吉林省的关联性有哪些？这些还要再认真进行分析。国内环境、整体经济增长速度下滑，区域竞争日益激烈，国家提出“新型城镇化”以及“京津冀一体化”、“一带一路”和“长江经济带”三大战略，各种国内环境的变化对吉林省会产生怎样的影响？是正面的还是负面的？如何发现我们的挑战和机遇？

“加快推动长吉图先导区域的建设”部分，长吉图区域和国家战略、国际形势的契合点在哪里？要考虑到成本和投入产出。我们不能一厢情愿，我们写规划的时候，往往政府思维非常强，可是忽略了市场的运行机制，不能到时候政府投入了，市场却跟进不了，导致了浪费。政府提出战略是希望会怎样，而市场考虑的是，投入后什么时候有回报，像企业家都是要求一年、两年内有回报的，因为他们要偿还银行贷款利息。我们提出的东北亚战略，徘徊20多年至今实现不了，包括“发挥沿边近海优势推进长吉图战略”，可能没有多少实际的意义。它给市场带来的机遇是什么？吉林省会拿出什么东西来进行推进？资源配置应该不是单向的而是双向的。要考虑这个大通道中会带来哪些要素的流动？不能仅仅站在可能性的角度去想。

“坚持改革开放”部分，是不是换个提法？文本中还提出“坚持安全发展”，这样说就是面面俱到了，核心是吉林省怎样发展。

“深化城镇化管理体制改革”部分，是不是可以把“长白山设市”作为这五年规划中很实的内容，再把哪些中小城市设市列入规划，“长白山设市”后可以综合考虑长白山发展。“城市管理体制和治理机制的改革”要写进规划中，这不仅是对吉林省，对全国城市治理而言都存在的非常严重的问题，这点总书记在城镇化工作会议上是讲得很明确的。

“强调发展服务业”部分，特别要提出“以就业为主导的服务业发展机制”，这和城市管理体制有关。现在城市越管就业越难，为了城市好看而放弃了很多就业机会。服务业发展和生态移民有关联。吉林现在所处的发展阶段，在大企业投资的过程中，要更多投资旅游业，进而带动富民工程。全国很多山水景区都经历过这个阶段，比如张家界，很多原住户就地从事家庭服务业，搞“农家乐”，已经成为旅游的重点。全世界的生态地区、旅游地区的原住民，都是直接在本地转化就业，带动地方特色服务产业的发展，这在一定程度上已经成为一种规律。这种发展模式可以衍生出很多机会，为什么一定要把他们搬出来成为“移民”呢？一些小型村落，特别是民族村落，如果花大力气去培育的话，可能创造的旅游体验会更丰富，服务业形式更灵活，而且成本还低，因此，不一定走生态移民的路。

# 西藏新型城镇化规划要充分考虑地域特色

（1）规划要突出西藏的区域特殊性，突出西藏的个性特色和特殊性，不能脱离西藏实际，处理好人口和资源等可持续发展问题，坚决避免强制推进城镇化。

（2）规划确定的城镇化目标有点高。到2020年西藏城镇化率要达到33%，每年提高一个百分点以上，相对历史发展趋势，建议适当降低这个目标，确定一个科学合理的城镇化率目标。

（3）西藏没有达到四化同步的水平，要强化产业支撑，要突出服务业的重要支撑作用，大力发展旅游、文化等服务业。

（4）大力推进基础设施建设，特别是加强交通网络建设，提高交通网对乡镇的覆盖率，同时要加强城镇供排水、能源、垃圾处理等设施建设。

（5）转变城镇发展模式，探索土地拍卖等融资和开发模式，避免大规模的房地产开发。

（6）提高城镇人口密度，降低服务业发展成本。

（7）针对西藏的实际和城镇密度，建议不提城镇群的概念，改为城镇圈。

（8）针对土地制度改革内容，要推进城乡土地同权改革，要总结和吸引城镇化发展的经验和教训。

---

本文是李铁在“西藏自治区新型城镇化规划咨询评审会”上的发言整理，2014年5月19日。

# 务实、尊重规律，珠三角城镇化的路径选择

从20世纪80年代起，我在中央农研室工作，因农村调查，来过许多次珠三角。我记得那时候不仅仅是珠三角，全国经济发展最快的五个省份，广东、浙江、江苏、山东和福建，经济总量的70%都在县以下，原因在于乡镇企业。当然珠三角的乡镇企业以外向型为主，所谓“三来一补”是区别于长三角和环渤海的广东特色。因为有了乡镇企业，我们才开始见识到了小城镇的发展，尽管那个时候城镇化的提法仍然是理论探讨的一个禁区。可以说，没有乡镇企业的发展，就没有乡镇财政的积累，也就没有珠三角小城镇蓬勃发展的势头，那所谓的珠三角城镇化进程也就无从谈起。

城镇化是农村人口进入城镇的过程。在世界上普遍称为城市化，因为国际上的城市没有大小之分。而在中国，由于城市的设置要经过严格的行政管理和审批程序，数量极少。然而，真正与农村有着天然联系的恰恰是乡镇，乡镇企业生于此。人口从农业就业伴随着乡镇企业的发展转向了非农就业，虽然在空间上向乡镇所在地的小城镇聚集有一个过程，毕竟在30年内，这个转移过程基本上实现了，也就意味着珠三角的城镇化进程已经达到了一个新的起点。非常欣慰的是，南方报业集团在进行城镇化跟踪报道时，抓住了珠三角城镇化进程的主体，就是无数个乡镇企业和小城镇生长、发育以及逐步成熟的进程。因为小城镇承载着本地农村人口和外来人口聚集而成的就业大军，他们已经是珠三角城镇化人口最重要的组成部分。成就在这里，未来的问题也集中在这里。

---

本文是李铁为《变迁三十年：珠三角城镇变化30年编年史》作的序，该书由南方都市报著、南方日报出版社2014年12月出版。

研究珠三角的城镇化进程，离不开一些最主要的问题：是什么促进了乡镇企业的高速增长？为什么在珠三角的小城镇如此发育？而且在众多决策者心目中，存在的问题很多。其实在改革开放政策的推动下，能够使得城镇化在小城镇这个载体上迅速发育，还是根源于特殊体制条件下的低成本过程。如果没有集体经济充分地利用廉价的土地优势，通过租赁厂房与外资、港资合作，就没有珠三角的今天。土地的廉价吸引了大量的投资者，同时也带来了大量的外来劳动力，他们从珠三角外纷纷来到了这里，图的是工资收入远远高于农业收入，即使劳动力成本也是廉价的，但是和过去微薄的农业收入比起来，已经是非常重要的转变和提升了。从这里看出工业发展的低成本优势源自于土地的廉价。

探讨这种土地制度的优势，可能有远离于中央政府管制的原因，也有当地政府对于长期落后的广东沿海地区迅速发展所给予的政策宽松条件，当然更离不开珠三角的农村集体经济组织的管理者在改革开放浪潮下勇于突破传统体制的胆识和魄力。如果我们回过头看，现在珠三角农村的用地形式，在法律上可能还是存在着“违规”，已经安置了大量的农民工的出租房，在用地性质上可能无法给予明确的认定，尽管当地农民已经充分地体验到所谓宅基地的财产性收益为自己带来的好处，充分地探索了当集体土地作为厂房租赁出去给农民带来的各种股份制收益，而这些已经是农村集体经济组织下农民的主要收益来源。我们在曾经的调查中，还为这种财产性收益的认定是否为劳动所得而担忧，而到今天已经成为一种普遍性的规则。从这里看，土地低成本产生的优势，带来了劳动力的低成本，使得珠三角迅速在一个痛并快乐着的过程中走向了沿海发达地区领先的行列，在这种特殊的制度条件下为城镇化进程奠定了最好的基础。

当我们还在为珠三角的农民身份而纠结时，其实城镇化任务的完成已经在以下几个方面充分显现出来：一是大部分农民已经远离了农业产业；二是农业所占的比重已经到了个位数甚至更低；三是原来的土地大多已经转向了非农用地；四是我们在法律上认定的农村集体土地实际上只是已经城镇化的一部分社区拥有的土地；五是这里所谓的农民其实早就是仍然保留集体土地所有权的城镇居民。从这个意义上看，城镇化的认定，已经完全超出了传统意义上的农民和居民之分，而是在现今制度条件下对历史身份的认定，如何承认既成事实而重新界定。

本地农民的城镇化已经基本完成，而外来人口基本上已经被统计为城镇居民，并且为珠三角城镇化水平的提高做出了统计上的贡献。然而，这种低成本的发展过程，虽然已经完成了珠三角的城镇化，但是仍然面临着新的挑战。

低成本发展的时代随着土地成本的大幅度提高已经成为过去。当经济高速的增长伴随着收入增长的同时，过去的集体土地所有者对于征地的模式和占地的模式都有了新的理解。征地的低价已经不可持续，意味着农民对自己土地权利的珍视。而低价粗放的用地模式和廉价的出租厂房显然已经成为过去，提高土地利用效率已经成为这些土地所有者的共识。因此，无论是政府还是集体土地所有者，都在面临着转型的考验。但是如何转型还是受到了传统的用地模式和制度的约束。在这里，过于分散的企业分布和人口社区的分布，已经严重阻碍了土地价值的提高，毕竟高密度的城市发展道路才可能使土地从工业用地向服务业用地转换，实现最大的价值提升空间。在征地和管理模式中，制度也限制着集体土地所有者自行对土地利用进行置换，因为国有的征地过程对集体用地实现价值转换，仍然是主要的约束条件。对于农村集体土地自行的开发，还受到了规划的约束，城里人特别是理想的规划师们，极其不认可当地农村集体土地所有者的土地开发过程，认为是对视觉的破坏。所以在评价珠三角城镇化进程时，要看到多重因素的制约使得用地制度改革远远落后于现实。

看珠三角的城镇化真的不能只看到广州、深圳、佛山等大城市的主城区，而真正带来农村人口向城镇集中，容纳了更多的外来人口打工的地方，基本还是小城镇和已经行政划转为城市社区的原乡镇。当我们从广州伸展到珠三角各地的高速公路沿途向两边看去，似乎这里的城镇化仍然存在着原始的状态，所谓的“村村像城镇，镇镇像农村”依然是这里大面积城镇化的写照。原来低价出让的大量厂房鳞次栉比地在高速公路两旁林立，农民的出租房仍然显现出一片所谓的“乱象”。如果与大城市的主城区相比，可能在管理者和决策者的印象中，这里仍然是农村。

其实，这就是正在发育和成长的城市，也是高速城镇化进程中最合理的过渡中的城市。其实无论是在日本、韩国还是台湾地区，城市化进程中这种所谓的“乱象”都是必然经历的过程，而且到现在仍然没有发生改变，但是在这种“乱”之中，我们看到了产权的作用，看到了服务业发育的制度基础，看到了居民对城市视觉和方便所做出的选择。

珠三角的城镇化还有一个仍未化解的难题，大量的外来劳动力在城镇化中的地位如何确定，他们如何能够在新型城镇化规划和政策中，享受到当地居民同等的公共服务水平。确实，珠三角面临的压力远远大于内地大多省份，如此巨大的外来人口群体，如果真是要转化为本地人口，会带来非常深远的经济和社会的变化，也会招致当地居民对政策的抵触。其实，政策的稳步有序推进应该和产业调整有机地结合起来。低成本的工业化依赖路径在向服务业转变过程中，人口结构的调整会自动发生。这里既有劳动力成本上升的倒逼机制，也有资本和技术密集型的“机器换人”的替代机制，更有传统工业被淘汰出局的更新机制。但是无论如何，面对外来人口，应采取更加开放和公平的政策，在珠三角推进城镇化政策中还是需要有更大的包容。

珠三角的城镇化经历了30年，为全国城镇化改革和发展提供了最好的探索和经验借鉴。不在于城市建设得是否漂亮，不在于GDP增长速度有多高，而在于务实的精神和态度。从小城镇看起，在尊重集体经济组织和农民的土地权益中，或者是在城镇化发展的形态中，顺其自然，尊重经济规律和城市发展规律，从低成本的发展路径，向创新和结构调整转型，应该是合理的选择。

# 成功申奥能给崇礼带来什么

2015 年 7 月 31 日，北京市联合张家口市成功申办 2022 年冬奥会举办权。8 月 1 日，在冬奥会主会场之一的崇礼举办的“2015 中国城市发展论坛”上，李铁接受央视财经频道、北京电视台、第一财经电视、《中国城市报》、新浪网等多家主流媒体联合采访，就申奥成功将给崇礼带来的改变以及崇礼未来发展战略发表了观点。以下是采访观点整理。

## 一、成功申奥为崇礼服务业发展和农民脱贫带来广泛空间

**记者：**北京联合张家口成功申办 2022 年冬奥会，您认为对整个张家口和北京的经济会带来什么样的影响？

**李铁：**申奥成功不只是在北京的层面会发生变化，而且在整个京津冀区域层面会给一些服务业、工业带来变化。第一，会带来基础设施的投入增加。第二，会带来更多的投资选择。过去投资更多是看重北京市区内或者郊区内，现在第一次把更多的目光投向离北京二三百公里外的张家口崇礼。

仅仅看 GDP 的变化，并不是我们真正需要的。我们要更多地考虑在京津冀协同发展和京张申奥的契机下，区域发展会产生的变化。这时候我们对区域大格局的判断就不能仅限于北京行政辖区内，而要更多考虑到周边一些地区的发展。在这个基础上，如果通过这种协同发展、通过申奥，能使河北尽快地缩小和北京的差距，特别是给张家口带来很大的

---

本文是李铁在“2015 中国城市发展论坛”上接受央视财经频道等多家主流媒体联合采访时的观点整理，2015 年 8 月 1 日。

变化，那么，协同发展的目标就会更进一步。

**记者：**在您看来，哪些产业会迎来新的机遇？

**李铁：**第一个是服务业。我们知道北京的服务业是最具优势的，服务业外溢是北京向周边辐射的一个重要功能。北京的消费会辐射周边城市，特别是辐射河北的一些城市。而消费一定会带来服务业的投资，包括旅游、休闲、度假、会议等方面的新投资。这些投资不仅会带来地产的升值，而且更重要的是会带来信息流的变化。所谓信息流的变化，就是通过加强河北地区和张家口与北京间经济交往的紧密度，它与北京的整个需求对接性才更强、才是全方位的。

服务业需求又会延伸和扩张。因为很多人到这里来了，比如，冬天到这边滑雪，但是他们的家人不会滑雪怎么办，那就要寻求新的消费方式。而且滑雪的人也不可能只滑雪，他们要吃饭，要得到更好的全方位的服务，包括餐饮业、酒店业，因此，其他的各种配套服务业会相应发展起来。

可能很多人只是通过申冬奥才了解的崇礼。其实崇礼不只是冬天能提供滑雪场地，这里有得天独厚的条件，可以全季节地提供休闲场所。还有，在春、夏、秋三季到这里旅游，能获得什么样的服务呢？不能只有一天的选择，还需要有假期的选择，如学生的假期选择和大长假、小长假的选择。选择的内容方面，观赏性只是其中之一，还会不会有其他参与式的体验内容，还会不会需要更多的服务呢？这都是肯定的。

特别是夏天，针对北京炎热的夏天，这儿的气候实际上在全中国也没有多少地方可以相比拟。假如我夏天到这里来休闲，那度假的过程中可以干什么？有体育的，如徒步越野、山地自行车等，可以有各种参与式的活动，还可以有面向老人的、教育的、健康养生的等各种需求的活动，所有服务都会发生结构性的变化。这种结构性变化，会对整个崇礼产生巨大的影响，而且当崇礼的容量饱和的时候，会从崇礼向周边蔓延，给张家口地区带来深刻的结构性变化，这种影响是深远的。

当这种需求延伸到各地的时候，旅游交通配置需求也会发生变化。这种紧密联系会使经济、服务业跟着北京人的需求发生变化。在北京时，我们自己的需求也在变化，这种变化能不能从北京移植到这边来？肯定是可以的。如果我们在这里住上两个月的话，生病怎么办？要不要看病？一些人在这里置业的话，要不要有新的教育机构？适合各种休闲运动的配套设施和配套机构也会相应产生。

还有更多的机构，觉得这儿的自然环境条件很好，很可能主动向这边搬迁，甚至会有很多国际性资源进入，这是我们很难完全想象到的。我们不能说崇礼会怎么样，我们不能给它规定一个具体的发展方向，但是我们知道它未来的发展空间非常广。

**记者：**我们知道张家口的贫困人口很多，这是个非常奇怪的现象。您认为通过这次申奥成功以后，是否能真正带动京津冀的协同发展？对解决目前的贫困问题，是否是一个好的机会？

**李铁：**张家口、承德都是北京上风上水的地方，有着和北京周边其他地方不一样的、最好的自然景观。而之所以成为贫困带的一个原因就是它是山区，缺水，农业不发达，工业进不来，天气寒冷。以前这些是劣势，但现在这些都转变成优势了，即服务业的外延优势。这个外延优势会带来几个结果。

第一个结果，北京人口到这边来消费的时候需要人来服务。我们已经看到很多农民从原有的传统农业就业转移到滑雪服务的就业上，转到对本地旅游点的各种服务中来，新的经济形势已经在这里发生了一些非常明显的变化。

第二个结果，大量信息流的沟通会促进农业结构调整。到这里来的人要消费，如果当地满足不了这种消费需求时，会有人来投资改善这个消费格局，会通过当地农产品的供给来解决农业问题。大量信息进来后，也会有一些选择性的工业跟着进来，可以带动周边农村地区的发展。

第三个结果，虽然举办奥运会只是一届，但是旅游功能是永久性的，所以在这个过程中，政府要特别加强对当地农民的培训，要特别注意增加农民的财产性收入，通过金融的方式、制度改革的方式，使农民在自己的财产性土地和地理空间上形成一种就业的转换，比如办农家乐、开农村小酒店等，为旅游人口服务，这样可以改变传统的就业结构，这个变化是必然的。

以前崇礼人口不到十几万，未来增加的人口对服务业的需求，可能是本县人口满足不了的。我知道现在滑雪场的教学人员基本都是崇礼自己培养出来的，未来会新建很多滑雪场，需要场地管理人员、酒店管理人员、雪具大厅管理人员、教练人员等，那会引发多少就业需求呢？为这些人和滑雪爱好者们进行配套服务，还需要多少就业人口呢？所以政府应加强培训，及早制定措施，支持这种产业和就业的转型，未雨绸缪可能会对未来当地农民收入水平的提高、城市化水平的提高、农民就业状况的改变起到根本作用。

## 二、崇礼要谨防楼市泡沫

**记者：**举办冬奥会，对崇礼和张家口来说，基础设施会有一个很大的改善。随着这种基础设施的改善，它的房地产价格是否也会迎来上涨趋势？

**李铁：**其实很早的时候就已经出现了变化，我们十多年前刚来崇礼的时候，房屋均价大约700元/平方米，现在山上的房价已经达到一平方米17000～18000元甚至20000元的水平了，所以这种房价的变化是一定的。但是我们要特别注意怎样来合理配置资源，怎样来防止其过度发展，因为这里毕竟是山地，地理空间非常狭小，如果在狭小的地理空间中大量投入房地产，很可能会造成新的泡沫。

那么在这个时候，怎样做规划，怎样控制各种利益主体到这里来投机也是十分重要的。包括政府投资会不会有效率？会不会因为申奥就搞好多形象工程？会不会把空间极度放大，造成公共服务能力供给不足？其实世界上任何一个滑雪胜地，或者冬夏旅游胜地，更多的是给流量人口提供服务，而不是解决常住人口的服务。那我们能不能在对流量人口的服务上，提供高效率的资源配置方式，更多地发挥市场的作用？这是我们下一步要解决的。

**记者：**就是说更多的用酒店服务，或者叫旅游公寓的服务，来解决所谓的流量问题？

**李铁：**不仅仅是解决流量人口的服务，而且要提高利用效率。我们过去的置业方式，买了房就放那儿闲置，结果导致资源大量闲置，所有的城市都这样，把这些钢筋混凝土、地下基础设施都闲置着。崇礼的未来，很多人会来到这，但是流动性会加大，效率会提高，基础设施投入就不会造成过多的浪费。

现在崇礼的机会来了，而问题也出现了，机会越大的时候，问题就越多。这个时候就要控制政府发热的头脑，更多考虑到全季节的服务，更多考虑到冬季奥运会后如何实现设施的再利用，要使这些设施能满足市场多样化的需求，让它形成盈亏平衡，甚至能获得盈利，在这方面多下功夫。

同时要规范政府行为，这是最重要的。现在经常有些大型的会议、大型的活动，政府头脑一发热，搞大规模投资，大规模兴建工程，但会后场馆设施的利用效率不高，导致大规模资金浪费。我们新一届政府，包括北京市、张家口在这方面有很多经验教训，希望未来的发展有个合理的规划，并合理配置资源。

**记者：**刚才您说要防止房地产过剩，能不能具体介绍一下，如何未雨绸缪，预防这个问题？

**李铁：**就是要合理地做好规划。第一，崇礼由于山地的地理条件和空间狭小，生态容量以及空间容量有限，所以不能过度扩张。第二，它是一个旅游城市，不能过多地通过置业的方式来这儿投入，增加公共服务压力，应吸引更多的人流来这里消费，而不是增加更多的户籍人口。第三，提高资源配置效率。过去置业，很多人买了房子就闲置了，那怎样通过更好的政策措施，提高所有的公共设施、市场化设施的利用效率，这方面有很多好的国际经验。第四，不要头脑过热地去搞形象工程，这个普遍存在，却是很要命的。第五，不要铺摊子。

## 三、合理规划保护资源，实现奥运后的可持续发展

**记者：**您刚才说的可持续是非常重要的，包括奥运之后的连续性非常重要，如何实现这种可持续性呢？

**李铁：**申办奥运不仅提高了崇礼的形象，而且实际上放大了资源承载能力和资源影响力。崇礼有非常独特的山地资源、森林资源、水源资

源、气候资源等，这些资源对旅游郊区的发展以及对区域空间的发展都非常重要。那么北京人需不需要这样的地方？太需要了。因为北京郊区和北京是同一个气候区，夏天都非常热，所以北京人完全可以到崇礼来避暑休假，充分利用这里的优势资源。

有了这么一个天然的自然地理空间，给北方人的消费提供了很多重要的预期，下一步就是怎样使产业链逐步延长，怎样使服务更多样化，怎样使一些功能在周边区域内进行合理分解，不要都集中在一个区域内，还有怎样让政府和企业不去追逐短期利益。在这个过程中，更多地要考虑到后奥运期间，整个功能怎样更多地向周边、向张北、固原等县延伸，这个需要进一步设计。

**记者：**现在已经申办成功了，大量人口涌入之后，会不会对当地的生态环境造成相应的影响？

**李铁：**这个要从几个方面看：第一，这里是一个非常好的生态观赏和休闲的空间，当然要很好地利用。第二，怎样去合理地控制人流、车流，需要通过规划，通过政府政策的引导来解决。第三，可以在周边很多地方复制、放大这个空间，而要放大空间就需要加大交通设施的投入，改变区域交通格局，这样的话可以通达更多地方。第四，对于更狭小的空间的保护，要严格立法和严格制定保护措施。比如，去年他们为了植树造林，把山里的很多野花带都破坏了，这种事以后应避免再发生。不能人为地为了植树造林，把原来的生态景观和高原植被景观给破坏掉了，这个应该吸取教训。

# 延庆战略：迎接北京城区市民消费、置业和机构外迁

延庆战略不仅仅局限于城镇化战略。城镇化战略的主要对象非常明确，就是农民进城，要解决这个过程中的一系列问题。而对延庆来讲，要考虑的是，在北京市人口往外流的大背景和大趋势下，怎样抓住机遇，怎样应对挑战？整体发展战略有内生性，也有外部性。所谓内生性，就是你有什么资源？基本现状是什么？产业、人口、财政收入及其增长情况，和整个县委县政府未来的要求之间存在多大的反差？城市发展的规律是，不只靠内生性，更要靠外部性，再好的资源也要和外部结合，只有外部资源进来，才能把内部资源激活。外部资源怎么激活延庆的内生资源，这就是延庆未来发展战略中面临的机遇与挑战。

战略目标要清楚，要掌握大的规律，把重点的、规律性的东西把握到，再提出解决的思路，路径要清晰，解决办法要具体。只要目标明确后，很多事情都可以做成。现在的很多问题是目标不明确造成的。

有了战略，再解决战术问题。现在延庆要明确的就是发展三产，就是抓住这三项：外来置业、休闲旅游消费和机构向外搬迁。旅游战略的重点，突出海坨山，把海坨山、玉渡山和松山整合成大海陀景区。在山的基础上，进行水系的改造，如龙庆峡、妫河等。怎样结合，要找出市场化的诱导因素，这需要明确地要去招商，招一个好企业，通过他们改变这里旅游的现状。在这个基础上，再解决交通配置、市场宣传、品牌营销等其他方面。

---

本文根据李铁与延庆县县委书记李志军座谈的讲话整理，2014 年 9 月 30 日。

## 一、县城的未来需明确，要增加人口还是要增加活力

县城是重点，我对延庆县城评价很高，我觉得在北京郊区所有区县中，延庆县城最好看，总书记讲的“看得见山，望得见水”，延庆全做到了，县城三面环山，还有好多条水，是最漂亮的。虽然背街小巷有很多村民违法私搭乱建的问题，这是过去很多年政府财力投入空间分配的结果。过去几届政府搞大公园、大花园、大广场搞得太多了，对背街小巷投入少，这是资金分配的问题，但历届政府把县城景观做得很好。

作为县城未来的战略，需要明确，是要增加人口呢？还是要增加活力？如果想增加高端人口，就存在另一个问题，进来了高端人口，一定会进来给高端人口服务的低端人口，这是规律。一个高端人口，至少要有四五个人服务，包括秘书、司机、服务员、保洁员等。但很多市长对这些事都没有深刻的认识，以为来了精英，其他人就不用来了。所以我们不能想着只进精英，精英人口和服务人口一定是1∶4或1∶5的比例关系。让延庆本地人口服务外来高端人口的设想也不现实，首先本地人口的服务素质达不到要求，提高需要时间。其次劳动力成本高。另外，本地劳动人口的年龄结构不适应，况且从长远看，还不如招外地的服务人员，听话又好使，干劲还强。很多地方政府招商引资，都是想着解决本地的就业，但现实往往超出想象。我们经常在理想的方式下设想城市人口的结构，但市场往往不会按照我们的想法来。

精英进来的过程中，会使得人口结构发生特别大的变化。所以在做整体战略规划的时候，如果以县城为主，那一定要明确，到底是为主在形态上，还是为主在活力上，还是为主在人口上？人口结构是什么样的？目标是多少？这是规划的时候必须面对的问题。要说只想要精英进来，那肯定是一厢情愿的，而且精英凭什么到延庆县城来？举个例子，近年来很多外地人去崇礼买房子，但是也有一部分在崇礼县城买房的人后来有些后悔。为什么后悔，在北京和在崇礼县城住的院子不都是一样的吗？但在县城的院子和郊区、山上的院子是不一样的，山上的院子和山下的院子也是不一样的，所以，将来县城的开发也面临这样的问题。延庆县

城，除了生态环境比北京好，没有雾霾，人少了很多外，还有什么吸引力呢？要是山上有房，那些人肯定买山上的。当然，如果县城活力增加，会有一部分人图便宜到县城买房，但富人会到山上买房，这是规律。

如果从旅游的视角看，人口又会是另一种结构。旅游的人只住不买房。像达沃斯，每年几百万人流量，但他们不会在那买房。旅游的人基本是住两天就走，把钱消费在这里，但是不给地方增加更多的公共服务负担，这是全世界旅游地最大的特点：增加流量，不增加常住人口，不增加土地供给，不需要长期的公共服务。可是现在大多地方政府的观念就是要卖地卖房子，要获取土地出让金。要想获得高额土地出让金，当然需要精英和富人来。这种模式早晚会有问题，面临恶性竞争，别的地方政府也在以同样的城市经营方式来卖地卖房子。但是卖了房子等于资源永久的出让，而且还要附带永久的公共服务。因为没有房地产税，所以后来的政府在这方面没有收益。

所以，对延庆县城未来的发展战略来说，几个问题要分析清楚：第一是人口数量，第二是人口结构，第三是追求人流还是常住人口数量。只有明确了这些重大思路问题，才有可能对现有的资源、环境和外部性条件进行深入分析。

## 二、靠农业改变延庆不现实，工业也受限制

从产业上看，首先，延庆的农业是小规模的，解决农民收入没问题，另外作为旅游附加的点，每个季节都能提供一些点，可以丰富旅游内容，但想带动整个区域发展，靠农业改变延庆是不现实的，不能作为主导。比如葡萄，大兴采育镇的葡萄不比延庆差得多，而且也在搞以采摘为主的夏季旅游。天津也有葡萄，河北怀来、昌黎也种葡萄，所以延庆并不具有绝对优势。①

---

① 背景：延庆县2014年7月29日，承办了每四年一次的世界葡萄大会，并在县城西侧、张山营镇东侧搞了一个占地3000亩的世界葡萄博览园，建设了科博馆、智能温室、北门附近的薰衣草园以及葡萄田里的景观葡萄和百年葡萄藤等38处参观项目。7月25日正式营业，门票60元。据地方政府官员的介绍，现在维护成本很高。县里还有归原乳业、德清源等农业龙头企业。

第二，即使结合旅游的农业，比如采摘，也不太可能带动延庆的经济。因为采摘有季节性，农产品的特性、农业的季节性决定了就收获的那几天旅游可以参与进来，过了那几天就完了，其他时间怎么办？旅游不是一天两天的事，是全季节甚至是全年的事，要考虑三个月、六个月乃至整年的情况。再比如说樱桃，北京门头沟的樱桃沟非常不错，但由于空间规模和集体管理的权限所致，现在要扩大也很困难。虽然那里品种很多，土质条件也很好，适合种各种樱桃，但其他地方复制有很大的困难。例如，牡丹江的响水大米在全国非常有名，过去也是贡品，现在也是国内大米的精品，可是就只有那五万亩地，想增加太多，难度很大。包括昌平的苹果，虽然大面积种植给农民带来了致富，但是一方面政府还要有大量的补贴，另一方面，在现有的经营规模和体制条件下形成不了产业。

第三，中国的小农经济环境下，不可能形成大规模的全国销售网络。不像美国的加州，土地规模经营，面向全国的销售，通过良好的运输系统，从西部销往东部，所以，可以形成产业化经营。但在中国很难做到，小农经营的模式、种植业规模以及各地的品牌竞争等，需要多年的培育和创新。所以不要想延庆的农业能有很大的突破。

第四，农业是要政府部门补贴的。门头沟的樱桃现在不用政府补贴了，但其他区县、其他农产品都还要补贴，而且补贴数目还不小，这也是农业的特性。北京的农村多了，现代农业也很多，昌平的小汤山，搞花卉种植搞了多年，还是赔钱的。

所以，不能觉得延庆的有些农业看起来还不错，就把个别现象当成普遍规律。即使想把农业和旅游结合，那也不仅对旅游要了解，对农业本身的情况也要了解，才能得出来一个正确的结论。农业很难让地区富起来，农业只能解决农民致富的问题，大部分地区的农业带动不了产业，这是现实。

二产尤其是传统工业，延庆县非常明确肯定做不了。从北京市政策和延庆旅游资源、生态资源看，延庆不适合大规模发展二产，尽管二产税收多，这是属于未来控制的产业，高科技的产业可能有，但这是未知数，至少相当一部分传统工业肯定不能来，所以二产在整个未来延庆发展战略中，不占主导地位。

## 三、服务业是延庆未来的重点，要整合打造海坨山大景区

首先，北京处于逆城市化的过程，城区人口向外流动，这是周期性的，每星期、每季节都有。城区人口不停地向外流动，有的是想远离拥堵和雾霾，寻找新的改善型和享乐型居住地，就是我们讲的寻找第二住所，现在北京这种情况非常明显。第二是休闲、旅游消费，这个趋势也非常明显。第三，不仅是个人消费，机构的向外迁徙也是趋势。最近北京调查中央国家机关及各企事业单位在北京有没有土地需求，新增的企事业单位、总部可能要从主城区向外转移，这些机构的需求也是要考虑的。北京2000多万的人口的未来休闲旅游消费和置业的需求，以及机构的搬迁需求，决定未来延庆战略对应的选择。

对于第一类人，怎么接纳这一批人作为第二居住地呢？比如大海陀山，如果能在那买房，也能滑雪，那他们肯定不来县城买房，这代表了北京一部分人的消费需求。

对于第二类人群——休闲旅游的人口，要想他们会不会到这来旅游，用什么方式、什么产品吸引这些人来旅游，这需要对本地旅游资源进行分析，通过打造一个突出的重点，大量游客被这个点所吸引的时候，可能带动周边其他的第二个、第三个以至于更多的点。目前八达岭长城已经是旅游重点，但是到八达岭的游客绝大部分是国内外的观光游客，他们到了八达岭就会返回，不会继续停留在这里。因为他们的观光旅游选择性很强，一定是世界级或者是国家重点的旅游观光景点，这种观光一般都是看完了就走，停留在这里的机会极少，而且目前在延庆也打造不出这样和八达岭相媲美的旅游景点。从旅游人口和旅游目的地看，延庆所需要的肯定不能以观光为主的旅游群体，更需要的是以休闲度假为主的旅游群体，而这个消费群体基本以北京的常住人口作为依托。所以，需要选择一个出关以后在延庆足可以停留一天以上的休闲度假旅游景区，应该在未来延庆的发展战略中占有十分重要的位置。

休闲度假可以包括很多内容，也是近些年中国旅游最新兴的产业。

我们要考虑到如何利用全国的各种假期，黄金周、小长假、周末假和寒暑假甚至包括带薪休假。要考虑到游客想看没看过的地方，要做没做过的事情，或者做天天都想做的事。在这方面，申办冬奥会给我们提供了非常好的契机。目前来说，如果海陀山作为冬奥会高山速降和超级大回转的比赛场地，那就意味着在延庆的滑雪场地上具有了可以和亚布力、北大壶还有河北崇礼相媲美的冬季旅游优势。如果在海坨山建立了国际水平的高山滑雪场，可以大大带动延庆的冬季旅游。而海坨山的冬季旅游的优势还在于起点高，场地难度大，距离北京近，这些优势都是其他雪场不具备的。如果我们抓紧时间在一两年内建立了海坨山雪场，形成冬季旅游的趋势，然后再向夏季延伸，延庆的休闲度假旅游的条件十分成熟。

延庆景点很多，包括龙庆峡、大小海陀山、玉渡山、松山、官厅水库等，但为什么旅游人少？我们的品牌宣传、市场营销、投资主体上，都存在很大的问题。除爬山的人外，全北京知道海陀山的人不太多，延庆在这方面几乎没有宣传，一是没有认识到海坨山的品牌价值，二是也没有遇到好的机遇。其实政府在制定一个地方的旅游发展战略是要花功夫的。玉渡山非常漂亮，松山也很好，但是如何结合到一个点上去，进行整体宣传、重点宣传？建议像河南嵩县白云山的战略一样，把玉渡山、松山与大小海坨山整合在一起，对外就叫海坨山休闲度假风景区，整体进行宣传①。

品牌营销的前提是有投资主体，谁去做这些事？政府去做还是市场去做？例如，密云的古北水镇，今年五一试营业，开始的时候星期一到星期五都没人，星期六星期天有少量人流，现在完全不一样，周末人爆满，周中人流不断，这就是市场的作用，一个企业的投资就把当地的区位条件改变了。当然，这其中有偶然性也有必然性。偶然性就是企业家选择了那里，据我了解，这个企业在北京周边的很多地方都考察过，有的地方条件很好，体制不行，后来才去了密云古北口。必然性就是已经

① 国家发展改革委城市和小城镇改革发展中心2010年开始编制《河南嵩县战略策划》，提出把当时的白云山、木札岭、天池山三个景区整合成白云山景区，串联起资源，作为一个整体对外宣传，次年白云山获评5A景区，2014年9月29日，被列入严禁党政机关开会的21处景区之一。

有现成的资源，例如，司马台长城和周边的地貌条件。由于投资的企业进行了景观移植，把浙江乌镇的旅游形态进行整体搬迁，并植入了北方和全国其他地区的古镇以及历史建筑形态等要素，利用当地的司马台长城为依托，在这个点上形成了综合性的旅游要素的集合，现在已经成为北京郊区著名的新景观。预计今年十一国庆假期至少带来十几万人次的流量。有了投资主体后，我们也要适应企业的要求，企业不会白来的，它要考虑到盈利。所以必须要进行一系列艰苦的谈判，包括给多少地，给什么地方的地，可以让他们做什么等，要考虑到企业可以有什么收益？体制问题怎么处理？如果解决了这些问题，投资规模也足够大，投资设想也足够达到预期，那旅游的整个内容和影响力就会发生根本的变化，这就是市场的作用。

## 四、坚定战略目标，以点带面突破

在某一个点上突破，招商引资引对了，带动作用也就形成了，然后再解决其他问题。因为到那时候一定会带来各种问题，比如人多了就有交通问题。从北京城区到延庆经常堵车，这个交通问题怎么解决？要规划几个重点的交通路径，另外网状的普通公路交通格局也要列入规划。昌平通向延庆还有很多二级和三级公路，例如，从东花园出口绕行北京，镇边城和长峪城通向门头沟的路，大概要走 2 个多小时。如果把通向白羊沟和刘村镇的路等贯穿到延庆，穿山洞修二级、三级公路都可以，就可以把北京出行的一部分小车流从高速路引过来。这样既进出北京方便，也可以通过网络状的交通体系建立，带来周边的山村收益。如果都修高速，最大的问题是只给某些点带来收益，可是要想给面上带来收益，就需要整个网状公路的设置。怀柔雁栖湖的山吧，就是在神堂峪和濂泉响谷附近双向两车道的山路旁发展起来的沟域经济。延庆的网络交通，也可以发展出几条这样的旅游路线。

当一个总体的旅游发展目标和定位设定后，既要通过自身来解决问题，也可以向上级政府提出总体的政策要求。比如，交通建设的规划制定后，资金怎么解决？哪些需要中央支持，哪些需要北京市政府的支持？

自己如何配套？或者怎么样解决民资、外资的投入问题？外资或者民资来投资，政府会给人家什么政策？是给块地还是其他的配套等。这些都是可以考虑采取的办法，而不是像过去那样，没有明确的目标，即使是要钱，也不见得要到点子上。

过去这些年，有些问题县里是看到了，但在发展模式上，还没有明晰的路径，甚至还是在传统的套路上。其实很多年，北京都在强调控制发展工业，但这些年各区县还在发展工业。因为工业税收来得快，解决财政的增长很见效，也会带动 GDP。所以很多郊区县，尽管生态很好，也要发展工业，整个发展思路就在工业、旅游和农业之间进行徘徊，没有十分清晰明确的路径。

前些天我去牡丹江，当地希望我帮助他们制定旅游的发展规划，特别是重新激活镜泊湖的旅游。我去了以后感觉，其实镜泊湖湖面的旅游，已经没有什么优势。但是在湖水流向牡丹江的出口处，有一个吊水楼瀑布，景观价值很好，但是 9 月份去的时候就已经没有水了，瀑布的价值大大降低。没有水的原因是当地有个水电站，10 万千瓦的装机容量，因为要发电，就要汛期内放水，来维持发电。水在汛期都放掉了，就两个月的汛期，其他季节当然就没有水了。我提得非常明确，建议把水电站拿掉。就 10 万千瓦的水电站，如果关掉或者放弃汛期发电，吊水楼瀑布观赏期可以维持整个夏秋甚至包括冬季，这样就会大大提升镜泊湖景区的景观价值。在水电和旅游可能带来的改变中，地方政府可以做个选择，这 10 万千瓦的电，每年的收益基本都留给水电站养职工福利了，可是旅游带来的变化是不可衡量的。一个是定量，一个是变量，你做哪个？还有当年在崇礼也面临着在旅游和风电之间进行的选择。由于当时县政府举棋不定，直接影响到两个大的雪场的投资。可是风电马上就可以给县里提供每年 2000 多万的税收，而旅游滑雪市场的前景还看不清楚。县里难以抉择的还有风电是国电项目，签约在先，建风电塔的路都修好了。由于县里最后选择了生态和旅游的发展路径，放弃了风电，并对风电选择的投资点进行了空间置换，给雪场发展提供了空间，才有了今天能够有条件申奥的机会。

延庆城镇化进程中，第一产业作用降低是趋势，但不能放弃，因为会给农民带来致富，并可以提供一些旅游辅助性配套。传统二产发展道路已经没有了前景，无论是从北京市的发展战略还是从延庆自身的生态立县的战略，都需要调整思路，走新型高端的工业化道路，但是暂时并没有机会。确定第三产业和服务业为主导发展目标，符合延庆生态立县的基本战略思路，有利于旅游业带动型的导向。当休闲度假旅游形成规模后会带来大量的人流、信息流，并通过交通资源的再配置，就肯定会带动高端的投资。因此，一旦高端产业进入，一旦旅游业带动了全县的景观、面貌和设施更新之后，在交通瓶颈问题解决以后，主城区外迁的机构向这里搬迁也就具备了非常好的条件。而延庆最大的优势是空气，没有雾霾，就可以得到充分的发挥。

目前最大的问题还是交通。在未来几年，借助世园会和申奥的机会，延庆交通会有大的变化，高铁、高速都会修，那么在修之前的三四年，我们做什么样的准备工作？就是明确生态旅游的战略目标，相应地进行招商引资。

在品牌营销和宣传上也要作为重点，要做预热，宣传策划。对延庆，大家只知道龙庆峡等传统旅游景点，连北京人都很少知道玉渡山、松山等，延庆的资源怎样对外形成重点品牌？怎样能调动北京人来这里度假休闲？做宣传的办法很多，比如搞登山大赛、山地自行车等健身旅游，把这些能和北京人结合在一块的活动搞起来，是很好的宣传，在这种过程中，再把重点旅游要素综合起来，要让大家知道未来延庆有什么，那么现在的制约问题、消费问题就会迎刃而解。只要做到了，市场的各类要素就会自动进入。

目前我能考虑到的，容量大、有参与性的、能够形成规模的，就是大小海陀、玉渡山、松山等，因为这里既包含了冬季旅游因素，也具有夏季旅游的优势。如果把松山和玉渡山整合成一个海坨山风景区，然后对外重点打造一个品牌，可能宣传效果会好的多。如果冬奥申办成功的话，而且也在海坨山办的话，也会利用冬奥会的品牌迅速形成国际和国内的影响力。玉渡山风景区非常漂亮，尤其是夏季，但现在从山下上玉渡山，要绕好多弯，至少远了四五公里，可以考虑结合夏季旅游，调整交通规划，把缆车修过去或者打通隧道。只有把交通搞好，才有利于发挥玉渡山夏季旅游的潜力。

关于龙庆峡的旅游，可以作为延庆的旅游副中心。但是要进行体制上的改造，要实行引进战略，改善旅游配套设施，更符合现代北京人的旅游需求。而且也要考虑从观光演变成参与性旅游，国际和国内有很多好的经验，也有好的投资主体，可以引进战略合作者。难点在于如何做通当地的工作，而且要有一个痛苦的谈判过程。而大海陀的发展非常有前景，休闲、登山、滑雪和度假旅游，也可以结合奥运进行体育观光。各种旅游要素齐全，冬夏秋各种季节都可以利用，这在全国也不多。当前的重点是战略思路确定了，相应要解决交通问题、宣传问题、市场营销问题、投资主体问题，重点打造品牌问题，等等。

农家乐也还得搞，那是有利于富民的，但是有一条，政府要加强培训、安全教育、食品卫生教育，也要引导其在饮食上形成品牌特色。不要一到郊区都是一样的农家菜，在旅游饮食上下功夫，要形成品牌特色和优势，做出来后会有一系列的结果。旅游涉及吃喝玩乐，还有住和行，如何提供配套设施，如何增加对旅游的吸引力，各方面都要下功夫。我记得到昌平去，阳坊有涮肉，蒋礼村有驴肉和豆腐宴，县城附近有鸽子食府等，在吃的方面很有特色。延庆这方面肯定还有差距。要增加对北京旅游业的吸引力，还要在饮食产业和购物产业上下功夫。在大的旅游重点确定好之后，再进一步考虑到葡萄博览园、葡萄酒交易中心和其他的农业设施项目，发挥其配套的功能等。

制定发展战略一定要找出优势、瓶颈和未来的最大增长点，从问题导向入手，找出来之后就进行攻关，逐步解决发展瓶颈的问题。

## 五、旅游战略引领下需要做城镇化的改革探索

这个过程还要探索改革，有多重的，包括农业的、农村的，怎么激活农村土地，不再是靠政府主导，在城乡要素交换过程中，激活农村的宅基地，吸引城市居民到这里来置业，有大量的文章可做。这可能有政策的限制，是不是选择一个或几个村进行试点？城里人可以到这里买房，政府给配基础设施，这过程中，市里怎样做、农民怎样弄、规划怎样做，

都需要考虑好。政府不是去强制搬迁，而是提供服务。农民的要素，城里人的要素，只有结合起来，才能激发活力。

内部资源和外部资源没有有效结合的话没有办法激发活力。企业投资也是一样，给什么样的政策，解决哪些问题？比如，松山归市园林局管，和海坨山是两个管理区，体制能不能突破？如果这两个管理区体制突破了，怎样整合？现在企业家来了，首先看地方的政策，不只看这两个山之间，还有闲置的国有资源，有些资源也不是县里的，所以这些事该怎样做，需要一些改革上的探索。

北大青鸟集团的这个项目①，新房虽然价格低，但村民所有的生活方式全变了，和以前住的房子不一样了，而且以前住着不花钱，现在生活要花钱，如水费、电费等，农民生活成本增加了，且不是小数目。第二，他原来住着的房子，可以随时翻建，现在这样，原来的房子可能二三十年后就不行了，到时候村民怎么办？总书记最近有个讲话，是关于农村集体土地改革的思路（附件2），在这个问题上我们要严格按照总书记讲话精神，调整自己的工作思路，在尊重农民权益的基础上，进行改革的探索。很多人不了解农民，不了解农村地权的事情。让村民搬新房最大的问题，一是生活成本支出增加了，二是房子毁了，也没地建新房。要是农民自己有自主权，他们可以自己盖楼，在符合规划的前提下，想盖什么样盖成什么样。但按照现在这样，政府主导强制性搬迁，农民任何的自主权都没了，会伤害到农民的长远利益，也不符合中央城镇化政策精神。这是一种长期以来的政府心态，政府以前拿农民地比较容易，但现在不行了，而且将来面临的事情越来越多。过去30多年，农民不太了解这些事，不太清楚自己的权益。现在不好弄了，做工作难做了。政府往往站在自己的角度认为村民占了便宜。但村民并不这么认为，村民认为自己的土地在政府或企业投资之后，升值的预期更高。

农民集中搬迁被迫上楼，这是城镇化政策中要纠正的大事。总书记

---

① 延庆县与北大青鸟集团合作，计划投资100亿元做八达岭长城区域的旅游资源总体开发，集团想租下八达岭镇岔道村里村民的房屋，建设八达岭长城旅游集散地和索道，由政府和村集体介入，村民把原来的住宅租给村委会，村委会统一租给政府，政府转移给公司，并在别的村给村民盖房子，以每平方米两三千元的低价格卖给村民。但目前还有30多户的村民工作没有做通，项目受阻。

在中央城镇化工作会议讲话中专门讲了农民被上楼的事，属于地方的偏差。但这并不是没别的事可做，比如，在未来的土地制度上，是政府开发还是村集体和村民自己开发？有大文章可做。如果什么事情都由政府来做，就比较麻烦，本来政府可以不掺和，让公司自己和村集体谈判，农民商量。过去很多年都是通过乡镇政府做，虽然推动作用很大，但现在就不行了。本来是市场化的，政府干了，味就变了。这次在未来可能进行的城镇化改革中，在人口城镇化进程和土地城镇化过程中，政府应该处于什么样的角色？总书记讲话特别讲到了土地问题，特别强调了三权问题（附件2），至少在目前一段时间内，关于农村土地的政策是不会有太大调整的。

## 附件1：延庆县简介

延庆县地处北京市西北部，县城距北京德胜门74公里，气候独特，冬冷夏凉，素有北京的“夏都”之称。境内海陀山主峰海拔2241米，是北京市第二高峰。总面积1993.75平方公里，其中，山区面积占72.8%，平原面积占26.2%，水域面积占1%。县内有Ⅳ级以上河流18条，年可利用水资源总量1.9亿立方米。

延庆县是首都生态涵养发展区，为首都北京的绿色屏障和后花园。境内有松山、玉渡山、野鸭湖等12个国家和市、县级自然保护区，湿地面积近100平方公里。2012年，全县林木绿化率达到73.5%，大气主要污染物和可吸入颗粒物年均浓度全市最低，每月空气达到二级和好于二级天的数达87.8%，空气质量居全市第一。

延庆县人居环境优良。县城建有9座公园，占县城面积近20%，绿化覆盖率达到50.84%，人均公共绿地面积48.59平方米。妫水公园占地面积6000亩，其中有5000亩水面，是北京最大的水上公园。

## 附件2：习近平主持召开全面深化改革领导小组第五次会议：农村土改要尊重农民意愿

据新华社电　中共中央总书记、国家主席、中央军委主席、中央全面深化改革领导小组组长习近平9月29日下午主持召开中央全面深化改革领导小组第五次会议并发表重要讲话。中共中央政治局常委、中央全面深化改革领导小组副组长李克强、张高丽出席会议。

会议审议了《关于引导农村土地承包经营权有序流转发展农业适度规模经营的意见》、《积极发展农民股份合作赋予集体资产股份权能改革试点方案》、《关于深化中央财政科技计划（专项、基金等）管理改革的方案》，建议根据会议讨论情况进一步修改完善后按程序报批实施。

农村土地流转，不能搞行政瞎指挥

习近平在讲话中指出，我们要在坚持农村土地集体所有的前提下，促使承包权和经营权分离，形成所有权、承包权、经营权三权分置、经营权流转的格局。要尊重农民意愿，坚持依法自愿有偿流转土地经营权，不能搞强迫命令，不能搞行政瞎指挥。要坚持规模适度，重点支持发展粮食规模化生产。要让农民成为土地适度规模经营的真正受益者。不能片面追求快和大，更不能忽视了经营自家承包耕地的普通农户仍占大多数的基本农情。

农民股份合作，防止侵吞农民利益

习近平强调，积极发展农民股份合作、赋予集体资产股份权能改革试点的目标方向，是要探索赋予农民更多财产权利，明晰产权归属，激活农村各类生产要素潜能，建立符合市场经济要求的农村集体经济运营新机制。搞好这项改革，一项重要基础工作是保障农民集体经济组织成员权利。要探索集体所有制有效实现形式，发展壮大集体经济。试点过程中，要防止侵吞农民利益，试点各项工作应严格限制在集体经济组织内部。我国农村情况千差万别，集体经济发展很不平衡，要搞好制度设计，有针对性地布局试点。

# 从城镇化大趋势看深北区域的未来

2015年8月8日，李铁应邀出席《南方都市报》主办的"'生态深北·深圳城市生活新方向'论坛"，作主题演讲并参加互动对话。李铁表示，未来珠三角人口向深圳、广州两个方向聚集是不可避免的，深圳、东莞发展一定会向郊区化转移，深北的发展将取决于市场提供的多样化选择和政府改善交通的进度。以下是李铁演讲和对话观点整理。

## 一、我国城镇化处于快速发展期，会带来对房地产的巨大需求

我国城镇化处于快速发展期，最近有人说中国房地产市场处于低谷状态，我不认同。我国和其他国家不太一样，日本有1.3亿总人口，城市化率达到90%多，已经饱和了，而我国有13.68亿人口，城镇化率才54.77%，户籍人口城镇化率还不到40%，无论是现在城镇中2亿多农民工的存量，还是未来将从农村转向城镇的2亿多农业转移人口的增量，以及8000多万的城镇间流动人口，他们要租赁住房，抑或是购买住房，都会带来对房地产的巨大需求。

很多人说中国的人均住房面积已达30多平方米，是不是饱和了？可是这个面积里包括了大量农村的住宅。在未来的城镇化进程中，大量进城人口会对城镇空间里的房子产生大规模需求，而农村的房子将会过剩。这点和欧美国家不太一样，因为这些国家城镇化基本上饱和了。

---

本文是李铁在《南方都市报》主办的"'生态深北·深圳城市生活新方向'论坛"上的演讲整理，载于城市中国网，2015年8月25日。

## 二、人口向大城市集聚的趋势是不可逆转的

关于都市人口的发展趋势，中国和世界其他国家一样，人口向大城市集聚的趋势是不可逆转的。为什么我们要谈特大城市？中国千万人口以上的超大城市有六个，包括北京、天津、上海、深圳、广州、成都，其中上海和北京是超过2000万人口的城市。深圳和广州都是一千万以上人口的城市，实际上是两个特大都市，加上800多万人口的东莞，相当于一个超过3000万人口的都市群，这对整个区域未来的人口、就业和产业的格局，对房地产的发展，将会产生深远的影响。我们了解人口聚集的规律，特别是我们国家有13.68亿人口，广东省有1个多亿的人口，在这么大的人口基数下，人口向大城市聚集的趋势是不会改变的。

我们看到世界上不同规模的城市吸纳人口在1970～2025年的变动状况，其中，1000万人口以上城市吸纳人口的比重在1970年是2.88%，1990年是6.33%，2011年是9.88%，预测2025年将是13.57%。而其他规模城市所吸纳的人口，集聚态势远不如特大城市。因此，特大城市未来的人口态势是聚集的、递增的，是快于其他城市的，这会对深圳及周边地区的发展，对整个区域的房地产市场有正面的影响。

## 三、城市服务业发展滞后，工业主导的局势没有发生根本变化

需要强调的是，虽然我国人口规模大，但是我们也有短板，就是服务业。2014年，我国服务业增加值占GDP的比重是48.2%，服务业就业占总就业的比重是40.5%，而发达国家都达到了70%及以上。例如韩国，服务业增加值占比是工业增加值占比的1.5倍，而服务业就业占比是76.4%。我们再看深圳，虽然城市化率是100%，已经没有农业了，但是服务业增加值占比和服务业就业占比才一半多；广州服务业增加值占比是65%，服务业就业占比56%；北京相对高一点，服务业增加值占比是77.9%，而佛山、东莞都有较严重的问题。可见，我们特大城市的发展

与未来人口集聚的趋势还不太适应，还需要一个比较长期的调整过程。

为什么要讲这个？因为城市化的显著特点之一是工业会逐渐远离城市。由于人口密度增加，城市土地的利用价值也在增加，工业支撑不起这个成本，而且工业污染会对城市产生负面影响。发达国家的工业都不在大城市内。

但我们看深圳，两千多平方公里范围内，有1000万人口，但是大多数人口包括外来人口的就业还是以工业为主。这是目前产业结构中存在的较大问题。由于我们以工业为主，所以我们的土地产出率就比较低。可以看到，东京、首尔、香港平均每平方公里大概有5万美元的产出，但深圳是1.3万美元，差距较大。

我们的服务业占比即使已经接近50%，但高端服务业有多少呢？我们看大学的数量，首尔有38所大专院校，香港有38所大专院校，深圳加广州才有43所，如果再将东莞考虑进来，3000万人口的城市群才只有49所高等院校。从这里可以看出，我们还处于工业化发展后期，工业主导的发展格局没有发生根本的变化。这决定了我们的住房供应结构也没有办法及时进行调整，因为人口结构决定未来的住房需求结构，也决定未来房地产的发展结构，我们不能想象所有的外来农民工会到这儿来购买每平方米万元以上的商品房。

## 四、珠三角特大城市的服务业会逐渐替代工业

未来的珠三角，人口主要向广州、深圳两个方向聚集的趋势是不可避免的，这是因为特大城市有强大的虹吸效应。随着产业结构的调整，珠三角特大城市的服务业会逐渐替代工业，这会给整个人口结构调整带来非常好的预期。

机遇在哪里？香港服务业向深圳转移，这是必然趋势，深圳在一定程度上会对香港的服务业进行替代。全世界的移民城市都是活力很好的城市，比如香港、新加坡和澳大利亚的城市，大量的移民是创造城市活力的重要源泉。深圳也是一个移民城市，其自身活力在全国也是最优的，同时深圳创新能力的提高，更意味着深圳服务业发展有巨大的提升潜力

和空间。

促进深圳服务业更好更快的发展，首先要转变城市发展观念，认可外来人口在城市中发挥的作用。外来人口中有农民工，有从事服务业的大学生等，所谓的“广漂”、“深漂”，他们是最具有活力的人，怎样让他们在深圳安居下来，对深圳人口结构调整、产业结构调整、住房结构调整会带来巨大的机遇，这需要我们在户籍制度改革上有更大的举措。

其次，要调整土地利用方式，降低服务业发展成本。现在的土地产出率过低，未来土地存量调整应是政策重点。我到深圳来，有一个很深的印象，即土地资源配置效率不高，有大量形象工程，这些似乎是为了和房地产配套，但我们到其他国家和地区，到韩国首尔、到日本东京、到欧美国家看一看，像我们这样搞形象工程浪费土地资源的不是太多。采用现在这种发展模式，会抬高城市发展的成本，城市的包容性会大大降低，包括深北的这些城市，可能也存在用地投入和政府投资上的浪费。现在的城市发展中，形象工程和传统工业在空间上形成了视觉的对比，在各种工程投入上造成了巨大的反差，严重影响未来的城市发展，也是债务增加的原因之一，希望政府在发展中调整自己。

怎样提高土地利用效率？传统产业调整也能释放巨大活力，包括我们经常提出的“腾笼换鸟”政策，实行产业转型。调整传统粗放型的工业和城市发展模式，实现紧凑型的城市发展，不要把摊子铺得特别大，要提高人口密度和资源配置效率。我们知道产业空间调整面临众多的压力，例如征地拆迁等，会造成很大的麻烦。其实问题不在于是否麻烦，而在于我们制度有没有做深入调整，关键是方法要对。

再次，要改善交通配置状况。大家都知道北京和张家口刚刚成功联合申办了2022冬奥会，从这个故事可以看出深北的发展机会。五六年前，北京制定环首都绿色经济圈规划的时候，选了14个城市做试点，但后来这些试点并不成功，反而是远离北京200多公里的国家级贫困县崇礼，由于近几年滑雪产业发展迅速，成为2022年举办冬奥的主会场之一。以前北京人去崇礼滑雪受到交通的制约，后来北京修了一条高速公路过去，通到崇礼县城，此后崇礼滑雪人数从几万一下子增加到十几万人，跟着就有多家高档酒店的进驻，有了这样的接待能力后，就可以承办大型赛事。因为依托北京，崇礼的滑雪市场旺盛起来，因为有了滑雪市场，有了北京人到这里来滑雪的大量需求，就改变了这个地方的地产格局。申奥成功那天我正在崇礼，听说当天有一个楼盘的价格从9000元/平方米跃升到12000元/平方米。

另外一个例子是长白山。近几年，万达集团在长白山投了差不多二百亿，长白山哪儿都比崇礼好，唯一的不足就是与大城市的距离太远，从北京到长白山要坐飞机，到那儿还要住豪华宾馆，滑雪成本就很高。但去崇礼的话，开两个多小时车就到了，也不一定住高端宾馆，可以住老百姓家。

深北不在深圳市区，在深圳的北边，原来叫郊区，一线区、二线区、像龙岗、坪山等。过去这个地方过多地发展工业，所以交通配置和现在的人口结构还不适应。我听人介绍的时候，其话题一直聚焦在高速公路上，但高速公路是给谁用的呢？是给有车的人用的。对于城市交通而言，什么样的交通更方便呢？是轨道交通。我们看全世界各大城市郊区的铁路长度，东京是2013公里，伦敦是3650公里，纽约是3155公里，巴黎是1867公里，而北京才77公里，轨道交通决定了整个城市核心区和郊区的发展方向。

如果未来要把深北当成重点发展的区域，轨道交通严重滞后的话会影响到它的发展。我们去东京郊区开会，从中心区坐轻轨半个小时就可以到达，陪同的日方人员开完会回家也是坐轻轨。如果开车的话，不但要收高速费，还要收停车费，但是坐轻轨的话，什么都不用带，因此，他们上班、下班也都坐轻轨。你说哪个成本低？无论是中国的大城市还是世界的大城市，发展轨道交通是基本的规律，而我们在这方面严重滞后。

## 五、特大城市服务业外溢有规律，应满足多元化的需求

当一个特大城市的人口聚集以后，这些人要寻求新的消费点，这个就是服务业外溢的过程，他们的选择是有规律的，不会选择同构的地方，他们有多元化的需求。那怎样满足和大城市不一样的需求呢？深北的发

展，会给深圳的市民提供什么样的地方，让他们到这里来？能提供什么样的产品和服务，这就取决于多个因素：一是市场；二是交通。我们能给所有到深北发展的人、置业的人提供市场化的服务，市场化的服务可以引起我们很多的想象。我作为市民到这里来，能满足我看的东西还是满足用的东西，能满足消费的需求，还是满足休闲度假的需求？满足的选项越多，成功的机会就越大。我想深北的发展将会向这一趋势发展，深圳的发展、东莞的发展，一定会向郊区转移，因为城市和郊区在整个面向需求的供给上会提供不同的选择。

## 六、深北区域的发展空间仍然很大

有人说，深圳的空间存量没了。我不是特别支持这个观点，因为我们的改革并不到位，而且还有大量的低效工业用地可以调整。我们可以看到，东京人口仍然在集聚，接近东京中心的区域，有些七八层的楼房照样还在搞更新。

（1）深圳近 2000 平方公里的土地中，有大量的工业用地，通过更新还有非常大的空间，所以“存量没了”的说法是不成立的。

（2）深圳人口还不够多，密度还不够大，还没有到向外辐射的阶段。核心区人口密度越高、辐射越快。

（3）特大城市的最佳辐射区是半径 30 公里范围内，这是世界城市发展的一般规律。日本人到中国的大城市来投资房地产，只选择半径 30 公里范围内的区域。我今天去了东莞的黄江镇，正好离深圳核心区 30 公里，这个区域内会比较有发展前景。在北京以天安门开始算，半径 30 公里范围延伸到河北的地方只有一个燕郊镇，但那边的房价比北京便宜一半还要多，有点像黄江。

（4）边界不是那么重要。北京和河北的边界区域，发展水平上并没有太大区别，如果不考虑户口的差别，那在公共服务上也没太大的差别。

作为深北区域的房地产开发，如果把珠三角的轨道交通建立起来的话，会改变城市的空间结构，整个房地产的发展空间就会特别大，这是非常重要的。就像张家口申办冬奥会，申奥成功后给大家一个非常明确的信息，就是从北京到张家口的高铁在2019年将通车，坐高铁40分钟就可以到达。而且还会再修一条高速公路，修通后从北京到崇礼大概有170公里，开车差不多一个半小时就可以到。有这样的预期，那里的房子能不升值吗？同理，如果黄江未来的交通预期发生变化，房价也会迅速发生变化。

## 七、互联网时代的房地产将形成“跨界”的新模式

对房地产商来讲怎样做到不一样？现在每个城市的房地产模式基本都是一样的，休闲的、旅游的模式太多了。现在全国的房地产大概有几种模式：第一个是视觉化模式，好看不一定好用，到了一定时间就出了鬼城，现在全国出现了很多鬼城。第二个是王健林的万达城市综合体模式，过去房地产是满足住的需求，综合体模式把消费的、文化的需求结合在一起，最近的五到十年，大的开发商都在搞综合体模式。这类综合体有的在老城区，有的在新城，现在小到50万人口规模的城市都在搞。但最近王健林的投资模式要从重资产转向轻资产，为什么？因为综合体覆盖很快，而需求有限，全国50万人以上的城市也就六七百个。

现在到了互联网时代、智慧时代。我们过去关心的住房基本上包括家具、洁具、厨具、书房、装饰材料等，这些东西司空见惯了，已经满足不了我们的需求了。在互联网时代，我们家庭里的各种电器产品，能不能实现更新，并通过互联网把他们都连接起来呢？其实部分已经能做到了，比如远程医疗。今年7月份我们在北京举办的智慧城市国际博览会上，就有这样的产品展示，病人躺在家里的床上，相关设施可通过互联网与医院直接相连，医院可以实时掌握病人的所有数据。过去看电视是播什么我们看什么，现在我们可以自己选择，比如我想看CBA，没看到直播，我就可以看回放；关于物业管理和收费系统，以前没电了得去柜台缴费，天然气没有了要去柜台缴费，现在都直接可以通过手机来缴费。现在北京洗衣服可以用手机软件叫人直接上门取送。还有，家里用的水壶，是否可以实现在办公室通过手机来操控？家里所有的电器，

是否可以做到智能化，人进来就打开，人不在就切断，把耗电降到最低？

所谓智能化、市场化的服务，“互联网+”和“房地产+”，已经摆在我们面前，我们知道这个社会已经发生变化了，我们在座所有人都离不开手机了，现在不是面对面交往，是天天用手机在微信上交往，手机上每个 APP 都是你的功能，家里也有很多的功能都能通过手机和你连在一起，使我们的家庭、地产、物业管理连在一起。

我们参观过日本柏之叶智慧城，现在已经开发了 5 万平方米的面积，入住人口 2.5 万人，规划容纳 20 万人口，主要目标是降低能源消耗，因为日本能源短缺，所以特别重视降低能源消耗。所有的电器都连接到智能控制中心实行智能化管理，有一个建筑专门做能源储存系统，白天不用的能源都进入到储存系统，到晚上就释放出去，每个家庭每天用电流量都通过智能中心监测，然后根据每个家庭的用电习惯自动调整整体的用电容量。

我们的智慧城市不光有这些，我们的家庭缴费问题、物业服务问题、洗衣服等家政服务问题，都可以和网络联结在一起。如果是 10 万平方米的社区，住几万人，这个社区的网络资源就可以连通大数据，通过大数据可以把公共服务植入进去，由智慧社区向智慧城市迈进。

日本这个智慧城由一个公司整合 25 个大企业一起，共同投资形成了目前的智慧发展模式，他们来到中国找到我们想进行合作。我想我们在互联网环境下创造的房地产产品有不同的模式，可以超越传统的第一代视觉模式和第二代综合体模式，在中国领先 10 年、20 年甚至 30 年，这会带动整个产业的发展。它囊括互联网、地产、金融、交通、民生服务等，可以是“1+1”模式，即 1 个智慧服务加一个地产模式，也可以是“2+1”模式，即实现智慧平安和智慧交通管理加房地产的模式，还可以实现“X+1”的模式，未来会带来很大的变化。

我们关心地产，大概不外乎关心这几方面的内容：一是价格，当然是我们最关心的；二是能否满足我们多元的需求；三是地理空间和交通配置的结合；四是独特性。未来的地产还会在很多方面做出改变，比如一个手机，手机里有那么多的软件，可以满足不同的功能，其实我们的住房和手机是一样的，每个家具都是一个软件，给你提供的“软件”就相当于给你提供的服务。当然和过去不一样的是，过去的地产商不搞研发，但现在的地产商要搞研发了，过去的地产商不管其他建筑材料，但现在要和别人联合了。所谓的“跨界”，即不单单搞地产，也要和互联网、电器供应商、电力公司进行跨界合作。另外一个是“分享”，过去是卖完房就走，现在要把整个利益组合起来，和所有的参与者进行分享，最后就可以形成独特的发展模式。谁在这方面占了先机，谁就将领先于中国，甚至领先于世界。

# 规划中如何体现发展特色

去年春天去张北考察，当时看出了比较多的问题，原来规划比较粗放。但已经投了这么大的资本了，怎么来调整规划？这是一个很困难的事情，不仅仅是张北县，在全国也非常普遍。所以，我们第一个想法是如何在现在规划调整中建立止损机制。如果按照原有的模式再继续上项目、再继续规划开发、再继续扩张，地方债务会越来越大。

第二个就是调整发展战略，找出张北定位的重点。如果仅从整个内部的农业挖潜、改造、招商引资，恐怕很难从根本上改变张北的面貌，一定要结合其作为北京经济圈里头最重要的一个区域来定位。张北的优势是雾霾少，夏季旅游非常有前景，还有草原音乐节已经形成了非常广泛的影响，再有就是张家口申办冬奥会有很好的机会。北京到张家口的高铁开通以后，有更多的北京人到这里，高端消费可以到崇礼，中端消费人口群会到张北。所以，根据这些来调整张北的规划，根据北京老百姓未来休闲度假的需求，我们提出了打造“新避暑山庄”。特别提出要限制工业，特别是污染工业的发展，真正作为旅游休闲度假的定位，来调整发展思路。

在这种角度下，我们重新编制张北规划。突出在现有粗放规划的前提下，怎样提高效率，建立止损机制，也从其他地方学习到非常好的经验。

张北县是外部性极强的地区，外部因素分析非常重要。

（1）旅游因素。季节性旅游是全世界的普遍问题，在这块要提出如果张北是季度性旅游，会带来什么变化？张北和北戴河、和承德相比，它的优势在什么地方？其实夏天北戴河和承德根本不凉快，真正凉快的

---

本文是李铁在《张北县新型城镇化发展规划》评审会上的发言整理，2014 年 3 月 14 日。

就是张北，所以它未来有潜力。

（2）交通区位条件变化的影响。张家口申办冬奥会以后，今年高铁动工，2017 年建成，到时候北京到张家口只有 40 分钟，然后到崇礼县。将来大量的人口到崇礼，崇礼接待不下，是不是空间上会往张北延伸？这是一个非常重要的空间条件变化的分析。

（3）人口结构分析。如果张北针对北京的人口置业形成新的避暑山庄，当地的城镇化率会提高吗？我觉得提高的可能性不大。真正让农民进城，要增加 8 万人，需要什么样的产业？进到县城，县城能不能接纳？县城的基础设施是不是匹配？临县的崇礼也面临同样的问题。我对崇礼曾提出意见，其实真正解决当地农民的还是下面的一些小城镇，而不是县城。

未来张北可能会形成面向北京人口的置业型的城市，可能有大量北京人来购买住房，但是外面的人来买，只是季节性去住，而不是永久性居住。在全世界一些大的旅游地，像佛罗里达，就是冬天去的人多，夏天的房子都空的；像荷兰的海牙、西班牙东海岸，很多都是季节性的。这个统计和本县人口的城镇化率并没有一个直接的关系。所以，这是一个在规划中一定要考虑的问题。

（4）我们这些年千城一面的格局，是政府主导地产开发的模式导致的。在已经形成的老县城 37 平方公里的老地方，现在土地的问题在哪里呢？由于地产升值，中小企业发展不起来。政府一找开发商，就开发得一模一样。没有个性化设施，另外，服务业发展不起来。

县城可探索小块出让、开发的模式，既有利于城市形态，也有利于服务业发展，又有利于城市的文化传承和沿袭。中小企业投资土地搞服务业会使资产变成稳定的收入来源，这是世界城市发展的基本规律。比如台湾，为什么台湾那么多小吃一直延续到现在？因为台湾开发商只能开发一栋楼，严格限制大规模、大面积的开发，这样富了一批中小企业家。到台湾不是去看城市的，是去看服务业，为什么我们没有？因为都被地产商开发掉了，中小县城需要去研究这种模式，旅店业都可以发展起来。为什么地方政府不愿意做呢？因为麻烦，卖一块地很方便，可是小块地的出让，要跟无数人打交道，政府不愿意。如果国土部门在这方面能做出创新，总书记讲的留住山水乡愁的事可以解决了。

# 天津武清区发展新思路

谈武清区的发展不能就武清谈武清，而要从京津冀协同的角度和经济社会发展规律的角度去谈。

总书记提出了京津冀协同发展的要求，三地也比较重视，但事实上仍然存在很多问题，主要原因是京津冀竞争的基本格局没有改变。北京也要保增长，保证投资、财政税收，需要靠不同类型投资带动经济增长，只不过投资结构和津、冀有所不同，会进一步加大服务业、高端投资。武清想从北京吸引更多资源，存在很大难度，尤其是武清要发展的产业与北京基本处于同构状态，比如高端产业、信息产业，同样注重环境和生态。

## 一、武清地处京津两大城市之间，区位不具特别优势

武清处于两个特大城市之间，可能会承接部分外溢的产业，但实际上武清区位条件并不是特别有利。区位条件和武清类似的地区有很多，像河北的廊坊、香河、三河、燕郊、霸州、固安，永清、怀来、张家口等地，随着京津冀协同发展，这些地方竞争会更加激烈，因此，并不是特别有利于武清。

武清虽然交通比较便捷，但是位于两个特大城市的连接地带，双城之间的人口快速流动（比如高铁）不意味着人流和物流会在中间地带聚集。我们看日本的阪神工业带，包括东京和名古屋之间的工业带，是历

---

本文是 2014 年 10 月 28 日李铁与天津市武清区区委、区政府主要领导座谈的讲话整理，载于城市中国网，2015 年 1 月 8 日。

史上形成的产业连接带，与我国的珠三角相似，大量工业入驻的时候不计成本、不计代价、不计环境，因此，形成了连绵的形态。但京津不同，北京管控很严，北京周边工业没有发展起来，而天津周边乡镇企业发展起来一部分，但呈现的是点状，京津之间并没有连起来。在这种情况下，快速交通不利于双城之间连绵带空间格局的形成，尤其不利于在中间缓冲地带的停留，虽然不是绝对，但我们不能过高估计武清的区位条件。

特大城市的辐射范围一般为30~50公里，设想半径30公里的经济圈面积约为2700平方公里，假如1平方公里有1万人，总共大约有2700万人。东京都市圈面积为1.1万平方公里，约3600万人，基本集中在东京核心区。我国特大城市的人口聚集程度远远不够，只有特大城市密度达到一定程度后，才会呈放射状向外延伸。日本6次进行全国综合国土规划，也提出把城市产业外迁，事实上，人口依然在向核心区聚集，北京也不可能避免这一规律。武清距北京市核心70多公里，距天津市核心40多公里，从这个角度看，向天津靠拢更有可能，同时也要在区县竞争格局下做好自身定位。

当然，区位条件分析并不绝对，中央政府行政主导力量很强。中央已经明确提出新增的企事业单位不能在北京，北京市内的优质资源也要向外溢出，北京市内土地成本很高，发展也会受到规划的限制。在京津冀协同发展中，新增事业单位、优质总部资源外溢等会选择周边地区，比如建立大学新校区、附属医院等。即便如此，50公里以外的区域也不是好的选择，北京市未必会把优质资源迁到河北、天津。

分析好京津冀协同发展背景下的区位条件，在此基础上发展产业，对此要有一个客观清醒的认识。

## 二、武清应定位中等城市，防止规划尺度过大

目前武清城区约50万人口，区域约110万人口，按新标准处于50万~100万人口的中等城市区间，中等城市发展的定位非常重要。50万人口的城市，就业应放在首要位置上，进一步加快工业化进程很重要，产业的定位也非常重要。

城区规划尺度和人口密度要符合城市发展规律和经济规律。全国中等城市的规划尺度普遍偏大，服务业发展严重滞后。比如下朱庄新城，居民出行一定要开车。我国大量的房地产大院规模都不小，房地产对城市道路的切割非常严重，市民行车只能上主干道，造成堵车。日本、韩国的城市没有像我们这样的房地产大院，他们的开放型路网密度很高。房地产大院把城市切割了，公共空间的尺度过大，能增加就业人口的服务业空间也大量牺牲。此外，尺度过大导致基础设施成本过高，道路、管网配套、运营维护成本过高，土地使用效率过低。

我们在资源短缺、人口过多的前提下进行城镇化，更要学习日本、韩国的模式，而不是美国。美国有3.18亿人口，大概是中国人口的1/4，但是可利用地大概是中国的2倍。目前武清土地资源稀缺，土地指标紧张，对土地资源的有效利用是很大的问题。在武清未来发展中，人口规模、产业结构、人口密度、基础设施规模效应、服务业发展等各方面息息相关。

城市化发展到一定阶段，工业要远离城市，城市周边土地价值更高，对环境要求更高，选择新区降低发展成本比较现实。但在这个过程中，城市生态如何认识？这些年很多城市加大力度发展生态，但是一个好的环境不应该只是停留在视觉上，而应该追求效率。这与我们过去20多年对城市环境的认识有关，我们认为新鲜的空气、良好的绿化是生态的城市，而国际上，提高资源配置效率才是生态的本质，包括增加更多步行、降低资源消耗等。我们看到很多城市在土地资源利用、基础设施配置上普遍存在浪费。如何实现真正的生态目标，提高城市内部的资源利用效率是很重要的理念。重新认识可持续发展对生态的要求，未来需要通过倒逼机制的引导，改变过去视觉生态的建设模式。

## 三、未来如何吸引外部资源进入

（1）认清武清区位中的优势和劣势并存。虽然处于京津双城的30公里范围之外，但是行政力量比较强，地价比北京低很多，在环境上也下了很大功夫，京津大专院校、企事业单位新增机构搬迁可能有一定的机会。借力天津的公共服务水平，政府公共服务能力高于河北，而武清地价不高，因此，在同等条件下，武清比河北其他城市的吸引力更大，可以通过公共服务能力再塑造，吸引一些企事业单位来武清。

北京学区房的价格达到每平方米二三十万元，买十平方米就需要两三百万。武清的教育资源能不能差异化满足北京市民的需求？北京市民的其他多元化需求在武清的空间内能不能得到解决？处于北京 70 公里之外，武清能提供的服务北京会不会替代？这些都是要考虑的问题。

（2）重点考虑市场主体的需求，增加便利性，降低成本。作为市场的主体，公司或事业单位是否愿意搬到武清，他们要考虑上班成本、是否方便、居住空间内消费是否能解决，最重要的是平日的基本消费，包括经济消费、文化消费等。要考虑在一定范围的空间内，武清能为北京人提供什么，这很重要。

（3）武清在生态环境方面优势不明显。北京和天津在生态环境上比武清好的地方很多，像怀柔、密云、昌平、延庆等地，都是有山有水。武清处于平原地带，与北京南部一样，没有生态优势。武清的水资源是优势，但缺山，只靠水资源，总体上没有多大的优势。

（4）武清在工业企业招商引资方面有优势。目前武清招商引资力度强，但苦恼于没有地。世界上大量的工业企业靠近消费地，比如，苹果在中国投资，是因为靠近消费市场。武清土地成本和公共服务水平优于河北，距离两个大的消费地比较近。因此，在产业选择上，尤其是工业选择上，武清相对河北有比较大的优势，相对于天津也不是劣势。但有一个问题需要考虑，武清与天津市区也在同构竞争，该如何平衡其与滨海新区的竞争？滨海新区有大量路网已经投入，但很多土地尚没有开发，与预期形成比较大差距。在这种情况下，武清应该吸取哪些教训，发挥什么优势？

（5）武清发展旅游服务业要综合考虑。服务业发展需要提高城市人口密度，过去的规划模式不适合发展服务业。武清的旅游业优势不大。现代旅游分两大块，一块是观光旅游，如大量的历史名胜古迹或者自然景观。历史名胜一般与帝王、宗教相关，武清没有人文古迹。有价值的自然景观，比如河南白云山，风光好，一进去可以玩两三天，但武清没有。另一块是休闲度假参与式旅游，满足多次往返。与北京近郊相比，武清也不具备太大优势。武清应综合考虑观光、度假、休闲、餐饮、购物等方面，增加一天中旅游的内容，延长游客消费时间，增加消费次数，提高旅游业的特色和吸引力。武清正在吸引六旗游乐园进入，那么，怎样跟北京环球影城、古北水镇、欢乐谷等地形成区别？主题公园在京津之间很有吸引力，但必须搞得好，否则容易成为烂尾项目，一定要是世界最先进水平。快速交通对主题公园消费带动作用大，武清有很大优势。

## 四、武清城镇化要解决规划、土地等问题

（1）目前武清的规划有一个问题：规划档次太高。城镇化过程中，人口向城市迅速聚集后，要解决就业问题，需要考虑农民进城和外来人口进城所需要的空间和便利。我明确提出意见，宅基地换房不要建成纯居住社区，而要结合产业发展规划，提供多功能的社区。纯居住的社区，像我们现在看到的小镇都是几栋大楼，生活不方便、成本增加。我们看过去繁荣的小镇，楼房并不高，街道也不宽。我们需要考虑如何在农民进城的同时规划小镇的功能和景观问题，以及人口结构对城镇的不同需求。大量的城市只提供中看不中用的规划，我们应该在规划中调整模式，针对富人、穷人、白领、蓝领等各种不同人群的需求进行规划。

（2）土地问题。按照十八届三中全会要求，未来城乡土地同权，政府收回一部分增值部分。海淀区有一个城乡土地同权的探索，第一次把集体土地交给农民处置的同时，民生银行给贷款 6 亿元，集体土地直接抵押，抵押的估值适当低于国有土地。如果集体土地可以抵押，意味着集体土地入市速度会加快。武清是否可以向海淀区学习这种模式，在集体土地上建设一些产业园区，当然仅限于工业用地。这一路径的探索是很有价值的，20 世纪 80 年代，乡镇企业发展就是在集体土地上开发的。这个问题如能解决，土地的指标瓶颈就能解决，还能降低征地拆迁的成本，解决农民的就业问题及财产性收益。

（3）如何建设产业园区？产业园区核心问题是提高利用效率，要探索在集体土地上建设产业园区，并实行智慧化管理。所谓智慧，一是通

过市场而不是政府的投入；二是跨界合作，由开发商、运营商、IT 企业、银行、金融、保险各企业共同参与开发和管理；三是植入互联网和金融的要素，提高效率。和过去产业园区的同构竞争模式相比，智慧园区的优势是土地、区位、公共服务，加上现代化的智慧元素，通过土地改革，成功的可能性更大，而不仅仅停留在图纸层面的规划，在实践过程中有可能形成新一轮的变革。

# 白沟新城发展战略

## 一、白沟由市场自发形成，避免过度行政干预抬高成本

白沟在历史上曾经过了三个坎，最早是“黄赌毒”，中间是“假冒伪劣”，最后是环境污染，这三个坎儿过去了才有白沟的今天。白沟经历了一个由低成本发育带来的迅速增长的过程。

白沟新城的未来发展，最怕的就是政府过度行政干预。如果领导一拍脑袋，说白沟级别要上升，把它变成整个地区的行政中心，这就毁了。到时候，盖办公大楼的钱、修各种行政管理机构的钱、所有按照行政长官的要求进行规划的费用、所有的道路和基础设施标准大幅度提高等需要的钱，还有公共服务支出增加、管理运营成本增加需要的钱，实际上最后都会转化为经营者的负担，企业必然会把成本转移到产品上，那东西就贵了，贵了就没人去买了，市场就完了，这是全国市场兴衰的一个基本规律。

白沟是在完全尊重市场规律的基础上发展起来的，艰难挣扎走到了今天，如果成本大幅度增加，仅靠现在这点产业支撑不了，只能大规模招商引资，那样的话白沟的特点就都没了。本来是由市场自发发育起来的二十来万人的城市，将来能达到 30 万人，市场很繁荣，如果非要把它做大做强，做成像地级市、省会城市那样，那反而使得门槛抬高了，外来人口也都进不来了。

我们要对白沟未来的城市定位提出意见，要给产业留出生存的空间，

---

本文是李铁会见白沟新城党工委书记张海的讲话整理，2014 年 11 月 13 日。

但现在政府就要“高大上”，看图纸、看规划 3D，虽然看着眩目，其实都是忽悠领导的。白沟是个小城市，是在最传统的市场基础上发育起来的，到目前为止，不同水平的市场还在那儿并存，不全是高大上的。

## 二、以综合性战略规划谋求白沟转型升级

我的基本思想是，城市需要规划，路得修、管道得铺建，但怎么修，本届政府不能给予太多的要求，否则下一届领导来了有另一套思路的话，到最后不知所措。白沟应该有点独特的味道，跟别的城市不一样。作为京津冀协同发展的一个点，先要把交通规划做起来。白沟和北京的距离说近不近，说远也不远，但交通却不是很方便。交通规划不只是建高速，还可以考虑：是不是要建铁路？什么样的铁路最适合？要不要修快轨？这些都值得商榷。

在旅游方面，现在政府想和白洋淀旅游结合起来做。但白洋淀自身的旅游也是一个大问题，别给过高的估值。原因在哪里？因为中国水面旅游现在基本上发育得不是特别好，水上旅游参与类项目过少。考察国际的水上旅游，一个是海滩，而白洋淀没有海滩，另一个是湖面旅游，基本上都是游艇，但又不是大众旅游。有同事夏天去白洋淀，才半天时间脑袋就大了，说晒晕了，在水上转一圈也没什么可看的，所以全国好多地方原来想以水打造旅游品牌的设想都让我们给否定了，因为景观单一没有可看性，也没有参与性。如果白沟想和白洋淀旅游结合起来，需要考虑到底用什么方式？白洋淀现在的水面旅游肯定没戏，因为，水面旅游有季节性，冬天水面旅游就不行了。为什么很多人去崇礼旅游？崇礼最大的好处是冬天可以滑雪，夏天可以避暑。

我们看古北水镇，为什么能在密云那儿做起来？一是有司马台长城当背景，借着长城，北方与南方建筑融为一体，又有水库，把水道建立起来了；二是离北京近，从市中心经高速驾车过去一个小时就到了；三是它和乌镇不一样，它既有山又有水，有山和水就把景观塑造得更好，再结合大城市消费，所以它搞得挺好。古北水镇开始设计时大概投资了 60 亿，占地 9 平方公里，整个镇的一砖一瓦一木，所有的房子、窗户、

门，全是老板自己采购、自己规划的。

在人口方面，要把未来人口的增长速度和规律找出来。第一，人口规模不能规划过高，要根据原来的增长速度确定，要清楚原来每年增长多少人？第二，人口结构要有考虑，是商人、小贩，还是当地农民、外地农民？现在还有一大批外来人口，他们未来的居住形式怎么考虑？（白沟新城党工委书记、管委会主任张海说：白沟区域还是以商贸为主，到2030年我们常住人口就控制在30万，现在常住人口有16万，其中本地老百姓有53000多，加上流动人口共20多万，不到30万，每天的流动人口10万左右。）

从产业发展上说是很难规划的，因为我们不知道哪天会来什么产业，因此，不一定要做产业规划。我们应研究未来怎样发挥优势，怎样提高资源配置效率，怎样配置行政资源，怎样配置基础设施资源，怎样通过交通网络体系的改变促进产业发展，怎样和周边旅游点结合，等等。

规划应更多放在战略层面，我们得考虑未来投入的能力和成本。比如说行政中心要放在这儿，大概要增加多少成本，将来的税收从哪里来，怎样来解决公共服务问题，对土地地价将会产生什么影响，这是更实际的综合型分析。白沟怎样发展，上面有要求，当地也有需求，管委会自己要有一个判断，以可掌控资源来进行配置。

## 三、考虑国际化道路，重塑白沟整体形态

白沟是不是在未来可以走一条国际化道路？比如，天津的佛罗伦萨小镇，是香港的南丰汇投资建设的，他们投资的奥特莱斯，第二期将在武清建设。比较而言，从北京去武清有高铁，比从北京到白沟更方便，但是在佛罗伦萨小镇购物肯定没有白沟那么便宜。和佛罗伦萨小镇比起来，白沟最大的问题是视觉感不好，购物街洋不洋、中不中、土不土。反观武清的佛罗伦萨小镇，购物环境跟高档商品结合得特别融洽。白沟将来的形态是什么样的？它怎样和购物环境结合，怎样打造国际品牌，怎么和国际管理理念结合，都是要通盘考虑的。

今年十一长假期间，从北京去佛罗伦萨小镇的多达20万人，不光是

去购物，还有的同时去旅游、休闲。白沟现在缺的就是这个，在规划中只考虑了实用性，而视觉效果不足。我倒不一定主张搞得多么洋气，但是购物环境的打造特别重要，高档品牌需要什么购物环境、中低档品牌需要什么购物环境，这要进行精心设计。

城市的面貌也要改变，这个改变要和未来发展趋势相吻合，和未来的国际化道路吻合。比如在周边建一所白洋淀小镇之类的，外地人到这两个地方，能停留一两天时间，不光是在那儿买东西，还要把休闲和旅游结合起来。所以白沟将来在打造购物环境、购物空间的时候也要综合考虑，不能仅仅停留在产业、市场上。如果有各种不同类型的景观建筑，大家购物的同时又能欣赏，还有各种饮食、各种服务，这才叫真正的城市。

未来白沟的形态塑造改变后，会有更多的发展空间。我们还可以利用中国和德国、意大利、法国、英国等的国际城镇化合作平台，把白沟作为一个基地，与欧洲好的产品、技术、市场结合起来，给白沟更大的提升空间。

# 发挥生态和旅游优势，走可持续的城镇化道路

2014 年 9 月 19 ~ 20 日，应牡丹江市人民政府的邀请，李铁前往牡丹江市考察调研，并做“实创大讲堂：新型城镇化发展战略”的专题讲座，结合牡丹江发展的现状和问题，解读新型城镇化发展战略。本文的主要观点根据李铁专题讲座、与市领导座谈以及实地考察的内容整理而成。

## 一、改善区位条件，扭转发展思路

区位条件亟待改善。牡丹江的区位条件相对较差，距离经济中心城市、沿海及内陆中心城市较远，而其交通发展也相对缓慢。如牡丹江市距离哈尔滨、长春和沈阳分别为 300 公里、550 公里和 800 公里，距离大连港口 1180 公里，而距北京 1700 公里。这也是制约牡丹江市发展的重要问题。如果不改变交通，不完善交通设施的配备，区位条件将难以改变，像镜泊湖及相关景区这样好的资源也难以发挥出优势。交通是改变区位条件的一个核心要素，通过交通设施的完善，来缩短和中心城市间的距离，进而改善区位条件。牡丹江高铁通车后，从哈尔滨市到牡丹江市从原来的 5 个半小时变为只需 1 小时 6 分钟，这将大大缩短牡丹江和区域特大城市间的距离。区位条件的改变，一定会吸引大量投资，还将吸引人流、物流、资金流和信息流，有助于将现有资源优势的潜力挖掘出来。如果高铁能延伸到镜泊湖综合景区，必能给旅游业的发展带来机遇。像河北崇礼，今天能申办冬奥运，也和当年高速公路修建后带动了大规模的旅游投资有直接关系；而长白山机场的修建对于改变长白山旅游景区

本文根据李铁前往牡丹江市考察调研时的主要观点整理，2014 年 9 月。

和全国之间的交通联系也产生了重要的影响，并影响到投资者的信心。

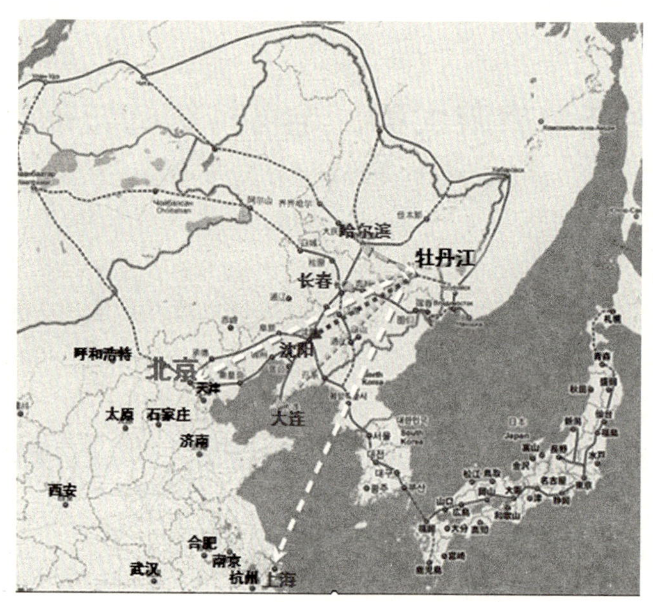


**图1　牡丹江市与一些城市的空间距离示意图**

传统的“工业招商、房地产补偿”的发展模式亟待扭转。首先，牡丹江的商业很发达，各种设施配套也较完备，但是在发挥城市功能、调整空间结构方面，却走了一些弯路。如果继续按照传统的方式，招商引资、发展工业、卖地搞房地产，以获得高额的土地出让收入，然后再弥补工业招商的成本、投入基础设施建设，如此恶性循环，城市空间规模不断扩张，总有一天牡丹江地产销售的预期会超出辖区280万人口的需求能力。事实上，目前从南城发展的形势看，房地产销售面临的困境已经越来越明显，沉重的债务已经给政府资金供给带来了压力。

突破传统的工业带动型发展模式，走生态旅游的发展路径。产业发展的未来要根据客观形势和条件来分析，要抓住一个核心问题：什么能带动牡丹江的发展，改变其根本面貌，又是什么能撬动GDP杠杆？如果按照传统工业带动发展的模式，工业的发展和保护丰富的旅游资源禀赋的要求是矛盾的。黑龙江省最大的资源是矿产资源和生态资源，而牡丹江最大的资源肯定是生态资源。过去利用生态搞森林采伐和加工，现在森林资源的枯竭使得森林保护的形势愈加严峻。在这种以生态资源为主的地区，如果发展工业，肯定会和保护资源禀赋的要求形成矛盾。即使大规模地招商，试图引进工业企业，又怎样和哈尔滨周边的城市竞争？如果招来不好的工业企业，反而破坏环境，得不偿失。因此，必须根据自己的资源特点和区位条件，研究新的产业发展思路。牡丹江最大的优势在于生态资源，而生态资源在城镇化高速发展的进程中，会对未来的旅游业和服务业发展带来更多的潜在机会。

发展生态旅游，不等于绝对排斥工业。当生态和旅游带来了大量的信息流时，对于产业选择的机会也会增加，可以从被动招商变为主动“选商”。而且如果城市具有了好的生态和旅游条件，交通设施也有了明显的改进之后，一些高端的工业企业，也会自动选择到这里来投资。

## 二、城市规划既要突破定式，又应注重细节

城市规划要突破规划模式和定式。制定因地制宜的城市发展战略和规划，要突破以往只请规划专家来做规划的路子。因为规划专家往往是从概念上、理论上按照规则来制定规划。如果牡丹江要走“生态立市”的发展路径，要以旅游业为龙头，单靠规划专家很难规划好。因为他们自身对旅游的理解远远落后于实践者，并不了解现在旅游发展的多样性，他们难以有旅游爱好者的切身体验。只有旅游爱好者和投资者，具有丰富的旅游和投资经历，才直接代表着市场的需求。因此，要改变传统的规划路子，大胆突破原有的规划定式，找一些旅游爱好者和投资者参与进来，吸取他们的意见作为未来规划的基础。

牡丹江的城市规划要注重居民的全方位需求。从滨江景观带来看，其道路利用和景观设计，都带有强大的主观色彩。一是沿着牡丹江南岸的滨江带，江岸堤上已有绿化带了，却还在绿化带和建筑带的道路中间修了宽宽的绿化带。这不仅造成了景观上的重复，而且浪费了土地资源，同时还要增加绿化带的维护成本。二是沿江到底是不是要修景观带？是不是要考虑在江边提供更亲和的公共设施，而不仅仅是把江边宝贵的空间资源和土地资源全部作为绿化带？其实江边有很长、很宽、敞开的公共空间，可以设置方便居民生活的多种用途。我们很多的规划设计被认

为“中看不中用”就是这个道理。例如，在绝大部分城市，15～40岁年龄层的人没有活动空间，没有篮球场、足球场、排球场，本该惜地如金，却修建了宽宽的景观带，不仅没有发挥出空间效益，反而还增加了维护成本。再对比一下韩国的做法，韩国首尔的汉江，堤岸边铺的是塑胶道，更多的面积用的是廉价草皮，跑步、骑自行车、聚会活动、踢球甚至家庭休闲憩息，都很方便。而国内的绝大部分城市，在河流两岸的公共空间中，都严重地忽视了居民生活方便和多用途利用的问题。其实，多用途的利用不仅成本比修绿化带要低，而且能产生更高的效益。三是忽视了长长的景观带所蕴藏着的就业空间。作为一个休闲憩息地，在江边散步、游玩，还要吃喝、烧烤，如果规划了酒吧、咖啡厅等场所，那至少可以解决上百个就业岗位。这样既解决了就业，又方便了居民，还拉动了游客多元化的消费需求。发达国家在提供公共投入的过程中，必须要考虑到可以带动多少个就业机会。如果没有考虑每个空间可能提供的就业岗位，那么规划将很难通过。我沿着牡丹江沿岸走，发现这里确实可以根据居民多方位的消费和休闲需求，提供可观的就业岗位。这一点恰恰被严重忽视了。四是沿江岸的绿化带，如果仅仅是考虑到景观和视觉效应，当然现在的规划也就可以满足了。可是我们在考虑观赏性的同时，更要考虑到运动、漫步等休闲利用。我发现每走到一座桥前，景观带都被大桥切断了，健身和休闲活动的通畅性和长度就此中断，这说明在城市规划中，我们的主观愿望和设计理念在人的需求细节上的考虑严重欠缺。

可见，城市规划怎么来提高资源配置效率？怎样才能真正做到以人为本？这里有太多的细节要注重。市长和规划师不能只站在主观角度上考虑“我能给你什么”，而是要站在用户的角度上，事先替用户想到“他需要什么”。

**图2　牡丹江滨江带的绿色带**

**图3　首尔汉江边的绿地**

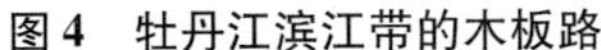

图4 牡丹江滨江带的木板路

图5 汉江边的自行车道

据介绍，牡丹江要修快速铁路的客运专线，我就想起了在很多城市为了减少成本或者为带动新区发展，把高铁站修到城外很远的地方。高铁本来就是实现高速快捷的交通，方便乘客快速地乘用，快速地来去。如果高铁站修到城外，上车下车增加了各半个小时的路程，高铁的快速功能就会有部分被抵消，还要增加乘客的成本。如果将高铁站建在城市中心，和城市内的各类交通工具整合，既可以节省时间，降低成本，还可以通过大量人流的聚集，带来周边土地的升值，发展服务业。例如，日本东京站是世界上设计最成功的交通站点。东京高铁站设在城内，离日本皇居就1公里，可以说是绝对的市中心，而且通过立体的交通网络系统，将人流集中在此，带动地下商场的繁荣。我当然希望，牡丹江或者其他准备修高铁的城市，应该排除一切阻力，力争把高铁修到市中心地带。从长远看，这会给居民和社会，甚至给高铁运营者带来长期的综合收益。另外，对于牡丹江来说，决不能搞豪华型的车站形象工程，而要力排众议，建设实用型的高铁车站，实现方便、快捷的出行方式。

图6 日本东京地铁站

其实城市规划一点都不复杂，就是让人在城市里能享受到城市生活的便利，让城市未来的发展目标和人的生活建立密切的关系。城市化最重要的两点就是以人为本和可持续发展。对于每个人来讲，生活是不是方便？就业收入有没有增加？子女的教育问题是否已解决？想进城的农民在进城方面还有什么障碍？公共财政是否解决了百姓生活中最需要解决的事情？这些都是要靠我们自己的生活感受来体会的，这些才是城市化的实质。从城市的管理者角度来看，如果所有的规划都考虑到这些细节，是不是我们对城市的管理和治理水平就能更加人性化、更加以人为本？

## 三、摒弃行政控制手段，释放中小城市的发展活力

据说牡丹江市要撤掉宁安和海林两个县级市，准备划为市辖区。研究城市多年，我认为这个决策如果没有出台，要慎重考虑。目前，我国许多大城市，利用自己的行政管辖权，习惯于“撤市（县）设区”。虽然各有各的目的，有的为了“要地”，有的为了“整合发展空间”，有的则是为了“向城区靠拢”，当然也有的初衷是为了“控制县市错误行径”，但最终都剥夺了这些中小城市发展的权限。牡丹江提出“牡海宁同城化”，要将海林市、宁安市划成区。虽然“矫正发展模式”的出发点是好的，但是在制度上并不可取，会产生错的作用。这样做，只会削弱县市的活力。

首先，撤市设区并不能改变这些独立城市的空间存在状态，只是在行政管理上和一些统计上可以改变很多数字，但是很难做到事实上的“同城化”。虽然两个城市距离牡丹江市城区都不远，只有十几公里，但是作为总人口280万人的辖区，剔除其他区县所吸纳的人口，还想把这两个城市间十几公里的距离都填满，并非易事。因为按照面积算，填满需要解决上百平方公里的产业、人口和基础设施建设，按照牡丹江几十年的发展历程，很难实现。因此，从长期看，两个划区的市仍然还是独立的空间主体。

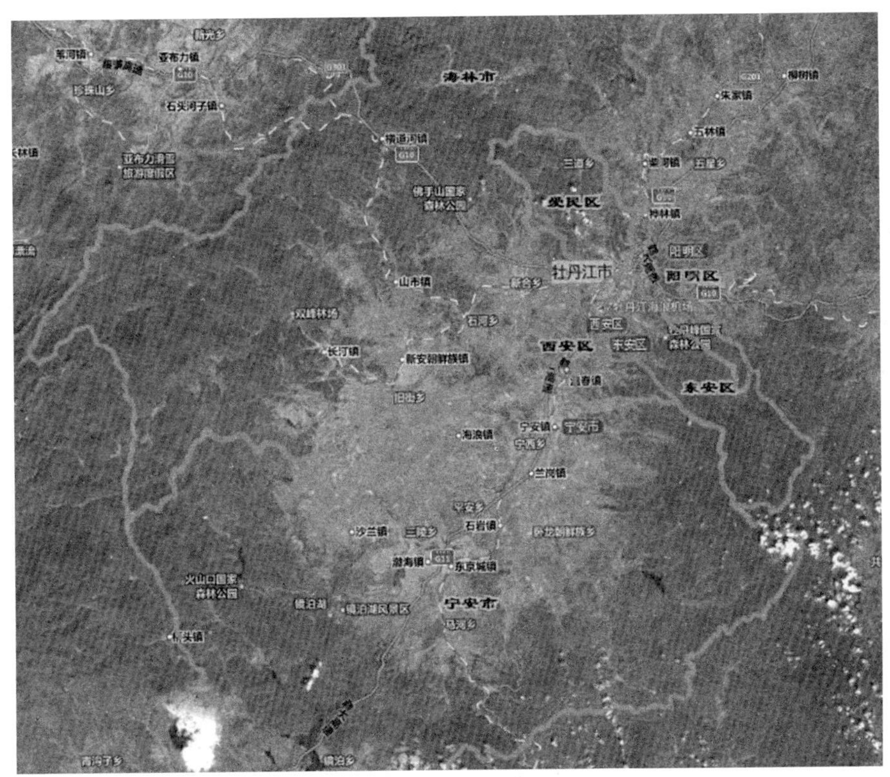


图7　牡、海、宁示意图

县市本就是独立的城市，也是《国家新型城镇化规划》力图要促进发展活力的中小城市。虽然这几个城市过去沿袭着传统的发展模式，和牡丹江市争资源、同构竞争，但是其原因在于两点：一是上行下效，二是行政主导，而且目前这些城市也都面临着同样的困境。在传统模式走不下去的情况下，必须倒逼着调整发展方式。市里帮着县市矫正发展思路，可以通过基础设施资源的再配置来调整它，提出牡丹江统一的发展思路来影响它，而不是采取剥夺县市发展权限的方式来约束县市发展的错误行径。这种决策如果以“矫正错误行为”为目标，会产生另一种效应，本届市长的做法是对的，但下届换人了，做法却是错的，那这种管控方式不就越来越错吗？再者，上边决策的想法是对的，那么下面各机构想的一样吗？通过行政划区，他们对这些中小城市增加了管控权，是不是会更加束缚了基层城市的手脚呢？因此，牡丹江在城镇化试点中要考虑到如何激发中小城市的活力，而不是管控，要符合改革提出的放权让利的精神。所以必须要调整发展思路和政策，通过增加市场活力的改革来解决存在的问题，找出一个正确的发展路径。干错的事情，干得越好越失败；干对的事情，即使干得不好，但方向是对的。

赋予中小城市发展活力的同时，如何通过改革来约束其行为？可以调整县市和乡镇间的关系，增加市场和基层甚至农民的反制约力量；可以让农村集体建设用地享有与城市建设用地同等的开发权；可以开展小块土地拍卖，可以制定一系列的政策来约束，还可以通过社会、市场的力量去管制它。这样的改革，才是真正的城镇化改革。

## 四、打夏冬旅游组合牌，发挥生态和旅游优势

牡丹江是个风水宝地，具有非常丰富的旅游资源。尤其是镜泊湖在20多年前就闻名于全国，而如今随着黑龙江涌现出很多像伊春这样的新的旅游景点，镜泊湖的知名度逐渐在众多后起之秀中被淡化，失去了旅游的名气和热度。这点需要深刻反思。诚然，这里有区位条件较差、交通设施相对滞后以及宣传不到位的原因，但是，我们也要看到，当今旅游的内容和方式均发生了变化。过去旅游讲究观赏性，人来得快，走得也快，不会停留消费；而现在是参与式旅游，吸引游客体验快乐，一般要停留好几天，这种定点式的旅游会带来多次反复的消费行为。因此，镜泊湖要尽量挖掘参与式旅游内容，引进其他地方没有的项目，游客在这里既能吃，又能玩，还能体验，最终打造成著名的休闲旅游景观。

当前，旅游类型大致有几方面：一是参与式的旅游消费、休闲运动类的旅游消费；二是激活会议经济，以会议吸引大量的信息流，大量的不同层次、不同行业、不同部门的人流；三是把旅游链条从单季节向全季节发展，激发投资者的兴趣。现在全国有四个地方能形成全季节旅游，分别是三亚、云南、长白山和河北崇礼，但是三亚夏季旅游弱；云南虽然四季如春，但属于观光式旅游，参与性差；长白山管理体制上有弱点；而河北崇礼虽然“零雾霾”，但森林覆盖率不及牡丹江。因而凭借生态优势和资源优势，牡丹江在全季节旅游方面具有很大的挖掘潜力。

牡丹江的旅游策划一定要转变思维方式，不能停留在主观角度，只想着“我有什么”，而是要站在客体的角度，找到消费者的关注点，想想“人家为什么要来”。在夏季旅游和冬季旅游的结合过程中，不仅要把牡丹江的旅游内容设计好，还得把旅游配置路线规划好。

就夏季旅游而言，牡丹江应着力打造三个环节，分别是镜泊湖、火山口森林公园和湿地。第一个环节，镜泊湖的吊水楼瀑布景观，不仅独具特色，而且瀑布村的漂流也可以成为延伸环节。但是目前吊水楼瀑布的水资源和景观资源都被水电项目破坏了。事实上，电力投资的收益只是个恒量，而水资源和景观资源所产生的变化才真正是牡丹江旅游业发展所需要的变量。因此，水电厂一定要搬迁。当年崇礼在风电项目和生态之间进行权衡后选择后者，才有了如今的发展效应。第二个环节是湿地。牡丹江的湿地中，每个湖是独立的，并没有发挥其应有的作为。新修建的引水工程，投资不少，但只是用于种植响水大米。如果能将湿地打通贯穿，把所有的湿地像串珍珠一样串接起来，未来一定能成为全国独一无二、最有前景的旅游点。沿着湿地、芦苇荡游起来后，不再是单一的湖面景观，而是一幅多姿多彩、变幻无穷的山水画卷。同时，借鉴日本水稻文化的做法，通过博物馆、宣传片、种植体验馆等形式，将镜泊湖旅游和周边农业配合起来，将停留在农业种植的响水水稻延伸开来，结合历史知识、农业科技知识，打造响水水稻文化。第三个环节是火山口地下森林。这里不仅蕴藏着丰富的动植物资源，而且有火山爆发形成的地质奇观，是一座天然大氧吧和栩栩如生的地质公园。这里可以构成半天的旅游线路，而“镜泊湖－吊水楼－湿地”又构成了半天的旅游线路。在一天的旅游线路基础上，将响水水稻文化、渤海历史文化、地质文化作为配套的点，这里成为暑期夏令营活动的重要基地。如果再建立徒步路线，策划“长白山－牡丹江”汽车拉力赛、自行车拉力赛等活动，加上现有的高尔夫球运动，那么，夏季旅游市场便打开了。

就冬季旅游而言，全力发挥冬季参与式旅游活动的吸引力。镜泊湖、双峰雪场、湿地和雪乡等都可以成为参与式旅游线路上重要的环节。比如，开展冬季雪上拉力赛项目，加上滑雪、捕鱼、冰爬犁等体验项目，让游客感受到全国独一无二的冰雪欢乐。至于滑雪，要突出高端的服务、优越的管理和优越的设施等优势，这样才能与其他滑雪场形成区别。

## 五、几点建议

（1）因地制宜推进城镇化。牡丹江市要改变城市大规模空间开发的发展模式。在未来的中心城市和县区，把大规模的地产模式，拆分为小块土地开发，比如几十平方米或者几亩地，让农民或中小企业来投资。这样更有利于中小投资者创造新的经营方式，也有助于改变城市的结构，促进服务业的发展。

（2）调整战略思路。在城市新区建立收缩止损机制，遏制其无极限地扩张，改变粗放的发展模式，降低发展成本，提高资源的配置效率，为农民进城和企业进来提供更好的发展空间。

（3）牡丹江要结合生态和资源优势，组合冬季和夏季旅游，改变产业结构。在镜泊湖，可以开展产权置换的工作，并且整合设施资源。

（4）在客专通行的前提下，牡丹江要进一步设计未来的交通方案，做好交通规划的前瞻性研究、旅游线路规划以及交通综合性战略。旅游和交通综合性战略规划要和整个区域的发展战略结合在一起，考虑发展水平、旅游品质以及未来的战略目标。

（5）在完善交通设施的过程中，做好旅游品牌策划和宣传。以市场化的方式，委托外地的团队，寻找主题故事，利用网络、微信、电视等手段，加强宣传，扩大影响。

（6）要尽可能向上争取政策，利用好民资、外资，修建铁路，完善交通设施。

# 关于济宁市任城区战略与智慧城市发展规划的建议

受山东省济宁市任城区人民政府委托，国家发展和改革委员会城市和小城镇改革发展中心承担了《济宁市任城区发展战略规划》编制工作。2014年12月18日，任城区区委书记张辉率队来城市中心交流战略规划并介绍任城区近期发展新情况。李铁在交流中提出关于任城区战略规划编制与智慧城市发展的几点建议。讲话整理如下。

作为一个百万人口的城区，任城区的发展和其他拥有相当规模人口的城区有一定共性，战略规划应根据国内外城市发展的普遍规律和发展导向来编制，并着重关注两个方面：一方面是城市管理者面临哪些发展的迫切问题，另一方面是城市居民希望解决哪些难题。所以任城区发展战略规划的编制一定要遵循以人为本、可持续发展、创新发展这三个方面。这三点涵盖了国家新型城镇化规划的核心内容，也是针对过去30多年高速增长中出现的问题、经验和教训提出的。

## 一、规划必须坚持以人为本

首先，强化人口特征分析。要针对任城区未来人口发展的趋势和结构、收入增长等一系列问题提出思路和方案。现在其他地方不少规划考虑的是产业园区有多大，城区空间有多大，基础设施如何配置，道路要

---

本文是李铁与济宁市任城区政府领导班子就任城区战略规划编制与智慧城市发展进行交流的观点整理，2014年12月18日。

修多宽等问题，唯独缺少对人的分析，多是“见物不见人”的规划。任城区分析人口特征应考虑到两区合并后人口的就业结构、空间分布及其密度、收入结构、受教育程度以及农业转移，等等。任城区的区位优势不强，虽是济宁市的行政中心和商业中心，但外部施加的作用在这里也不是很明显。如果没有外部条件的刺激，任城区未来人口增长的趋势、人口分布的特点就将是一个相对稳定的状态，不要给它过高的预期，要做出综合性分析和目标性判断。

其次，根据人口趋势与特征合理配置资源。要从人的角度出发考虑如何合理配置资源。这里所说的资源，一是指政府的公共资源，也就是公众对政府公共服务的需求，对居住环境的需求，政府公共资源的分配要最大限度地解决了人的需求；二是市场上的不确定资源，政府要想采取什么政策将其吸引进来。比如，任城区在老城改造的过程中，最基本的衣食住行消费有没有更多的发展空间，不要一味复制其他地方的观赏类文化，更要从人的需求问题入手，考虑怎样能降低发展成本，增加服务业就业机会。在人口就业结构调整的前提下，推进土地流转使农业实现适度规模经营，促进农业向大户集中，逐渐使农业人口向非农人口进行转移。根据新城的人口密度，基础设施配置不要太豪华，要和整个济宁地区的发展水平相适应。

## 二、规划必须注重可持续发展

（1）转变传统的发展模式。过去政府官员想的最多的两件事，一是招商引资，二是发展房地产。招商引资解决地方 GDP 增长的问题，房地产开发解决政府财政收入来源问题。但开发区大尺度的规划，土地资源浪费严重，基础设施过度供给，必然要通过房地产开发来进行补偿。目前，随着房地产行业的冲击，土地出让金收入下降，各类要素成本上升，政府包办必然会带来包袱，从而成为地方债务风险的隐患，原先那种吸引产业的方式恐怕从今以后不可持续了。所以要积极调整思维，改变对过去传统发展模式的依赖，积极创新竞争从而继续维持稳定增长。规划要对政府财政资源和公共服务能力进行分析，分析未来可能进行的投入，解决基础设施在空间上的配置，化解债务和融资问题。

（2）提高资源的配置效率。可持续发展就是要提高资源配置效率，一方面降低政府投入发展成本，另一方面带动产业结构调整。当资源配置效率提高后，服务业比重会大幅度提高，带来人口的高度集聚，人口高度集聚会降低碳排放，实现真正的绿色低碳发展。规划思路中要考虑未来招商引资中如何降低成本，如何与周边其他地方错位竞争，不能提一些关于产业引进的“高大上”空话。过去竞争条件是比别人成本低，或者是利用行政权力，而行政权力只在济宁内部发挥作用，另外区位条件也不占优势，只能降低发展成本，投资要转向新产业。小城市没有足够的空间调整资源格局，需通过市场化的因素来提高资源配置效率。

（3）规划战略思路应顺势而为。行政长官在提出一个城市发展战略时往往主观性太强，不注重发展的科学性，规划是要把自己当作城市居民去想问题。我们认为一个地方应该顺势发展，往人多的地方发展，这是最现实的。任城区的旅游资源在优势上不及济宁，且配套条件不够成熟，如凤凰台、大运河等旅游景点体量小、旅游人次少，难以支撑起一个旅游发展战略。如果确定旅游为发展战略，就要投资，一条路的修建需要很多钱，没人去就浪费了，再加上景区周边的拆迁，投资的结果就导致浪费，政府将如此庞大的成本投出去以后就导致投资失误。因此，不是说一个地方所有东西都可能发展。河北崇礼为什么今天能申办冬奥会，是因为它的旅游特点突出。而上海某工业区，站在自己的角度规划设计，整个规划思路有可能完全失败，1000多亿的投入将造成很大的浪费，所以规划还是要尊重发展规律，注重国内外经验的比较。任城区战略发展的重点是环境问题，包括雾霾和塌陷区的治理、交通问题、如何优化设置城区道路等。

## 三、规划必须引领创新发展

（1）体制机制创新。最近总书记、总理在讲话中反复提“创新发展战略”，这是针对当前中国经济增长形势提出的。随着劳动力成本上升，征地越来越难，环境保护压力越来越大，之前“世界工厂”的发展模式正面临着巨大的困境，所以，必须要创新体制机制，适应发展“新常态”，降低发展成本，优化配置资源。过去是通过优惠政策招商，现在通过机制体制创新来解决招商引资的问题，谁的体制机制创新做得好，谁就可能实现异军突起，在竞争中处于不败之地。

任城区要处理好市级与区级关系，进一步理顺区、镇（街道）、社区（村）的管理体制，探索符合任城的社区治理模式。在投融资机制改革中，探索开放市政公用事业和基础设施投资、建设和运营，推进水、公交等市政公用产品价格和收费制度的改革，探索土地利用模式改革，盘活城市和农村存量土地，鼓励金融机构支持农村产权的抵押融资等。

（2）技术创新。主要运用互联网手段和创新思维来实现城市创新发展。目前的互联网发展，政府并未干预，但基本渗入到千家万户，包括所有年轻人和政府官员都使用互联网社交软件，如微信、微博等。再如一卡通等一些智能工具的运用，很好地解决了部门利益问题、市场分割问题，确确实实为居民带来了诸多便利。智慧城市正是新一代信息技术创新应用与城市转型发展深度融合的产物。未来任城区要以智慧城市建设为突破口，提升公共服务供给水平，依托中兴集团、中科院济宁计算机分所等战略合作伙伴，借力智慧城市发展联盟，打造智慧城市样板区，形成经济发展新的增长点，增强区域发展中的竞争力。

## 四、跨界整合，发挥市场力量建设智慧城市

（1）智慧城市的建设要量力而行。政府提出智慧城市概念需要有足够能力做支撑。首先，是否有完善的科技人才储备，针对“大数据”、“云平台”这种支撑系统，科技管理系统是否有？其次，目前政府管理是否采用的是科学管理手段，如通过“GIS”等各种技术进行管理决策。如果没有，现在突然进行“大数据”的应用，能否适应和衔接得上？最后，政府财政投入建立一套应用系统需要大量资金，能否解决当前面临的迫切难题？智慧城市的建设，真正实施起来，要因地制宜、实事求是，必须要有非常明确清晰的思路。我们现在提出一个新概念后，地方政府习惯马上跟风，就好像前几年的“数字城市”、“信息城市”等，现在回头

看，不少城市最后基本都把当时建的设施扔在一边，造成大量资源闲置和浪费。

（2）智慧城市的建设要注重市场的力量。在信息技术和信息产品的延伸、扩展和应用方面，市场的力量往往比政府更大。任城区建设新型社区过程中，要考虑如何充分发挥互联网的力量，政府也需要新的思路，有些完全可以交给市场去做，政府可以创造条件和平台，积极探索 PPP 模式参与智慧城市基础设施建设，减少财政负担，不用花很多钱就把基层的网络系统建立起来。未来新型社区基础设施将从原来传统基础设施向网络基础设施供给转变，政府的公共管理和公共服务通过互联网系统更快地渗透到每个家庭和每个人，最后形成对接，这就是智慧的表现，以此来改善和提升公共服务水平。

（3）智慧城市建设需要打组合拳。智慧城市建设也需要跨界组合，不仅仅是一个单一的企业。跨界组合不仅包括 IT 企业，还包括金融、保险、医疗、房地产、电商等不同类型的企业。如在新城区建设中，可把不同类型的各种要素一次性植入进去，把公共服务平台和市场化的平台完全结合起来，真正体现智慧城市的理念，而非单个方面的智慧。先从新城建设智慧城市，以后向老城渗透就会有很多好的参照，而且接口会更方便，管理也会更加市场化。

（4）注重智慧园区的建设。未来产业园区的发展方向：一是智慧化，把智慧、创新的要素融入园区发展中，招商引资的吸引力会更大。靠技术管理和创新能力吸引投资，改变以传统的低成本土地和政府补贴吸引投资的招商模式，可能会对城市未来发展起到更大的促进作用。二是国际化，加强和欧盟、德国、英国等国家和地区的各种国际合作，打造国际化品牌，吸引国际企业，提升竞争力。三是民营化，园区要尝试委托给大的民营公司运营，即通过 PPP 的合作模式进行招商引资和管理，这会比政府的效率高很多，政府也会减少很多负担。四是要注重中小企业的引进，不要只盯着大企业，中小企业也有很好的发展前景。在整个发展模式上，创新点在于利用智慧来实现低碳和资源高效配置的目标。

# 警惕大尺度城市规划导致高成本和浪费

“一是规划尺度太大，造成基础设施投入、未来维护运营成本过大，造成资源严重浪费；大尺度视觉化设计造成出门只能开车，不低碳；同时，服务业发展需要的高密度人口和低成本空间缺乏。二是对于人才引进的条件十分苛刻，福利水准过高，忽视了合理配置更多数量的中低端人口，人气肯定不旺。三是过多依赖政府的行政力量，忽视了市场和民企在招商引资中的作用。四是离中心城区70多公里，与中心城区的交通联系有待改善，现在上下班各两个小时的通勤时间，无法吸引更多的人来此就业和定居。同时交通路网大多是双向8车道加中心两侧过宽的绿带设置，且两边用地闲置，未来极不方便。”近日，李铁调研上海郊区某新城，并与新城管委会班子有关领导就规划、政策等问题进行座谈，点出了其规划、政策的上述多个问题。

该新城管委会有关领导当场表示李铁意见切中要害，为其未来转变发展思路指明了方向。类似该新城的各种状况，在国内城市中并不少见，甚至情况更为严重。如何避免该新城走弯路，尊重城市经济社会发展的规律，走出一条以人为本、低碳绿色、集约高效和可持续的道路，值得每一位城市决策者、规划者深思。以下为李铁讲话整理。

每次到地方，大家都不愿意谈问题，都谈优势。我个人觉得谈问题有利于我们提出解决问题的思路。我看到这儿，我觉得人气不足，原因是我们的定位有问题，服务业发展在规划中考虑不足。这么大的投入，

---

本文是李铁与上海郊区某新城管委会班子有关领导就城市规划、政策等问题进行座谈的观点整理，2014年12月16日。

到现在和预期相比还有很大的反差。如果再按照原有的方式走下去，可能成本还在增加。为什么大家都关心投融资怎么解决，因为基础设施投入压力太大了。

## 一、新城规划建设中的问题

（1）区位问题。新城地处上海，但是区位并不是很理想，离市区核心区 70 多公里。我们最近研究国际城镇化规律，城市核心范围最大半径是 30 公里，即城市扩张最远能到离市中心大概 30 公里的地方。我为什么讲 30 公里呢？这是现阶段交通条件下居民可承受的最长交通时间决定的。30 公里半径面积就是 2700 平方公里，按每平方公里一万人算，就有 2700 万人，而且主城区、核心区往往每平方公里会有四五万人。像东京，实际上核心区半径也没超过 30 公里，但集聚了 3600 万人。从这一点看，就觉得我们这个新城发展不是在上海都市圈范围内。即使是要建设独立的城市，你要考虑到和当年深圳的条件是不一样的，不会举全市之力、全国之力来建，同时还面临好多竞争的问题。因此，你的定位在竞争条件下怎么细分，这是一个很现实的事情。

（2）成本问题。不能不考虑成本，但是这个成本和土地的供给存在特别大的关系。我从第一次来这里就发现，规划和建设不是一般的大尺度，尺度太大了，造成资源的严重浪费和限制。现在，路网也投进去了，基础设施也投进去了，但是没有人，基本上还处于闲置状态，这种闲置一方面造成了园区的浪费，另一方面大幅度提高了未来的基础设施供给、运营维护成本。一个企业占一平方公里，看着很大，但是基础配套全部由政府来供给。这样，当城市越大，基础设施成本就越高。从城市发展规律看，上海市浦西区是最符合城市发展规律的，因为土地利用率特别高。改革开放以前，上海就是工业城市，就是在人口密度极高的工业城市基础上发展起来的，随着城镇化和城市发展水平的进一步提高，工业逐步迁出来。高密度的城市化和工业化是世界规律，而我们是低密度工业化，所以有很大的问题，而且加大了成本。加大成本后的结果，一个是未来的支出压力过大，另一个是服务业发展不起来。服务业发展面临几大问题：一是尺度太大，出门一定得开车；二是低成本的服务业进不来，谁来卖油条？到北京、上海卖油条的都是小商小贩，小商小贩租得起这里的店铺吗？这种视觉化的面貌里容得下他们在这儿摆摊吗？这都是问题。服务业要求人口高度聚集，为什么台湾人、新加坡人、上海人都愿意到上海的浦西？因为上海浦西太方便了，出门买什么都能买得到。浦西是在原有的城市高度密集情况下发展起来了服务业。服务业发展要求所在区域一定不能“摊大饼”、“摊薄饼”，你们现在已经摊得非常严重了。

（3）人口结构问题。很多城市规划编的时候，都是理想的规划，要“水至清则无鱼”那种规划，一上来就想全部引进高端人才。如果全是高端人才，谁给你服务？豪华的规划全是奔着高端人才走。问题是高端人才来了以后谁给你服务？上海浦西为什么到现在有活力呢？因为有900万的外来人口，除了一些高端的白领之外，绝大部分是中低端的服务人口，他们撑起了上海的服务业。一个高端人口是要有四五个低端服务人口与之匹配的。城市按照只要高端人口的结构来做规划，和政策有直接的关系，这样的城市不可能有人气。你到巴黎、柏林、伦敦甚至到纽约去，这些城市的人口也不都是高端人口。尤其像我们新的城区，要和别的地儿竞争，就得想象和其他竞争的地区有什么区别。你做这么多的规划，又是工业区、产业区，又是高新科技创业园区，关键问题是人在哪里？这个是规划特别大的失误。改革开放以后，我们盲目学习国外的经验，忽视了城市发展的基本规律。其实城市化不是高精尖的课题，城市化实际上就是城市怎么发展，人怎样在这里生活，这个群体是什么样的，等等一系列问题。这里和浦西是完全不一样的生存空间，完全违背了城市发展规律。

（4）产业发展问题。上海发展到一定程度，工业要远离城市中心。在中国其他城市，工业都在向园区集中。这就涉及产业的选择，你在和其他地方竞争的过程中，你提出什么条件能让人百分之百愿意过来，这要看你给人家提供了什么样的服务和什么样的空间。产业有很大的随机性，不是说我要形成什么产业，这些产业就会过来。我们要考虑几个问题，在我们想吸引欧美等发达国家的各种产业的时候，同时我们也要进行创新，吸引国内的产业。我们怎样在产业目录中定引导性的政策，而不能定约束性政策，约束性政策一定导致这个产业结构很混乱。只要是不影响环境，不影响未来发展，产业就可选择。

一是中小企业。我们现在很多产业园区排斥中小企业，实际上中小企业有非常大的发展潜力，也是竞争中最有效的手段。比如德国、意大利等，有高精尖制造业、时尚服装业等，这些企业虽不大，但都是世界级品牌。我们所谓创新，高科技和资本是替代劳动的，当我们希望这个地区有人气的时候，你却选了一些完全是资本密集型和技术密集型的产业。所以在产业选择过程中，我们既要主动追求创新，同时也要给那些带有特别强的品牌标准的企业空间，只要不会对环境有污染，我们都要给他足够的空间。德国及欧洲其他国家很多的中小企业不一定完全是4.0，我们想要做工业4.0的空间，可是工业4.0在德国还没完全搞起来，现在只是在做设想。但是由此可以看出空间到底有多大。我们说到互联网和智慧，实际上对空间的要求并不是那么苛刻。我们这么大的空间，如果我们做到工业4.0的时候，剩余的空间用什么来装呢？用什么来提高人口的增长率、提高人气呢？这个时候我们要有一个空间的概念。工业4.0是用互联网把整个工业、产业链全部连接起来，但是这种工业4.0可能只是通过一个大楼就能全部实现，那其余的空间怎么来解决？所以我觉得产业选择中，对中小企业、各类的企业都能综合考虑。

二是服务业。服务业有两类，一类是传统服务业，一类是现代服务业。一个城市有生机、最发达的时候，传统服务业大概占30%，而且是绝对接近你的生活，像台湾就是生活性服务业好。这个传统服务业的发展，不是说我怎么来给他房子，是要给他提供发展的空间。我上次来的时候，在滴水湖转了一圈，我觉得没空间，为什么没空间呢？都是绿带，都是视觉的东西，很不方便。浦西是没有视觉，只有方便，在这个城市中你选择什么？你是要浦西的生活，在这里塑造一个和浦西相媲美的方便，还是要做一个大公园？我觉得在这个过程中，两者要兼容的话，恐怕我们要补传统服务业的发展空间。在我们规划传统服务业发展空间中，我们曾经倡议小块土地拍卖，定一些约束性条件，让中小企业投资者到这儿来，买一亩地、几亩地就行，他们建了房子，可以自己发展服务业，不用额外的成本，租金也很低廉。全世界基本都是这个规律，只要在自己的房子上去做服务业，传统服务业就能发展起来。作为现代服务业，我们通过互联网、现代物流等，加快其发展。

（5）低碳问题。其实一看到我们这个新城的时候，我就觉得特别不低碳，但大家都觉得特别好。全世界低碳的标准是紧凑，要求资源配置效率高。为什么强调资源配置效率高就是低碳，而不是视觉上看到的空间大、绿色才是低碳？当你的城市紧凑的时候，你出门可以步行，不用开车，不用过多投入各种基础设施，可以不浪费更多的土地和空间资源，而且从广义上讲，越浪费就越不低碳。而我们现在这个新城从规划上来讲已经严重不低碳了。所以怎样来提高紧凑度，从未来的规划中调整空间结构，还有很多任务，在未来推进产业园区和示范区的过程中，调整空间结构还有重大的任务做。现在摊子铺出去了，一个大的框架已经成型了，你将来想再聚集起来，将是大难题，白纸上好画，成了就不太好办。可是如果不解决这个问题，人气根本不可能聚起来。聚集效应是在高度密集的情况下才能产生的，高度分散的情况下怎么能形成聚集效应呢？这既是物理学的定律，也是城市发展的基本规律。很多规划中有很大的欠缺，导致了我们现在城市出现一系列问题。

## 二、解决新城规划建设问题的几点建议

（1）关注旅游文化等服务产业。上海郊区没有可玩的地方，但是上海市由于城市密集度过大，还需要其他的产业空间。北京市内的人出去旅游，基本已经超出了60公里圈，比如密云的古北水镇，大概离北京80公里，周末流量达到十几万人，平均每天可能达到五六万人，感觉已经饱和了。结合旅游的情况，我们不仅仅要说自己，也要考虑怎样寻找空间，要考虑怎样来实现国际化。我建议我们团队可以去考察广东长隆，可以考察北京的古北水镇，把世界上最先进的理念在这儿实施，像大型的、高密度的、达到一定规模的娱乐场所等，这会带来大量的人流，也可以带来大量的要素，带动其他服务业的发展。一方面上海人要到这里来，另一方面也给本地人增加了更多就业机会。我建议你们在未来的文

化产业、服务业产业规划中加以考虑，而且一定要交给民营企业来做。

另外，建议把现有的会议中心国际化、市场化。服务业中有一个会议经济，会议经济如果和旅游一块搞，会非常活跃。如果这儿把会议经济搞起来，对本地发展和品牌带动都很有作用。政府会议中心要开放，把它开放成市场化的会议中心，甚至可以外包给企业、国际化的管理公司来经营，政府又可以减少一大笔负担，还可以获得收入。我们讲产业发展要靠民营企业，最大的特点是他们会珍惜资源，降低成本，会用市场的方式帮你召集更多的东西。

（2）重新配置交通。现在的交通网络设施已经很豪华，路网大多是双向八车道加中心两侧过宽的绿带设置，且两边用地闲置，未来极不方便。另外，我们新城离中心城区 70 多公里，现在上下班各两个小时的通勤时间，无法吸引更多的人来此就业和定居，与市区中心城区的交通联系有待改善。如何在未来的规划中解决与上海市中心城区的交通问题，是一个比较大的挑战。为什么日本、韩国、欧洲都提 30 公里城市范围？因为上班用在路上的时间在一个小时之内是可忍受的，两个小时就无法忍受了。我去韩国世宗市和首尔市，很多公务员叫苦，他们上下班得用四个小时。所以未来必然要改善我们这里到上海市区交通的通行时间，比如说地铁是不是增加时速、减少停站点，或者未来再修一条快速城际铁路。

规划交通站点一定要在城市中心。我们去日本东京考察，东京站离银座差不多就一公里，东京站所有的新干线、城际铁路、地铁、公共交通在一个站点，这个站点马上就成为服务业高度繁荣的地方，因为它所有的空间里都发展服务业，东京站的建设成本全部抵消，开始形成长期的规模。像东京这样的经验很多，他们专门带我们参观以后，说将来设计快轨的时候，站点一定要建在这个中心，不能走外围。应该把所有的站点集中在一个点上，要聚人气。人流最大的地方就是物流最大的地方，也是服务业发展最快的地方。我们现在都是这个站在这儿，那个站在那儿，有大量高铁的站建在新城，因为旧城拆迁麻烦。

（3）我们在和其他地区竞争的时候，要发挥特色。工业 4.0 是一个目标，智慧城市也是一个目标。我们要在这儿率先开展实践，加上大型的互联网规划，使任何一个企业到这里来直接就能享受到高科技的服务。这是走国际化的道路，也是区别于其他产业的优势之一。我们不能再走低价的土地出让这条道路，而要更好地通过科技服务来改善产业园区的道路。

（4）加强品牌宣传。比如说要争取政策，如果你们把自己放在一个不起眼的地方，争取政策是不可能的。当你加大了宣传力度，如广州南沙新区，从省到全国都在强调它，中央也给铺道，至少对吸引投资各方面都有特别好的影响。所以在宣传和品牌策划上，恐怕要加大力度。怎样利用新媒体资源，怎样利用活动来宣传我们自己，然后再向上海申请相应的支持，这也是比较现实的路径。

# 关于深圳光明新区发展的几点建议

2014 年 12 月 19 日，国家发展改革委城市和小城镇改革发展中心与深圳市光明新区在北京进行了战略合作协议签约仪式。李铁在听取了光明新区负责人基本情况汇报后，结合国家新型城镇化背景及深圳光明新区的实际情况，有针对性地分析了光明新区发展面临的突出问题，对光明新区未来发展提出几点建议。以下是李铁讲话整理。

近些年我虽然去深圳比较少，但是从各方面了解得比较多。我们研究大城市周边地区的发展，如何运用多规融合的力量，如何运用试点、国际合作、会议的优势促进光明新区发展，将光明新区打造成样板，会对深圳、甚至对全国有重要的实践意义。

对我们来讲重要的不是大的概念，大概念我们可以讲很多，重要的是根据光明新区的发展，政府、管理者需要做什么。这个地方确实面临很多的挑战，我们做规划一般都是问题导向，先把问题点出来，再提出解决问题的方案，这样才能更符合地方实际，更有利于操作。

我们看到光明新区已经有很好的基础，目前面临的问题是在发展相对稳定的时期，如何进一步解决基础设施的供给、融资的来源、公共服务水平和能力提升、财政收入的增长，包括预算内和预算外是否能达到预期目标？特别是在全国地方债普遍压力过大的情况下如何解决债务问题？如何解决可持续发展问题？这些都是比较紧迫的事情。对于地方来讲，解决现实中最迫切的问题是压力最大的。

---

本文是李铁听取深圳市光明新区基本情况汇报后，对光明新区未来发展的观点整理，2014 年 12 月 19 日。

## 一、客观考量光明新区各方面条件和面临的难题

（1）在招商引资方面，未来新区的招商引资过程中，要招什么样的商，引什么样的资？招商引资要避免与其他地方恶性竞争，同区位条件下，光明新区处于被周围竞争力极强的城市合围中，包括深圳的前海新区、广州的南沙新区、东莞的粤海银瓶新区等，在佛山顺德还有中欧城镇化示范区和佛山新城，周围有很多个类似的新区、示范区，大家都在降低成本争夺资源。

（2）在人口结构方面，光明新区的大城市区位条件还是比较好的，距离市中心30公里，处于最佳辐射区范围内。深圳还处在人口高速集聚的发展阶段，大量人口仍然向核心区集聚，属于超高速聚集时期，向外辐射、外溢还需要一定的时间和过程。未来转移何种人口是一个问题，现在白领和大量的外来人口都有，这样的人口结构中，什么样的居住环境能提高房地产价值？针对不同的群体要解决什么样的公共服务？

（3）在产业发展方面，尽管现在引进了很多高水平的产业，投资规模很大，但下一步怎么吸收产业，是从深圳引过来还是外部引过来？在规划中如何配置这些产业？在未来发展中如何实现原有空间内产业的转型升级？产业结构以工业为主还是服务业为主？从卫星城的定位看，长期工业占主导地位的趋势是不可能改变的。那工业是高技术的工业还是劳动密集型工业？如果是高技术工业，比如与互联网结合的，是与劳动力密集型并存，大量人口也将长期存在，这样的产业更新，首先需要时间。在这个人口结构下，未来服务业如何发展，以什么形态发展，也是不能回避的问题。还要强调生态和低碳，生态没有问题，低碳并非看着绿色就是低碳，而是需要在紧凑空间内实现资源的高效配置。

（4）在交通方面，光明新区与深圳这么近，如何解决交通方式的衔接？涉及内部交通和外部交通、网络的选择、工具的选择、设施的选择，等等，都是政府必须要考虑的。

目前整个经济大环境下，增长速度大幅度下降，国民经济处于结构调整期，在公共基础设施压力巨大的债务危机下，在竞争中怎么样异军

突起，保持地方优势是很现实的事情，迫在眉睫。

## 二、以改革破解光明新区发展难题

（1）户籍制度改革。新型城镇化中提出户籍管理制度改革，光明新区怎么改？光明新区现在约有100万人口，户籍人口约5.6万。是不可能大幅度改的，公共服务能力支撑不了。我们一直提出外来人口比重越大户籍改革方案越要谨慎。如何激发新区人口活力，要判断人口结构对地方长期发展的影响，不能只考虑精英，所谓只考虑精英就像吃饭都吃细粮，肯定营养不良，一定要吃粗粮，即需要大量的外来人口进入，才能保证健康的发展，这是人口结构的合理性要求。

（2）土地管理制度改革。目前基础设施建设对于土地出让金过度依赖，未来预期如何？房地产如何发展？光明新区生态环境比较好，有很多土地是限制开发的，在53%的限制开发区外有大量的工业企业，如何发展房地产？这里有很大的矛盾。当前全国地产形势不好，但我判断深圳受这方面影响不大，超高速增长的过程虽然已经过去了，但仍然有稳步增长的预期，发展何种地产模式也是必要的选择。

要解决过度依赖土地出让金的问题，基础设施投融资也要发生变化。怎样引进外资？怎样引进民资？怎样提高资源的配置效率？这些都不是一个大的口号可以解决的。我们还要解决土地成本过高问题，过去全中国土地征收成本最高的是深圳，土地成本过高后和工业发展产生巨大矛盾，成本这么高，引进工业肯定得不偿失，政府还要给政策、给优惠，还要做服务业。如何降低土地成本？降低成本后对未来进入的产业作何种反应？发展什么样的服务业？对工业提供低成本用地后，补偿如何安排？

土地制度的改革需要有针对性地进行，学习全国各地已有的好经验，包括发挥民营企业的作用，在未来的方案中要切合实际、切合发展需求，有针对性地决定。

（3）行政管理体制改革。对于新区来讲，政府理论上是一个“小政府”，但面对的是100多万的人口，加上大量的协管，如何更好地发挥职能？这在政府管理体制中还需要进一步探索和理顺，不是简单降低成本的问题，而是如何提供更好的公共服务以及治理过程中机构调整的问题。广东许多地方进行了探索。未来不能总是以“新区管委会”这种方式，随着城镇化改革，如何进一步规范？要不就叫“区”。更重要的是要解决规划、政府投资、城市治理和管理的创新等问题，从改革、可持续、创新三个方面来提高政府的管理水平。

## 三、加强创新，提高新区品质和知名度

（1）智慧城市的事情值得研究。我们可以在哪个层面做？怎样切入？有了新技术、新概念，不等于就是智慧城市，我们要从政府治理和市场需求、公共服务和市场服务两个方面运用最现代的互联网优势，同时要选择一些社区作为样板推进，我们在做的时候不要仅仅停留在概念设计上，还要进行实际的操作。

（2）要打国际牌。现在看到的投资大量是国外先进企业的投资，我们提供空间、提供政策。空间需要规划跟进，政策需要与国内企业同等优惠，还需要有适应国际化的管理队伍，能去国外进行招商对接，能组织接待大型会议。国际化需要从现在开始一点一滴地培养，大量的管理水平、理念要适应国际化的要求，各种活动、产业发展、功能配置要符合国际化要求，更重要的是长期的培养。

（3）要提高品质，加强品牌宣传。大家都在给优惠政策的情况下，如何更好地吸引人来？一方面是要提高品质，同时要塑造自己的品牌。品质和品牌要一同发展，外界看到你的品牌后，就会对你感兴趣，就会想和你打交道，打完交道发现你的品质不错，就会坚定和你合作的决心。现在外面知道光明新区的人有多少？比如，广东的几大新区，很少人提光明新区，一般提到的是翠亨新区、前海新区、南沙新区、佛山新城、顺德工业区等，很少提到光明新区。光明新区在深圳的位置不在前边，在广东省几乎没有位置，在全国就更不用说了。这样去招商引资的时候门槛就会变高，因为人家不知道你。有品牌就意味着招商引资比别人更有潜力。

# 美林谷该如何打造休闲度假旅游区

2015年1月4~5日，李铁应邀考察内蒙古赤峰市美林谷景区。李铁从问题入手，对美林谷该如何打造文化旅游度假区，以理性思维进行科学策划，寻找解决问题的答案，提出务实可行的建议。以下是李铁考察讲话整理。

## 一、冬季滑雪不应该作为美林谷未来发展的重点

应美林谷景区张湧董事长的邀请，来美林谷看看，帮助出出主意。这已经是很多年前的事情了，当时主要是认为美林谷的滑雪场相比于崇礼不具竞争优势，目前看仍是如此，而且形势越来越严峻。

美林谷距离北京3个小时的路程，现在和崇礼差不多。但是雪场条件和投资条件有较大的距离。首先，雪场高度落差不具优势，崇礼可达500多米，这里400米左右。其次，雪场规模差距较大，崇礼可容纳的雪场容量是美林谷的数倍。再次，是雪场周边可开发的空间，美林谷过小。例如，崇礼的万龙和云顶雪场边上可以盖较大规模的公寓楼甚至别墅，出门可以直接进雪道。而美林谷酒店盖了之后，再没有距雪道近距离的空间可以开发了。从雪场的影响力看，美林谷和崇礼的差距更大了，不仅仅是服务和管理的水平，还要看到申奥对崇礼的影响，这直接影响到消费者的信心。当然不只是影响力，还要看到申奥成功后，投资和基础设施的变化会大大改善崇礼的区位影响力和品牌影响力。2017年京张城际轨道通车，加上申奥的因素，开通崇礼支线，从北京到崇礼乘高铁的

本文是李铁应邀考察内蒙古赤峰市美林谷景区时的讲话整理，2015年1月5日。

时间可缩短为1个小时。今年申奥成功，从北京到崇礼可能还有一个快速公路干线——京北快速路，从北京到崇礼的距离由290公里缩短为170公里，汽车车程也缩小到2个小时以内。在崇礼和赤城，未来预计投资规模要远远大于万龙雪场的还有好几家，号称上百亿的投资。加上原有的翠云山、长城岭和多乐美地，至少还要增加几个巨大的雪场，在崇礼，滑雪设施的容量完全可以容纳整个华北地区的消费需求，甚至还会带动亚洲和国际的消费需求。而在北京延庆，适合奥运高山速降和超级大回转的小海坨雪场也已经列入计划中，这里雪道高度落差为1300米，建成之后对崇礼也会产生冲击，更不要说对距离北京3个小时距离的美林谷的影响了。

综合以上分析，结合美林谷的现状，我个人认为，还是应该把美林谷滑雪场作为区域内辐射承德、赤峰中等规模的雪场定位比较现实，而且不能作为未来开发的重点，只能作为夏秋两季旅游的重要补充。

## 二、应突出美林谷夏秋两季的旅游优势和开发重点

所有的优势和问题分析都应该建立在比较的基础上，有了比较，才能够得出清晰的结论。在分析项目需求时，核心的问题是一定不要把所有东西都作为好东西，一定要找到其他地方无法复制的东西。

美林谷最大的优势在于夏天凉快、没有雾霾、夏秋季自然景观好，而且发展空间大。这里平均海拔1200米，最高的地方达到1800米，夏季气温低。夏天最热的时候，北京的密云、怀柔热得要死，还常有污染、雾霾，这里气温才20多度，真的很凉快，而且没有雾霾，再加上夏秋季的景观优势、景观空间大，构成了美林谷的资源独特性。

其实这里的夏秋两季和崇礼特别相近，同样的气候条件，山上也没有蚊子。但是最大的优势在于其景观的可延展性，这是崇礼绝对不具备的，而且森林的覆盖率和覆盖面积远远大于崇礼。崇礼由于山地面积过大，在滑雪场周边几乎没有足够的空间。而在我绕着美林谷转了圈之后，发现这里的风光除了湖泊之外，真的可以和瑞士媲美。如果规划好了，这里真的可以作为北京市的后花园之一，甚至是新的避暑胜地。我曾经

在给张北做规划的时候，提出了“新避暑山庄”的概念，可是到目前为止，因为张北的领导换了，对我们的规划兴趣大大下降。其实现在看来，“新避暑山庄”可以为美林谷所用。

“新避暑山庄”新在哪里？第一个是面向大众，不是皇家园林，却胜似皇家园林。皇家园林，“胜似”在哪里？就是将现代的大众休闲度假元素、体育元素都植入进去，提高参与性，有很多点都能打造。过去皇帝骑马去避暑山庄要好几天，现在从北京开车来这里只要 3 个多小时就到了，比古代皇帝的生活便利多了。

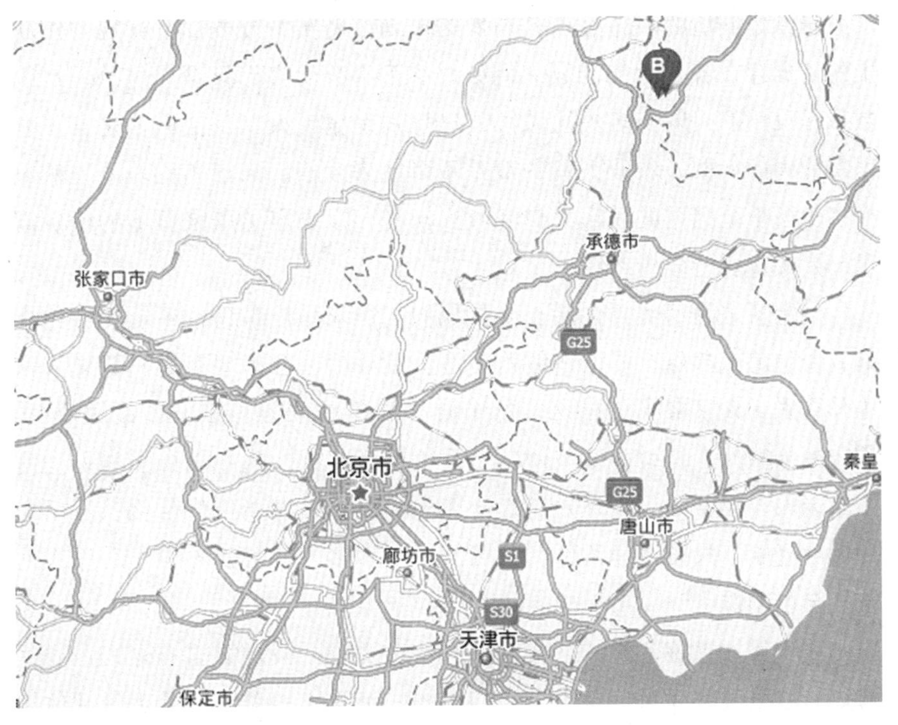


**图 1　美林谷位置示意图（图中 B 标记位置）**

“新避暑山庄”在承德的旅游线路延长线上，更为名副其实。这里离承德近，承德是人文景观，这里是自然景观；承德是观赏性景观，而这里可以策划成参与式休闲活动的目的地；承德是皇家避暑胜地，但现在已经不凉快了。而这里更适合避暑，确实气候凉快而且还没有雾霾。可以把这里的旅游和承德的旅游结合起来，形成人文景观和自然休闲景观的互补。“新避暑山庄”强调“新”，重在自然、纯净；重在轻松、有空间；重在体验、参与。美林谷只要把自然景观和体验参与做好了就可以，不用花大气力自己建设人文景点，因为在人文景观上，这里和承德没法比。如果美林谷能与承德互为依托就更好。因此，在“新避暑山庄”，不用考虑观光型旅游，而要考虑能给游客带来什么享受，不能让游客白来。

## 三、要针对目标旅游消费群体，周全考虑各方面影响因素

看到你们请的阿特金斯公司做的规划，确实十分表面。在规划判断上的依据存在着很大的问题。例如，对于旅游而言，只看周边总人口的数量是没用的，应该多关注城镇人口特别是城区人口，他们才是真正有消费能力的人群，农业人口一般是不可能来度假、来滑雪的。要分析大概多少公里范围内的城市人口和收入水平，这决定了未来可能的消费需求，是最重要的分析条件。

确定特定的消费群体后，要从他们的需求角度考虑，不能光想这里好，要想怎么雕琢，要想到你的关键卖点是啥，心里要有数，要想人家为什么来，人家来了干什么。每个游客到这里来做什么，半天做什么，周末两天做什么，大小长假做什么，暑期做什么，这些功课要做好。富人、老人、年轻人、儿童分别有什么需求，再考虑能提供什么？然后参照国际经验，只要地理条件、消费水平差不多，就可以参照经验干，而不用自己创造。

对于目标旅游人群，假期人家为什么要来？一是家里有老人，夏天可以来这里避暑；二是这里没有雾霾；三是需要一个宽敞的观景和休闲的空间；四是需要有各种活动；五是医疗购物餐饮等各种设施齐全。此外，孩子来了各种需求要得到满足，一家人来了，智能、智慧的居家设备是不是配备了，等等。

我们去一个地方旅游，也要考虑路上时间、要考虑交通费。北京到这里需要 800 块钱的交通费，如果一星期来一次，一个月仅交通费就 3000 多，当然坐大巴可以降低一点交通成本。加上住宿餐饮的费用，确实比较贵，而交通距离、现有的配套设施都是问题。所以，这些问题在

分析的时候都要考虑，在此基础上再看看能有多少人来，然后房价定多少，还要提供高端、中端、低端的不同的服务选择。这里是企业投资，社会参与的少，人来了没事干，离县城过远，没有县城作为支撑，这部分怎么补充？

## 四、结合美林谷优势和定位，策划各项旅游产品

策划的产品理念应该是大家都能认知的，好的理念应该可以引领大家，变成时尚。美林谷可以做的活动有几类：一是会议经济；二是各种户外活动、高尔夫等，还有各种吃的、住的、玩的项目；三是各种夏令营活动；四是健康、疗养相关的产业。

（1）会议活动。会议经济要分析两个：最重要的一点是你能提供什么。有一般的会议需求，比如业务性、娱乐性、专业性，还有不同时间段的会议需求，需要频繁换地方，不能老在一个地方。第二点，会议经济要求提供的东西要丰富，会议期间和会议之外各种丰富的设施供给、活动供给和环境的变化，这就要求大幅度提高硬件水平。如果是面向北京，还要分析在北京郊区，一般的酒店或会议设施的规模和投资是多大，会议规模人数一般是多少，美林谷进行提升改造可能的投资要多大？

现在如果在美林谷开会的话，除了待在酒店，没有别的事情可做。大公司开会一般都要提供充足的休闲娱乐活动。崇礼的云顶酒店为什么现在很火，因为硬件设施好，15 亿的投资很大程度是投在酒店硬件上，崇礼县城原来的酒店都很普通，云顶酒店的建成一下提高了崇礼的会务接待水平，举办高端会议就能带来高端人群。

（2）高尔夫。高尔夫球场一定要作为夏秋两季旅游的卖点，而且要堂堂正正地写进规划内，不能回避。我认识很多的朋友去崇礼置业时，他们关心的不是怎么滑雪，他们绝大部分也不滑雪。但是他们关心在夏天凉快的时候是否有地方打高尔夫，这决定着他们是不是买房。这些人都是高端客户，对旅游市场有重要的带动作用。高尔夫要重点攻关，不仅仅通过“小球运动基地”这条路子，还可以借助“少数民族贫困地区带动服务业发展”这类帽子，加强对内蒙古赤峰等周边贫困地带的带动

作用。在美林谷建高尔夫球场，有别的地方没法比拟的条件，在相同区位条件的地域内，其他地方的夏天很少有这里的气候，且这里的自然条件更适合打高尔夫。高尔夫如果能进来了，别墅的卖点也就出来了。不提高尔夫反而是个问题，现在好多规划打“禅修”的品牌，地方政务也很热衷这么做，其实“禅修”非常小众，非常虚。怎样建高尔夫球场，要去内蒙古自治区申请，但是不能占用耕地。如果有高尔夫球场，其他很多东西都不成问题，包括策划、品牌宣传、旅游地产等。

（3）其他休闲运动项目。可以分成几大类，第一是大众参与的各种夏令营；第二是夏季旅游休闲的参与性项目，比如自行车，夏天在美林谷每天骑一圈自行车是一种享受；比如徒步，可以设计成各种穿越项目；还可以考虑山地自行车。另外，现在中超有很多俱乐部的夏季足球训练基地都没有这里这么凉快，还有中国篮球的夏季训练营，是不是可以和姚明训练营训练计划结合。如果把这块业务做起来，投资就会有很多。特别要注意，在足球、篮球和其他体育运动市场的开拓上，不一定要和体育局打交道，成本很高，效率很低，投资也没有多少，市场化的方式完全可以解决。崇礼雪场开始修建的时候很少和政府的体育部门打交道，完全是通过市场化的方式建立起来的。花一点时间和各大篮球俱乐部、中超俱乐部、姚基金等打交道，效果会好很多。

（4）重点打造美林小镇。以现有办公楼、宾馆、滑雪场为依托，重点打造美林小镇，修一些室内的简易运动场地，让人有锻炼的地方，设计一些室外的活动场地，把自行车加上，再修几公里的缓坡、陡坡的健身路径，形成多样化的路线。如果健身、打球、娱乐都有了，游客来了也不会闲着。因此，宾馆也还需要增加些文化类的活动，如酒吧等。美林谷的冰上体育馆，完全可以改成篮球馆，还可以在旁边再盖点相对简易的运动场。搞夏令营的时候，家长带着孩子来了，家长能玩，孩子也能玩。还可以去国外看下，同类景观下的休闲、度假、老年的项目有哪些？可以引领我们消费潮流的项目，就引到这里来。

（5）演出活动。不建议搞大规模的演出活动，因为在张北和崇礼以及张家口其他县，都在搞各类音乐节。还是把一些相关的适合酒店类的小型演出引进为好。例如，请一些酒吧歌手，吸引老外和各类人来，增加一些国际化的色彩，再增加些别的活动，可能会更具有吸引力。

美林谷滑雪场想要协办冬奥会冰雪项目的话，可能要通过内蒙古自治区领导出面找中央和河北协调，看能不能承担一些项目。如果能申请奥运项目，能带动很多项目建设，比如从北京修到赤峰的轨道交通。

本地的人文景观并不占优势。赤峰博物馆的红山文化不会有很多人看，中国人的旅游人文观就看三类：第一个是宗教场所；第二是皇帝待过的地方，红色旅游都是和毛主席有关的，比如井冈山、延安、韶山等地；第三是古镇。红山文化只有专家才会去看。不要把所有你们自己看到的东西都当作旅游重点，其实还是要强调旅游线路的互补性，而不要小而全、这样会减少投资的浪费。

在分析时不能仅按照一个点来分析，而应该按照旅游线路分析，我们叫作旅游配置系数，可参观的景点越多，游客来的概率就越大。承德的人文景观和这里的自然景观可以搭配起来。我们以前在做嵩县旅游战略的时候，地方本来要做“三山一水”，我们告诉地方，现在全国水面旅游对人的吸引力没那么大，在水面旅游时，坐船、吃鱼就没有其他事做了。另外，三座山别人记不住，合成一个白云山就好记了，叫“白云山景区”；并且要和洛阳的人文景观，白马寺、龙门石窟等结合起来成为一条线路的旅游。现在白云山景区已经成为5A级景区，居然被列为中纪委限制开会的景区，连我们自己都没有想到。这就是策划的作用。

我对这里还是比较有信心的，可以想象到夏季的景观，绝对有点类似瑞士的风光。我们要在这个基础上进行策划，形成好的规划，形成概念、战略，然后引进战略投资者，稀释成本，缓解资金压力，增强信心。

## 五、注重投资成本与收益核算，把策划的东西落地

策划出来的东西怎样落地，怎样寻找战略合作伙伴，怎样塑造美林小镇，怎样形成人气，要站在消费者的角度考虑。对未来的发展，整个投资、运营要考虑清楚。先做概念，再做策划；策划好了，做规划；规划好了后，找战略合作伙伴，稀释经营成本，缓解资金压力。

旅游地产是一大方向，最大的优势是建别墅。举崇礼的例子，在张

承高速开通了以后，崇礼县城房价涨了不少，申奥消息一出来，房价又涨了一大块。2013 年县城的房子才每平方米 6000 多元，到 2014 年申奥消息出来后，下半年房价上涨了很多。万龙滑雪场之前的运营资金压力很大，不仅要还贷，而且还要不断投入，如果只是靠滑雪旅游的收益，将很难收回成本。于是，他们在雪场旁边建了 7 套别墅，卖了 3000 多万，一下子就赚了几年的纯利润。尝到甜头后，他们就盖了酒店式公寓，凭借奥运的契机，崇礼的公寓卖得还不错，由此回收雪场旅游设施的成本。面向滑雪的旅游地产的房子不用太大，小户型就可以。不过，如果现在就投入的话，卖价不会很高，买房者的收入水平一定不高，其他配套也不足。在城市搞房地产不用考虑太多东西，但是在美林谷就不同了。所以，一定要有好的策划规划，把概念做好，开始宣传，吸引投资者，一定不要追求短期。

目前美林谷投了 10 亿元，从我看到的效果看，效率确实太低。万龙雪场到目前为止，已经有这么大影响了，所有投资加上酒店投资，也超不过两三个亿。因为老板自己热爱滑雪，除了建雪场没有其他更大的事业了，全部精力都放在雪场建设上了，所以管理到底，直接操作。这个和美林集团的家大业大是有着根本的区别的。

雪场投资暂时不用想着短期内能收回，只要每年能收回运营成本就可以了，重点是保值增值，提高综合设施水平后，使整体增值，到时候可以打包，以后也可以卖掉。要想运营成本不亏损，重点在两个方面：第一是增加冬季雪场的娱乐性、趣味性，雪道改造和高山雪道修起来，一定要用现在这种普通的低成本缆车；第二是通过夏秋两季“新避暑山庄”的概念，吸引更多的人到这里来，通过旅游地产的形式来提高收入。如果两方面的设计都成功了，整体增值是没问题的，起码运营是没问题的。再通过 5 年甚至更长时间的开发和打造，成功塑造美林小镇。比如河北崇礼，只是个三四万人的小县城，2002 年时只有几家饭馆，现在靠着滑雪产业，餐馆已增加到一百多家了。如果打造一个小镇，各种饮食是由社会提供的，就增加了消费的内容、兴趣和游客的方便性。

开发不能分散开发，要在一个点上形成规模，降低基础设施投入水平。在一个点上形成规模后，服务业也才能进入，到时候人多了，选择性就多了，有人气了，服务业才能丰富起来。在集中的过程中，要提供丰富的、多元化的服务供给，包括各种餐饮、酒店等。

我不赞成对滑雪项目做过多的投入。美林谷的滑雪已经不是优势了，可以投资，但是不需要很大的投入，一两千万就做得到。冬季滑雪也不用花太大成本去宣传，重点是对夏秋两季的补充效应。如果一年有三个季节可以利用，这种概念就可以影响到投资者的信心。雪场的投资要算经营成本，要有好的概念，打包出售或者控股都可以，减少资金压力，稀释成本，这是第一步。在现有基础上，缆车怎么改造，增加几条高山雪道，这个可以做，不用花很多钱，现在不用上高速的厢式缆车，万龙雪场到现在也没有箱式缆车，但并没有影响它的名气。雪道的多样性才是主要的，可以通过管理水平的提高，降低成本，因陋就简，雪道改造就能做到，形成雪场的相对多样性，重点是针对北京、赤峰、承德等地的小部分人群，他们经常到这里来玩。现在高端滑雪消费者最不满意的就是缆车，但是高端缆车投资过大，一条线至少需要6000万~8000万元以上，需要10多年才能收回成本。因此，夏秋季旅游应该变成美林谷的重点，夏季的凉爽、无雾霾、景观等是很大优势，然后我们再设想春夏秋季分别提供什么样的消费领域，每个消费领域需要怎样的投入，什么人来投入，怎样来寻找卖点，怎样来策划。

美林谷的投资，应该请明白人帮着分析，这钱怎样花才值。前期策划规划请人花钱不能省，很多人装修房子花多少钱都不心疼，但是请专家就觉得心疼。这些年美林谷在北京等地靠公关拿地、请人设计楼盘，很容易就赚了钱，但是美林谷今后的发展就不是这么简单，现在也不是靠运气就能做事赚钱了。现有策划比较失败的原因是特别不接地气，现在规划的“一环、三区、五基地”的结构不用看，那都是想出来的。现在很多做规划的人，没有实际经验，自己不喜欢滑雪，也不喜欢旅游，在做规划的时候没有个人感受，不懂滑雪的人去搞滑雪就不是那么回事了。做滑雪场需要专业人士，万龙的老板是顶级滑雪发烧友，万龙所有的林子、雪道他都能进去，他把林子里面收拾干净了，开了无数雪道，你可以随便去滑。云顶也能滑雪，但是就没万龙的感受好。

再说崇礼。崇礼是国家级贫困县，过去靠金矿，每年财政收入1.2

亿，后来政府想搞风电，每年可以带来2000多万的税收，一些山顶的路都修好了，风车都上去了。我给市委书记写了封信，和他们说这样不行。市长请我给全县干部上了一课，讲旅游能带来什么，讲会议经济、达沃斯是什么以及未来怎么规划，所以，崇礼才有了现在的发展。我分析的主要原因是交通建好后，北京旅游需求的外溢，将带动崇礼滑雪旅游的发展，同时带动夏季旅游。我不光给崇礼出主意，还带去了实际落地的项目，从2012年开始，我们把“中国城市发展论坛”放在崇礼，每年分冬夏两季，已经办了3年了，论坛带来了很多大企业家。我们还想着把北京国际古典音乐节放在崇礼办，他们本来想搞爵士音乐节，因为张北有草原音乐节，一年几万人去，但是崇礼空间小，不能搞那么大的活动，所以，我建议他们还是要搞高端一些的文化活动。宣传也是重点。不是说不宣传滑雪，而是说宣传重点在于夏季旅游，可以通过一点点的改造、组织活动等方式，提升知名度和影响力，打造品牌，吸引游客，吸引投资。

最后，我要重点讲的就是未来的目标。就我个人来看，可能有三个方向可以考虑：一是如何降低成本，改善运营状况，在尽快的时间内解决运营收益的问题。二是合理设计长期投资，至少不能再继续浪费了，要建立投资的止损机制。如果继续在冬季上下功夫，将来肯定是血本无归。三是通过概念性策划，吸引战略投资者，稀释成本，降低开发风险。如果“美林谷新避暑山庄”的概念策划好了，会有战略投资者和基金公司的加入，打造美林谷的美好愿望也会实现。

# 农民利用自有土地发展服务业

经济“新常态”背景下，三亚作为一座旅游城市，新型城镇化建设路在何方？李铁就此接受了《海南日报》记者黄媛艳的专访，以下是采访观点整理。

近年来三亚发展较好，但由于服务业未形成规模，多层次服务业就业格局未形成，外来人口获得的就业机会不足，农村人口、中端人口发展空间不足，城市空间资源配置有待提升，城市实现城镇化面临着资金瓶颈。大力发展服务业，拓展服务业中低收入人群的就业空间，将有望为鹿城经济发展注入新的活力，并能有效推进城镇化建设。

中央提出新型城镇化发展战略后，三亚加快编制“新型城镇化规划”，预测在2020年，全市常住人口达到95万人左右，初步拟定到时户籍人口城镇化率达到58%，常住人口城镇化率达到75%左右。目前三亚这两者的发展水平已分别达到49.6%和68.9%，具备良好的城镇化基础。

首先，三亚需要产业结构调整，以旅游业等服务业发展带动相关产业的发展，形成产业链。在城市空间资源配置上分层次，给不同收入状况的人口提供不同的旅游产品，夯实城市经济基础。三亚可以根据产业需求，给予本地人相应的培训，解决其就业和融入产业的发展问题。同时，要研究市场需求。目前三亚外来人口就业更多集中于酒店业，还有大量产业的需求还未被有效开发。三亚应该制定长期的公共财政支出计划，通过有效的就业培训，引导失地农民、本地农民融入城市产业发展，实现本地农业人口的城镇化。

---

本文是李铁接受《海南日报》记者采访的实录，2014年12月15日。

其次，三亚城镇化有许多亮点可以突破。在产业转移、征地、拆迁等开发时，可以考虑对原有土地所有者剩余的狭小土地空间的使用进行引导，打造成具有地域特色的、小而精的项目，增加旅游城市的本土味道。让农民在自有土地上发展服务业，是实现特色城镇化的一股巨大潜力。

最后，三亚正致力于推动撤镇设区，实现“两级政府，三级管理”的行政架构，强化区一级政府在行政管理和社会事务中的作用，使得社会公共服务面向基层。行政区划调整将使得城市空间资源配置进行调整，但也会加大政府在基础设施、公共服务供给等方面的成本，各区作为独立的行政建制也面临着与城市如何紧密联系的问题，城镇化建设中要注意集中主要要素，未来规划应考虑促进城市集约化发展。

# 长江沿岸城市都建港口导致资源浪费

推进长江经济带，政府怎样发挥作用，市场怎样发挥作用，这是我们必须面对的一个题目。政府如何发挥作用？我想最重要的是要通过战略资源来配置大的交通体系，来解决生态发展的问题。而怎样解决市场资源在各城市和城市群间的配置，这个恐怕要更进行大力度的改革。

在长江经济带沿线城市的发展过程中，我们遇到一个不可忽视的问题：所有城市都是过度竞争的关系。这也是中国经济发展的一个非常典型的特点。既然城市具有过度竞争关系，就意味着其资源配置会导致浪费。我们注意到在长江沿岸，大大小小的城市都在建临江港口，那么，这么多港口的建设，会不会造成资源闲置浪费和资源布局的分散呢？这是一个比较大的问题。怎样更好地发挥市场作用，减少政府由于不计成本、不计代价的投入而造成的浪费，恐怕需要我们在大的宏观政策上给予调整。

中国在政府和企业双重推动下，经历了30多年的经济增长，成为“世界工厂”。那么在城市发展过程中，政府推动的好处是可以大量压低要素成本，提高资源配置能力，但是和企业不同的是，政府效率可能比较低，可能会把某一段基础设施的供给过于放大，进而造成浪费，这在中国是普遍存在的现象。

在目前经济下滑的形势下，我们怎样来遏制这种浪费，推动政府降低资源成本，通过更好的招商引资来发挥它的积极作用？这恐怕值得研究。

在长江经济带发展的框架构想中，我们既要考虑到宏观政策、战略

---

本文是李铁接受央视财经专访谈“长江经济带”战略的观点整理，2015年4月17日。

规划、资源配置，又不能忽视每一个微观主体、每一个城市所发挥的作用。我们要更好地协调这些城市政府和市场企业的关系；更好地发挥市场主体的作用，也是遏制政府无限制消耗资源的有效手段。

研究长江经济带，离不开长江沿岸的城市群。这些城市群，特别是长江中下游的城市群，未来在长江经济带战略中会发挥什么样的作用？它们是不是能够吸引更多的人口？关键取决于它们的产业分布。如果东部沿海地区、长三角地区的土地成本、劳动力成本不断上升，那我们可以通过交通设施的再配置，推动一些产业逐渐向中西部地区转移，引导产业再分布。在产业再分布的过程中，我们也面临一些新问题，即这些产业所带来的技术要素、人口要素，在进入中西部地区的同时怎样和新型城镇化战略有效结合起来？怎样通过资源再配置，解决“三个一亿人”的任务，特别是对“促进一亿人在中西部地区返乡创业、在中小城市就地落户”起到积极的作用？

长江经济带战略的核心问题不是为了单纯地推动经济发展，更重要的是解决以人为本的问题，要在中西部地区带动返乡农民工和当地进城农民就业、带动非农产业发展、带动城市质量的提高、带动城市人口的集中，进而改造提升中西部地区的传统农业。如果中西部地区的整体经济发展实力提高到与东部地区接近的水平，那会进一步向西辐射，那么，长江经济带黄金水道（黄金联系带）的作用就会得到更充分有效的发挥。

以下是记者的采访整理。

**记者：**在您看来，整个长江经济带其实覆盖面很广，下游相当于龙头，目前长江中游城市群规划刚刚出来，从现在发展的速度和发展的切入点来看，是不是对中游来说机会更好一些？您怎样来判断目前这个长江黄金水道的着力点在哪儿？

**李铁：**长三角地区已经有一个非常快的发展势头，正在完成城市治理创新、产业更新，实现一个新的集聚和整合。他们从旧常态向新常态过渡的这一阶段已经达到了非常重要的节点，因此，下游的问题不是特别突出。

重点是中西部地区，就是长江经济带中上游沿线，包括湖北、安徽、湖南、重庆等。他们怎样才能尽快地承接转移到中上游的产业，提升整体经济水平和经济发展能力？这一方面要发挥市场作用，另一方面要研究在这些地区，人口到底进入哪类城市？产业进入哪类城市？怎样降低这些城市的发展成本？怎样更有效地使大量投资以低成本的方式进入到这些城市？怎样进一步提高地区整体的经济和社会发展水平。

研究长江经济带，实际上也是研究整个中国东、中、西部战略的一个缩影。一个很重要的前提，就是我们要针对各地发展的实际问题，比如东中西差距、目前西部地区比较突出的就业问题、各类城市发展水平相对滞后等，来制定合理的政策，这样才能更好地适应、承接长江下游地区的产业转移趋势。我们可以通过制定交通资源配置的国家政策，引一发而动全身，通过交通条件的改善，减少产业和要素在流动过程中遇到的障碍、降低流动过程中产生的成本。

当然，我们也要注意到目前中西部地区发展中存在的问题。中西部很多地方为了赶超发达地区、赶超国外，在城市化建设中不计成本地盲目赶超，大幅度抬高城市门槛，大量的投资造成了严重浪费，大量的基础设施重复建设造成恶性竞争。针对这个问题，我们必须从思路上调整。怎样解决市场的问题？怎样遏制政府对资源的大肆挥霍？怎样提高资源配置效率，降低发展成本？怎样实现创新？我们还有无数的功课要做。